生活困窮者自立支援

支援の考え方・制度解説・支援方法

岡部 卓 ● 編著

中央法規

はじめに

　人は人に支えられ、また人を支えて生きていく関係にあります。それぞれの場や社会のなかでいかに新たな支え合いをつくり出していけるか。そのための方策の一つとして生活困窮者自立支援制度の取り組みがあります。

　さて、生活困窮者自立支援制度は平成27（2015）年4月に実施され3年が経過しました。この間、本制度は、自治体や社会福祉協議会、社会福祉法人、NPOをはじめとする地域の多くの機関・団体、企業、住民などみなさまの尽力によって一定の前進を果たしてきたと考えます。自立相談支援機関は経済的困窮、社会的孤立、制度の狭間に置かれた人たちなどに目を配り、生活困窮者の発見と相談支援を行い、住居確保給付金や就労準備支援事業、一時生活支援事業、家計相談支援事業、子どもの学習支援事業などの各種事業に携わる事業者、関係機関、関連専門職、住民、企業、行政などとともに生活再建を図ってきました。

　本法制定時に、施行3年経過後に見直しが謳われており、平成30（2018）年の一部改正（以下、一部改正）はそれに従い行われました。法改正を行うに当たっては、「生活困窮者自立支援のあり方等に関する論点整理のための検討会」を開催し、全国の生活困窮者自立支援の取り組みの状況を踏まえつつ、本制度についての論点整理の検討がされました。そしてそれを受け、社会保障審議会部会において生活保護制度とともに見直しと制度改正の検討が行われました。

　また、地域包括ケアの強化などを目指すなかで「地域共生社会」が掲げられ、社会福祉法の一部改正において、地域福祉の推進を図る方向の

もとに、地域福祉計画に盛り込むべき事項が新たに示されました。そこには、生活困窮者自立支援の個別支援を支える地域支援に関連する事項が多く規定されています。

そのため、今回の生活困窮者自立支援の一部改正は、「地域共生社会」に資するより一層の地域福祉の推進に目を向けた地域支援が必要です。また、個別支援については、個別支援を積み重ね、個別支援と地域支援の取り組みの好循環のもとに新たな福祉社会の構築に向けた取り組みとなることが求められています。

さて、一部改正の内容に目を向けますと、これまでも本法には法の理念が掲げられていないことから、新たに第2条として理念の規定が設けられました。あわせて、生活困窮者の定義を、前述の理念の内容を踏まえ新たな文言を加え、制定時の考え方に即した記述内容になりました。このほか、各事業の充実・改善を目指すとともに、国・都道府県・市等や福祉事務所未設置町村、すなわち社会福祉行政を担う機関・団体の責務・役割が明確にそして幅広く追加した規定が設けられました。

このように本書では、一部改正を受け、目次に掲げた柱を立て、生活困窮者自立支援制度の概要を以下の要点でまとめています。

第1章では、貧困・低所得者問題の現状と課題やその対策の動向を整理しています。

第2章では、はじめに「生活困窮者の生活支援の在り方に関する特別部会」報告書（平成25〈2013〉年）（以下、平成25年特別部会報告書）と制定時の法規定の内容を、次いで、制定後3年間の制度実績と論点整理の検討を、そして最後に、「社会保障審議会生活困窮者自立支援及び生活保護部会」報告書（平成29〈2017〉年）（以下、平成29年部会報告書）と一部改正の概要を述べています。

第3章では、はじめに一部改正後の本制度の仕組みの全体像を確認し、次いで本制度を詳しく解説しています。

第4章では、新しく規定された「基本理念」を最初に説明し、次に文言が追加された「生活困窮者」の定義について述べています。このほか本制度のポイントとなる事項として、生活困窮者の「自立」の含意している事柄、そして前述したように、自治体・事業主体の責務・役割が今回の一部改正で数多く盛り込まれていますので、自治体・事業主体の役割、自立相談支援事業の留意点を取り上げています。

　第5章では、生活困窮者自立支援の手順について、はじめに支援の中心となる自立相談支援事業における自立相談支援機関を、次いで、自立相談支援の流れと内容を、そして最後に、相談者・被支援者（以下、利用者）の状況に応じた相談支援を実施するなかで、各事業・支援の意義や留意点について述べています。

　第6章では、はじめに関係部署・関係機関等との連携について述べ、次いで一部改正で規定された「支援会議」を取り上げ、そして最後に関連する個人情報保護について述べています。

　第7章・第8章では、「地域共生社会」、地域づくりについて述べ、第7章では、地域における包括的支援体制に焦点をあて、その観点から生活困窮者自立支援制度について整理しています。第8章では、第7章を踏まえて生活困窮者自立支援の地域づくりに焦点を当てて述べています。

　「おわりに」では、自治体・地域に対して、また、実際に業務に従事する人に向け、一部改正に沿った取り組みの期待を込め、述べました。

　最後に、資料として一部改正後の条文全文と新旧対照表を載せています。

　また、注の表記については、各章ごとに通し番号を付けることにし、巻末に「注・引用一覧」「参考文献」を整理しました。また、第3章の＊1～＊5については、章末に載せています。

　なお本書は、生活困窮者自立支援法制定施行（2015年4月）に合わせて出版しました『生活困窮者自立支援ハンドブック』（岡部卓編著・中央

法規出版　2015年6月）を今回の一部改正に合わせて大幅に加筆修正した書籍で、いわば続編の性格を持っています。

　本書の対象は、実際に業務に携わる自治体及び事業主体、自治体・福祉事務所の関連部署、社会福祉協議会、社会福祉法人、NPO、その他の事業者など、本制度並びに関連する職員及び関係者、地域の社会福祉施設、民生委員・児童委員の方々そして、社会福祉の研究をされている大学・短大・専門学校・研究機関の研究者、社会福祉を学ばれている学生の方々などを読者として想定しています。本制度によって利用者に寄り添った「生活困窮者自立支援」を進め、より良い制度運営、ソーシャルワーク実践や活動がなされるための一助になれば幸いです。

　最後になりましたが、本書の刊行の機会を与えて下さった野池隆幸さんはじめ中央法規出版株式会社の皆様には大変感謝しております。紙面を借りて、ここに厚くお礼申し上げます。

平成30年10月

岡部　卓

●●● 目　次 ●●●

はじめに ……………………………………………………………………………… 1

第1章　貧困・低所得者問題とその対策

❶ 貧困・低所得者問題の現状と課題……………………………………………12
　1. 現代社会と福祉課題…………………………………………………………12
　2. 多様化・複雑化する貧困・低所得者問題…………………………………14
❷ 貧困・低所得者対策の動向……………………………………………………17

第2章　生活困窮者自立支援法の制定と一部改正に至る経緯

❶「生活困窮者の生活支援の在り方に関する特別部会」報告書（平成25〈2013〉年）と生活困窮者自立支援法の制定………………20
　1. 平成25年特別部会報告書……………………………………………………20
　2. 生活困窮者自立支援法の制定………………………………………………23
❷「生活困窮者自立支援のあり方等に関する論点整理のための検討会」の論点整理…………………………………………………………29
　1. これまでの制度の実績………………………………………………………29
　2.「検討会」の論点整理…………………………………………………………34
❸「生活困窮者自立支援及び生活保護部会」報告書（平成29〈2017〉年）と生活困窮者自立支援法の一部改正…………………………39
　1. 平成29年部会報告書…………………………………………………………39
　2. 法改正の概要…………………………………………………………………40
　3. 法改正の要点…………………………………………………………………42

第3章　改正後の生活困窮者自立支援制度の仕組み

❶ 生活困窮者自立支援法の構成（平成30〈2018〉年一部改正以降）……46
❷ 生活困窮者自立支援法等（法・政令・省令・告示・通知等）の施行
　（平成30〈2018〉年一部改正以降）……48
❸ 生活困窮者自立支援法等の内容（平成30〈2018〉年一部改正以降）……50
　1. 生活困窮者自立支援が目指す「共生」「つながり」……50
　　目的、基本理念、定義
　2. 支援体制の整備……51
　　国・都道府県・市等・福祉事務所未設置町村の役割・機能
　3. 事業の仕組み・内容……55
　　①自立相談支援事業　55
　　②住居確保給付金支給　57
　　③就労準備支援事業　61
　　④家計改善支援事業　63
　　⑤一時生活支援事業　63
　　⑥子どもの学習・生活支援事業　65
　　⑦その他の生活困窮者の自立の促進を図るために必要な事業　66
　　⑧認定就労訓練事業　66
　4. 費用その他……68
　　国庫負担・補助、その基本基準額など、その他
　　◆章末注一覧……82

第4章　新たな生活困窮者自立支援の内容解説

❶ 生活困窮者自立支援の「基本理念」……84
❷「生活困窮者」とは……87
❸ 生活困窮者の「自立」とは……90
❹ 自治体・事業主体の役割……94
❺ 自立相談支援事業の留意点……98
❻ 事業の観点からみた生活困窮者自立支援……102

第5章 生活困窮者自立支援の手順

❶ 自立相談支援機関　110
1. 自立相談支援機関の概要　110
2. 支援員の体制と役割　110
3. 自立相談支援機関の業務　111

❷ 自立相談支援のプロセス　113

❸ 自立相談支援の内容　116
Ⅰ 生活困窮者の発見　116
①把握・アウトリーチ

Ⅱ インテーク（受付面接）　119
②包括的相談／振り分け、③利用申込〈本人同意〉、④緊急的な支援・法に基づく事業等の利用手続き

Ⅲ アセスメント（事前評価）　123
⑤アセスメント〈信頼関係の構築／必要な支援を随時〉

Ⅳ プランニング（支援計画の策定）　127
⑥プラン〈案〉策定〈本人と相談支援員による協働〉、⑦支援調整会議〈※一部改正の「支援会議」とは位置付けが異なる〉、⑧支援決定〈法に基づく事業等に係る手続き、※法に基づく事業等がない場合は確認のみ〉

Ⅴ インターベンション（介入、支援の実施）　130
⑨支援の提供

Ⅵ モニタリング（見守り・観察）とエバリュエーション（事後評価・再評価）　131
⑩モニタリング、⑪プラン実施の評価、⑫再プラン策定

Ⅶ ターミネーション　132
⑬終結／自立・他制度へのつなぎ等その後の確認・フォローアップ

❹ 本人の状況に応じた支援の実施（就労支援、法に基づく事業、その他）　133
1. 本人の状態に応じた就労支援　133
2. 法に基づく事業　133
　①住居確保給付金支給　135
　②就労準備支援事業　136
　③認定就労訓練事業　137

④一時生活支援事業　142
　　　⑤家計改善支援事業　143
　　　⑥子どもの学習・生活支援事業　145
　　　⑦その他の生活困窮者の自立の促進を図るために必要な事業　145
　　3. 法以外の事業・支援 146

第6章　関係部署・関係機関等との連携

❶ 連携の必要性と範囲 151
　　1. 連携していく上での共通認識をもたなければならない三つの観点 ...151
　　2. 自治体・事業主体において連携が必要とされる理由 152
　　3. 連携を進める上で考えなければならない範囲 152
　　4. 連携を進めていく上で考えなければならないサービス提供機
　　　関・団体の領域 155

❷ 連携を行う上での留意点 158
　　1. 連携を行う自治体・事業主体・各供給主体間における目標の共
　　　有化 158
　　2. 情報の共有化とプライバシーへの配慮 159

❸「支援会議」..160
　　1. 情報共有のための会議体の設置 160
　　2.「支援会議」の構成員 162
　　3.「支援会議」の意義と留意点 163

❹ 個別支援と個人情報 165
　　1. 福祉サービスと個人情報 165
　　2. 生活困窮者自立支援における個人情報取り扱いの実際 168
　　3. 生活困窮者自立支援における個人情報取り扱いの課題 172

第7章 地域における包括的支援体制の構築

- ❶ 「地域共生社会」の実現 ……………………………………………… 176
- ❷ 市町村における包括的支援体制の整備 ……………………………… 179
  - 1. 包括的な支援体制 …………………………………………………… 181
  - 2. 地域生活課題に関する相談を包括的に受け止める体制 ………… 182
  - 3. 多機関の協働による包括的な相談支援体制 ……………………… 182
- ❸ 地域福祉計画と生活困窮者自立支援 ………………………………… 185

第8章 生活困窮者自立支援における地域づくり

- ❶ 生活困窮者自立支援と地域 …………………………………………… 190
- ❷ 地域づくりをめぐる政策 ……………………………………………… 193
- ❸ 住民主体の地域づくりの展開 ………………………………………… 195
- ❹ 地域づくりのための人材育成 ………………………………………… 200
- ❺ 主体的な住民活動のために …………………………………………… 203

おわりに ……………………………………………………………………… 206

◉生活困窮者自立支援法の改正後条文 ……………………………………… 209
- ・生活困窮者自立支援法（平成25年12月13日法律第105号）**全文** …… 209
- ・生活困窮者自立支援法　新旧対照表 ………………………………… 222
  - ＊平成30（2018）年10月1日施行　222
  - ＊平成31（2019）年4月1日施行　241
- ・注・引用一覧 …………………………………………………………… 249
- ・参考文献 ………………………………………………………………… 281
- ・参考図書一覧 …………………………………………………………… 290

第1章
貧困・低所得者問題とその対策

貧困・低所得者問題の現状と課題

1. 現代社会と福祉課題

　いま、私たちはどのような時代と向き合っているのでしょうか。社会福祉の対象となる生活課題（福祉課題）は、現代社会の諸変化により、時々刻々、変容しています。

　その一つとして、少子高齢化・核家族化・都市化・産業化の進展、扶養・連帯意識の変容があります。これらは、家族や地域等で担われてきた介護や育児などを社会で支える福祉課題として登場させています。

　二つには、経済・雇用環境の変化があります。経済停滞・雇用環境の変容は、雇用・失業問題とそれに連なる貧困・低所得問題をもたらし、非正規雇用に代表されるワーキングプア問題、都市問題としてのホームレス問題などが課題となっています。

　三つには、新たな価値・理念の浸透があります。たとえば、これまで認識されてこなかった差異や多様性、当事者性を積極的に認めるノーマライゼーションやソーシャル・インクルージョン、エンパワーメントなどの考え方は、性差、年齢、家族のあり方などについて新たな視座や課題を提示しています。すなわち、これまで取り上げられてきた福祉課題に加えて、新たな福祉課題が重層的に出現していると考えられます。

　これらの福祉課題は、少子高齢化対策に代表されるような介護や育児の必要（ニーズ）に対し、サービス資源をどのように提供していくか、また経済雇用環境の変容により生じた社会生活の回復・維持・向上をどのように図っていくかは国民的課題となっています。さらに、新しい福祉課題は、社会的合意を得たものとして認知され、制度化の方向に進んでいます。以上のような現代社会の状況下で、家族・地域・職場などで

[図表1-1] 社会的孤立・経済的困窮・制度の狭間の関係

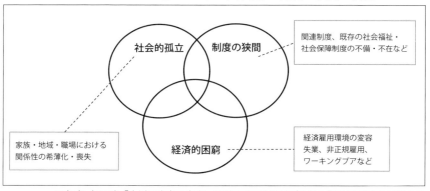

岡部卓(2018)「生活困窮者の自立・尊厳の確保と地域づくり」『月刊福祉』7月号 P.41

起きる「社会的孤立」、経済雇用環境の変容による「経済的困窮」、さらには、これまでの制度では十分対応されてこなかった「制度の狭間」にある人たちの問題が福祉課題として浮上しています。これら「社会的孤立」「経済的困窮」「制度の狭間」の問題はそれぞれ別個の問題ですが、それらは相互に関連しながら国民・住民、とりわけ、貧困・低所得状態にある人・世帯に顕著にあらわれる傾向があります[1]([図表1-1])。

これらの福祉諸課題は、これまで家族、市場、国家が担ってきた役割・機能に新たな検討を促しています。すなわち、家族がこれまで担ってきた扶養システム(育児・介護など)、市場が担ってきた日本型雇用・生活保障システム(年功序列、終身雇用、企業別組合など)、それらを代替・補完・補充する国家システム(家族扶養、性別役割分業、正規雇用を前提とする社会保障)の新たな組み替えを要請しているといえます。

これまで国家に対し国民・住民生活の維持向上は、国・自治体によって果たすべきであるという公的システムの強調(公助)がある一方、個人や家族・親族などの共同体システムで行うべきである(自助)という振幅(ゆらぎ)のなかで政策が位置づけられてきました。しかしどれもが財政危機や自助努力などの限界により有効性を失っています。そこで

その隘路を突き崩す新しいシステム（考え方・仕組み・体制・方法）づくりが必要であり、現下の福祉課題に対処するためには、現行の制度・サービスの充実を図るとともに今後に向けて福祉供給部門を多元化しサービス量の拡大と質の充足を求める必要があります。そこでは、行政による福祉課題の対処（「公共」）から、市民・営利・非営利・行政の連携のもとで福祉諸課題（公共の課題）を緩和・解決に立ち向かうこと（「新しい公共」）が求められています。それは、行政（官）が担う「公共」から「民と行政（官）」による「新しい公共」への考え方・仕組み・体制・方法の検討を促しています。

2. 多様化・複雑化する貧困・低所得者問題

　さて、貧困・低所得者領域では、多くの福祉諸課題が広汎・複合・重層的に現れている領域でもあります。これら貧困・低所得者問題は、ここ20年以上にわたり、わが国の経済停滞や雇用環境の変容と相まって、国民・住民生活の経済的基盤を脆弱化させ、貧困と社会的格差の拡大・深化をもたらしています。とりわけ、働いているにもかかわらず生活が立ち行かない稼働層の貧困（ワーキングプア）や、高齢化にともなう無年金・低年金高齢者が増加しています。また、貧困・低所得者層のなかには、これまでの雇用の安定を前提にした社会生活の維持・安定が図れなくなったことにより、生活・住宅・教育などさまざまな非経済的側面にも影響があらわれ[2]、多様な福祉課題を抱えた人たちの問題が表面化しています。所得が低位、資産が稀少になるに従い、人と人、人と社会のつながりは希薄化・喪失し、具体的には、地域のなかでネットワークをもたない孤立した失業者・高齢者・障がい者、若者、ひとり親世帯の問題や貧困が次の世代に継承される貧困の連鎖（世代間継承＝再生産）の問題となります。

　これらの諸問題は、これまで貧困・低所得者問題の予防策として位置

づけられている雇用や住宅などの「社会保障関連制度」や「社会保障・社会福祉諸制度」が十分に機能していないことによって生じ、一般所得階層を対象とする第一のセーフティネットである「社会保険制度」や第二のセーフティネットの「社会手当制度」などの低所得者対策が十分でないことから、最後のセーフティネットである「生活保護制度」の果たす役割が大きくなりました。

　すなわち、従来の低所得者対策である児童扶養手当などをはじめとする社会手当に加え、リーマンショックを契機に導入された「第2のセーフティネット（新たなセーフティネット）」（求職者支援制度、住宅手当制度、総合支援資金貸付制度）においても、その対象となる給付・貸付対象者のなかには労働市場への参入が果たせず、最後のセーフティネットである生活保護制度を活用せざるを得ない人びとがいる状況となりました。

　このほか、貧困・低所得とは直接的に結びつくとは言えないにしても、家族・学校・企業・地域とのつながりが希薄・喪失し、育児不安、不登校、長期のひきこもり、ニート、自殺、多重債務、アディクション、老々介護、DV、児童虐待など[3]の問題があります（[図表1-2]）。

　さらには、問題・課題に対応する制度へのアクセス、制度運用、制度の不在、民間社会資源の不足、資源活用への抵抗などがあり、これらが個別にまた折り重なり人びとの福祉課題として出現してきます[4]。

［図表1‐2］　貧困・低所得問題と社会的排除の態様

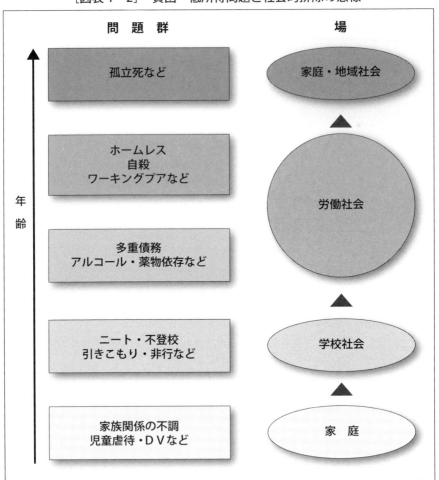

岡部卓作成[5]

❷ 貧困・低所得者対策の動向

　ここで、これら貧困・低所得者問題・課題に対してどのような対応策がとられてきたか、近年の貧困・低所得者対策の動向を簡単に振り返ってみます。

　平成12（2000）年に、現代の社会問題の視座を読み解く先駆けとなった貧困と社会的排除をめぐる問題について、厚生省（現・厚生労働省）は「社会的な援護を要する人々に対する社会福祉のあり方に関する検討会」を設置し、その視座や問題の態様や解決方策を提示しています。また、都市問題化しているホームレスへの対策が法案化され、平成14（2002）年8月には「ホームレスの自立の支援等に関する特別措置法」が10年の時限立法で公布されました。

　さらに、平成15（2003）年8月には、社会保障審議会福祉部会に「生活保護制度の在り方に関する専門委員会」が設置され、一年余にわたり給付水準・制度の仕組み・運営実施体制など生活保護制度のあり方をめぐり検討が行われました。その結果、平成16（2004）年度から老齢加算が段階的に廃止され、平成17（2005）年度からは生活扶助基準第1類年齢区分の簡素化、人工栄養費の廃止、母子加算の見直し、生業扶助による高等学校等就学費の対応、自立支援プログラムの導入などが実施されました。

　平成18（2006）年には、自宅を保有している高齢の要保護者については、自宅を担保に生活保護に優先して貸付けを行う要保護世帯向けの長期生活支援資金制度（リバースモゲージ）が創設・実施されました。

　そして、平成19（2007）年には、生活保護基準における水準の妥当性を検討する「生活扶助基準に関する検討会」が開催され、また、「ホームレスの自立の支援等に関する特別措置法」は時限立法であるため、2

度目の全国調査を実施して政策の見直しが行われました。

　平成20（2008）年に起こったリーマンショックを契機とした経済金融状況の悪化は、国民の雇用と生活に大打撃を与え、多くの失業者・生活困窮者を生み出す事態となりました。そのため、「住居を失った離職者を支援する新たなセーフティネット」（第2のセーフティーネット）といわれる住宅確保の支援、就労・生活相談支援、生活費の貸付などが、求職者支援制度、住宅手当制度、総合支援資金貸付制度（生活福祉資金貸付制度）を通して実施されました。

　生活保護制度においては、平成21（2009）年12月、子どもや子どもをもつ女性の貧困解消の観点から母子加算が復活しました。さらに、生活保護受給者の生活再建（自立助長）に向けた援助・支援のあり方について、「生活保護受給者の社会的居場所づくりと新しい公共に関する研究会」（平成22〈2010〉年4月〜7月）が開催されました。その後、社会保障審議会において、生活保護基準の見直しについては「生活保護基準部会」（平成23〈2011〉年4月〜現在）が設置され、生活保護基準の検討がされました。

　平成24（2012）年2月、社会保障財源の調達を図る「社会保障・税の一体改革大綱」に貧困・低所得者を中心とする諸課題に対応するため「生活支援戦略」（後に「生活支援体系」に名称変更）が盛り込まれ、生活困窮者対策の充実強化と生活保護制度の見直しが打ち出されました。そして、社会保障審議会において、貧困・低所得者対策の大幅見直しについては「生活困窮者の生活支援の在り方に関する特別部会」（平成24〈2012〉年4月〜平成25〈2013〉年1月）が設置され、貧困・低所得者対策がさらに大きく動きました[6]。

第2章
生活困窮者自立支援法の制定と一部改正に至る経緯

① 「生活困窮者の生活支援の在り方に関する特別部会」報告書（平成25〈2013〉年）と生活困窮者自立支援法の制定

　第1章で述べたように、家族のネット、地域のネット、雇用のネット、社会保障のネットから漏れた生活困窮労働者や生活保護受給者の増大などを背景として、生活保護制度の前段階である第2のセーフティネットに代表される低所得者対策の充実強化と国民の信頼に応えられる生活保護制度の大幅な見直しが求められました[1]。

　政府は「社会保障・税一体改革大綱」において「生活支援戦略」（その後「新たな生活支援体系」に名称変更）を策定し、生活困窮者対策の充実強化と生活保護制度の見直しを打ち出しました（平成24〈2012〉年2月）（［図表2-1］24頁、［図表2-2］25頁）。そこで社会保障審議会「生活困窮者の生活支援の在り方に関する特別部会」が設置され（同年4月）、上記二つの事項について審議、提言がなされました（平成25〈2013〉年1月）[2]。

1. 平成25年特別部会報告書

① 位置づけ

　報告書は、社会保障審議会「生活困窮者の生活支援の在り方に関する特別部会」で審議された内容を整理し、まとめています。それは、生活困窮者と生活保護受給者の増大を背景として、生活困窮者対策と生活保護制度の見直しを意図しています。そこには、生活保護制度の前に生活困窮者対策（主として低所得者対策）の拡充を行うとともに生活保護制度の見直しを行い、この事態の打開を図ることが記述されています。

　また、報告書の「はじめに」には、「社会保障改革推進法附則第2条において、生活困窮者対策及び生活保護制度の見直しに総合的に取り組

む」とし、「生活困窮者対策及び生活保護制度の見直しについて、制度的な対応が必要な事項をとりまとめたもの」と位置づけています。

② 内容

報告書は、総論として「現状認識」と「基本的視点」が、各論として新しい生活体系の二つの柱、低所得者対策である「生活困窮者支援制度」と貧困対策である「生活保護制度」の改革について書かれています。

総論における「現状認識」は、90年代半ば以降の経済停滞・雇用環境の変容により、稼働年齢層の労働の不安定化・生活の不安定化を招き、生活困難層・貧困層が増大し自己有用感や将来へ展望の喪失が起きていること、またそのことが子どもの未来に影を落とし貧困の世代間継承として現れていること、さらには生活困窮が家族のつながりや孤立化を進め、地域社会の基盤を脆弱にしていることなどをあげています。

生活保護制度においては、制度の周知・理解を図る必要性や生活保護受給稼働年齢層や生活困窮者に対し生活再建を図るべく安定した就労で生活向上させる支援や制度の信頼を図ることに努める必要性をあげています。

そして、「**生活支援体系の基本的視点**」として、次の四つをあげています。

(1)「**自立と尊厳**」 すべての生活困窮者の社会的経済的な自立を実現するための支援は、生活困窮者一人一人の尊厳と主体性を重んじたものでなければならない。

(2)「**つながりの再構築**」 地域社会の住民をはじめとする様々な人々と資源を束ね、孤立している人々が地域社会の一員として尊ばれ、多様なつながりを再生・創造できることを目指す。そのつながりこそ人々の主体的な参加を可能にし、その基盤となる。

(3)「**子ども・若者の未来**」 次世代が可能な限り公平な条件で人生のスタートを切ることができるように、その条件整備を目指す。

(4)「**信頼による支え合い**」 制度に対する国民の信頼を強めるため、生活保護制度についての情報を広く提供し理解を広げつつ、信頼を損なうような制度運用の実態があればこれを是正していく必要がある。

また、「**具体的なかたち**」として、次の三つをあげています。

(1)「**包括的・個別的な支援**」 地域において多様なサービスが連携し、できる限り一括して提供される条件が必要である。他方において、生活困窮者それぞれの事情や想いに寄り添いつつ、問題の打開を図る個別的な支援をおこなうべきである。

(2)「**早期的・継続的な支援**」 できるだけ早期に対処することが支援を高める。訪問型も含めた早期対応が図られることが大切である。

(3)「**分権的・創造的な支援**」 民間の柔軟で多様な取り組みが活かされ、国や自治体がこれをしっかり支えることで可能になる。自治体と民間団体が創造的に取り組むことができる分権的な改革でなければならない。

③ 意義

報告書のねらいは、生活困窮者対策（主として低所得者対策）の拡充・生活保護制度の適正実施と自立支援の強化にあります。それは、これまで一般対策としての社会保険制度・社会福祉制度、貧困対策としての生活保護制度がある程度は整備・機能していましたが、その中間に位置する低所得者対策が必ずしも十分ではなく、その拡充を図る方向で記述されていること、また生活保護制度の目的の一つである自立助長（対人サービス、生活再建）の具体的方策が記述されている点では、一定の意義のある報告書であると評価できます。とりわけ、生活困窮者支援制度においては対人サービス（相談支援＋生活再建支援＝自立支援）が、また生活保護制度においては所得保障と対人サービスをいかに展開していくかという理念・方策が示されており、貧困・低所得者対策の全体像を描いた報告書として読み取ることができます。

とくに注目すべき点は、対人サービスのそれぞれの局面において、積極的に福祉課題に取り組み課題解決につなげていく方向が示されていることです。たとえば、生活困窮者支援のポイントとして提示されている七つの分野の入り口にあたる相談支援場面、そして利用者の状態に合わせた就労、居住、健康、生活、家計、養育・教育等の各支援はこれまでの生活再建に一歩踏み込んだものであり、それを市民・民間（非営利・営利）・行政の連携のもとで、福祉諸課題（公共の課題）を緩和・解決することを目指しています。そのため社会福祉法人をはじめとして多様な供給主体が、当事者・利用者・住民の多様な生活課題を発見、相談につなげ、支援計画と生活再建に向けて関係機関・団体と連携し支援を行うこと、また地域のなかで社会資源を創出していくことが求められています[3]。

2. 生活困窮者自立支援法の制定

　特別部会報告書提言において、その基本的な考え方としては、「生活保護に至る前の段階で早期に支援を行うとともに、必要に応じて生活保護受給者も活用できるようにすることにより、困窮状態からの脱却を図る」「地方自治体が事業主体となり、民間団体と協働して取り組む」の二つを、またその具体的仕組みの方策として、次の七つをあげています。

1. 生活困窮者の自立までを包括的・継続的に支える新たな相談支援体制の構築。
2. 就労に向けた生活訓練・社会訓練・技術習得訓練を有期で行う事業（就労準備支援事業）の実施。
3. 一般就労が難しい者に、ただちに支援付きで軽易な作業等の機会を提供する「中間的就労の場」の育成支援。
4. ハローワークと自治体が一体となった就労支援体制の全国的な整備。

[図表 2‐1] 生活保護制度の見直しと新たな生活困窮者対策の全体像

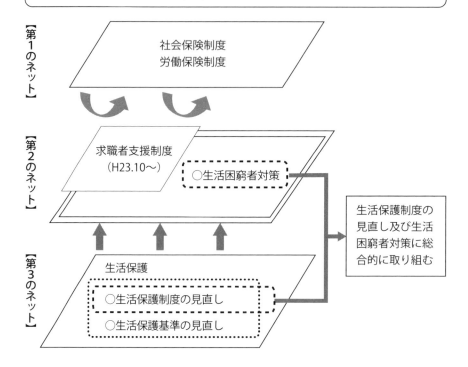

○ 生活保護制度の見直し及び生活困窮者対策に総合的に取り組むとともに、生活保護基準の見直しを行う。

【社会保障制度改革推進法】（平成24年法律第64号）抜粋

（生活保護制度の見直し）
附則第2条　政府は、生活保護制度に関し、次に掲げる措置その他必要な見直しを行うものとする。
　一　不正な手段により保護を受けた者等への厳格な対処、生活扶助、医療扶助等の給付水準の適正化、保護を受けている世帯に属する者の就労促進その他の必要な見直しを早急に行うこと。
　二　生活困窮者対策及び生活保護制度の見直しに総合的に取り組み、保護を受けている世帯に属する子どもが成人になった後に再び保護を受けることを余儀なくされることを防止するための支援の拡充を図るとともに、就労が困難でない者に関し、就労が困難な者とは別途の支援策の構築、正当な理由なく就労しない場合に厳格に対処する措置等を検討すること。

資料：厚生労働省　出典：『改正生活保護法・生活困窮者自立支援法のポイント』中央法規出版　16頁[8]

[図表 2 - 2] 生活支援戦略（体系）施行による変化

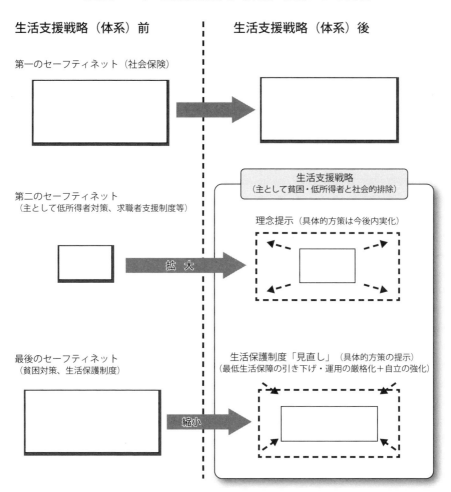

岡部卓作成[9]

5．家計収支等に関するきめ細かな相談支援の強化。
6．離職により住居を喪失した生活困窮者に対する家賃補助のための給付金（有期）の制度化。
7．子どもと若者の貧困の防止。
　① 地域での若者サポートステーションの充実強化。
　② 生活困窮家庭の子どもに対する学習支援等を行う事業の実施。

　政府は、特別部会報告書を踏まえつつ今後の生活困窮者対策と生活保護制度の見直しを総合的に取り組むべく生活保護法の一部改正案及び生活困窮者自立支援法案を国会に提出（平成25〈2013〉年5月）し、それは審議未了で廃案となりましたが、同年10月に再提出され12月に制定・公布されることになりました。
　生活困窮者自立支援法[4]は、平成25（2013）年12月13日に公布（平成27〈2015〉年4月1日〈一部は、公布日〉施行）されました。概要については、同日に「生活困窮者自立支援法の公布について」の通知[5]が説明しています。
　また、生活困窮者自立支援法施行令（政令）[6]及び生活困窮者自立支援法施行規則（省令）[7]が平成27（2015）年2月4日に公布（一部を除き平成27年4月1日施行）されました。政省令の概要については、同日に「生活困窮者自立支援法等の施行について」の通知[10]が出ています。
　これら二つの通知は、地方自治法第245条の4第1項の規定に基づく技術的助言であるとされ、ここには、制度の施行にあたっては、包括的な支援体制を構築するために福祉関係部局のみならず、商工労働・住宅・教育・税保険関係部局等との連携体制を構築することが重要であると謳われています。

　生活困窮者自立支援法の概要は、次のとおりです。
　生活保護に至る前の段階の自立支援の強化を図るため、生活困窮者に

対する自立支援に対する措置として、自立相談支援事業、住居確保給付金の支給、その他の事業を行います。その運営事業主体は、基礎自治体である福祉事務所設置自治体（自治体直営）のほか、社会福祉協議会や社会福祉法人、NPOなどへの委託も可能としています。また、ここでいう「生活困窮者」とは、現に経済的に困窮し、最低限度の生活の維持ができなくなるおそれのある者のことです。

生活困窮者自立支援に関する必須事業として、①自立相談支援事業、②住居確保給付金の支給が、任意事業として、①就労準備支援事業、②一時生活支援事業、③家計相談支援事業、④学習支援事業などが規定されています。

また、国の費用負担は次のとおりであり、都道府県知事等が就労訓練事業（いわゆる「中間的就労」）の認定を行います。

〈必須事業〉
① **自立相談支援事業** 就労その他の自立に関する相談支援、情報提供、事業利用のための計画の作成などを行う。
② **住居確保給付金支給** 離職により住宅を失った生活困窮者に対し、家賃相当の「住居確保給付金」を有期で支給する。

〈任意事業〉
4つの事業、その他生活困窮者の自立の促進に必要な事業を行う。
① **就労準備支援事業** 就労に必要な訓練を日常生活自立、社会生活自立段階から有期で実施する。
② **一時生活支援事業** 住居のない生活困窮者に対して、一定期間、宿泊所や衣食住の提供等を有期で行う。
③ **家計相談支援事業** 家計に関する相談、家計管理に関する指導、貸付のあっせん等を行う。
④ **学習支援事業** 生活困窮家庭の子どもへの支援を行う。

〈国の費用負担〉

- 必須事業
  自立相談支援事業、住居確保給付金支給　4分の3。
- 任意事業
  就労準備支援事業、一時生活支援事業　3分の2以内。
  家計相談支援事業、学習支援事業、その他生活困窮者の自立促進に必要な事業　2分の1以内。

〈就労訓練事業の認定〉

都道府県知事、政令指定都市市長、中核市市長は、事業者が生活困窮者に対し、就労の機会の提供を行うとともに就労に必要な知識と能力の向上のために必要な訓練等を行う事業（いわゆる「中間的就労」）を実施する場合、その申請に基づき一定の基準に該当する事業であることの認定を行う。

なお、事業の開始については、平成27（2015）年4月の実施としました。また、この法律の施行後3年をめどに、施行の状況を勘案し、生活困窮者に対する自立の支援に関する措置のあり方について総合的な検討を加え、必要があると認めるときは、その結果に基づいて必要な措置を行うものとしました[11]。

「生活困窮者自立支援のあり方等に関する論点整理のための検討会」の論点整理

1. これまでの制度の実績

　本制度は、法の附則で施行後3年をめどに見直しを行うとされていました。このため厚生労働省は、平成28（2016）年10月6日に「生活困窮者自立支援のあり方等に関する論点整理のための検討会」第1回を開催しました。事業実施の状況については、まず、厚生労働省調査（2015年4月）によれば、本法で規定する必須事業である自立相談支援事業の運営方法は、直営方式との併用を含めて約6割の自治体が委託を実施しており、その委託先は、社会福祉協議会が約8割弱と多く、次いでNPO法人や社会福祉協議会以外の社会福祉法人が多くなっています[12]。

　次に、第1回「検討会」資料（「生活困窮者自立支援法の施行状況」）から見ていくと（数字は自治体数）、自立相談支援事業901、就労準備支援事業355（自立相談支援事業901の39％）、家計相談支援事業304（34％）、一時生活支援事業236（26％）、子どもの学習支援事業423（47％）となっており、前年度（27年度）と比べると、任意事業の実施自治体数は大幅に増加しています（[図表2-4] 31頁）。また、新規相談受付件数が約22.6万件、そのうち、プラン作成した件数は約5.6万件、包括的な支援の提供により就労・増収につながった人が約2.8万人、一般就労を目標とする人に対する（自立相談支援の）就労支援における就労・増収率が約7割などとなっています（[図表2-3] 30頁、[図表2-5] 32頁）。このほか、家計相談支援事業利用による家計管理の課題や多重・過重債務の改善、一時生活支援事業利用による住まいの確保安定等・就労・健康面の改善が図られたとされたとしています（[図表2-6] 33頁）。

[図表2‑3] 生活困窮者自立支援制度における支援状況調査結果

生活困窮者自立支援制度における支援状況調査結果

【平成27年度】
○平成27年度の新規相談受付件数は、約22.6万件。
○そのうち、継続的な支援を作成のためのプランを作成した件数は約5.6万件。
○包括的な支援の提供により、約2.8万人が就労・増収につながった。
【平成28年度】
○プラン作成件数の着実な伸びが見られる。

【参考】国の目安値（人口10万人・1ヶ月当たり）・経済・財政再生計画改革工程表KPI

	平成27年度目安値	平成28年度目安値	KPI（平成30年度）
新規相談受付件数	20件	22件	年間40万人 →人口10万人・1ヶ月当たりに換算すると26件
プラン作成件数	10件	11件	新規相談件数の50%
就労支援対象者数	6件	7件	
就労・増収率	40%	42%	プラン作成件数の60% 45%

平成27年度

（件数、人）

	新規相談受付件数		プラン作成件数		就労支援対象者数		就労者数	増収者数
		人口10万人あたり		人口10万人あたり		人口10万人あたり		
平成27年4月～平成28年3月	226,411	14.7	55,570	3.6	28,207	1.8	21,465	6,946

平成28年度

（件数、人）

平成28年	新規相談受付件数	人口10万人あたり	プラン作成件数	人口10万人あたり	就労支援対象者数（①）	人口10万人あたり	就労者数	うち新規支援確定プラン作成者分（②）	増収者数	うち新規支援確定プラン作成者分（③）	就労・増収率（②+③）/①
4月分	18,154	14.2	5,008	3.9	2,498	1.9	2,125	1,404	524	353	70%
5月分	19,009	14.8	5,281	4.1	2,576	2.0	2,068	1,368	572	351	67%
6月分	19,746	15.4	5,682	4.4	2,788	2.2	2,332	1,585	650	414	72%
7月分	18,459	14.4	5,428	4.2	2,615	2.0	2,268	1,527	646	430	75%
合計	75,368	14.7	21,399	4.2	10,477	2.0	8,793	5,884	2,392	1,548	71%

※各項目の数値は概数であり、今後の整理の結果、異動を生じることがある。就労・増収率は平成28年度から把握。

「生活困窮者自立支援のあり方等に関する論点整理のための検討会」第1回平成28年10月6日資料
「生活困窮者自立支援法の施行状況」P.2
〔https://www.mhlw.go.jp/file/05-Shingikai-12201000-Shakaiengyokushougaihokenfukushibu-Kikakuka/shiryou3_2.pdf〕

[図表2-4] 任意事業の実施状況-1

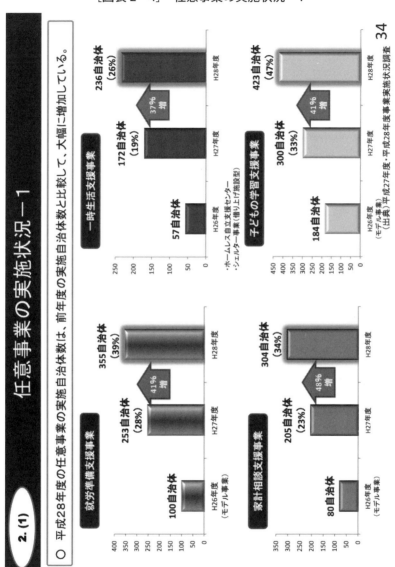

「生活困窮者自立支援のあり方等に関する論点整理のための検討会」第1回平成28年10月6日資料
「生活困窮者自立支援法の施行状況」P.34
〔https://www.mhlw.go.jp/file/05-Shingikai-12201000-Shakaiengokyokushougaihokenfukushibu-Kikakuka/shiryou3_2.pdf〕

［図表２‐５］　法定事業等の利用状況と支援効果－１

2.(3)　法定事業等の利用状況と支援効果－１

○ 自立相談支援事業の就労支援においては、一般就労を目標とする人に対する就労支援を中心に取り組んでおり、約7割の就労・増収率となっている。
※就労・増収率については平成28年度からの把握となっており、通年の実績値ではないことに留意が必要。

1. 自立相談支援事業の就労支援

実施自治体	901自治体
利用件数（累計）	22,430件（H27年度）

※これ以降3ページにおいて特記していないデータの出典は「生活困窮者自立支援制度における支援状況調査（厚生労働省社会・援護局生活困窮者自立支援室）」

就労支援対象者（※）　→　就労・増収率　71%
（就労率のみの場合56.2%）
（H28.4～7）

※就労支援対象者。プラン期間内での一般就労を目標としている人。

参考：生活保護受給者等就労自立促進事業

（労働局・ハローワークと自治体との協定に基づく理念を基盤に、地方自治体にハローワークの常設窓口の設置又は巡回相談の実施などワンストップ型の支援体制を整備し、自治体の福祉部局とハローワークが一体となった手厚い就労支援を行う事業。生活保護受給者、児童扶養手当受給者、住居確保給付金受給者等の生活困窮者などを対象として実施）

常設窓口設置自治体（※）	158自治体
巡回相談実施自治体（※）	865自治体
利用件数（生活困窮者分の累計）	14,650件（H27年度）

生活困窮者分　→　就職率（※）　64.6%
（H27年度）

※就職率は、本事業の支援対象者のうち、常用雇用（期間の定めのない雇用）の求人等に応募し、就職した人の割合。

（出典）厚生労働省職業安定局就労支援室
※自治体数はH27. 6. 1 現在。市町村ベースであり、困窮者法の実施主体である901福祉事務所設置自治体とは対応しない。

「生活困窮者自立支援のあり方等に関する論点整理のための検討会」第1回平成28年10月6日資料
「生活困窮者自立支援法の施行状況」P.40
〔https://www.mhlw.go.jp/file/05-Shingikai-12201000-Shakaiengyokushougaihokenfukushibu-Kikakuka/shiryou3_2.pdf〕

［図表 2-6］ 法定事業等の利用状況と支援効果 – 3

2.(3) 法定事業等の利用状況と支援効果 – 3

- 家計管理の課題や債務がある人については、家計相談支援事業の利用によりそれらの改善が確認できる。
- ホームレス・住まい不安定の人については、一時生活支援事業の利用により、住まいの確保安定を始めとして、就労・健康面も含めた改善が確認できる。

4. 家計相談支援事業

実施自治体	205自治体（H27年度） 304自治体（H28年度）
利用件数（累計）	5,178件（H27年度）

◆事業利用の有無による「見られた変化」の違い

■「家計管理の課題」又は「(多重・過重)債務があるひと、家計相談支援事業の利用あり」
☒「家計管理の課題」又は「(多重・過重)債務があるひと、家計相談支援事業の利用なし」

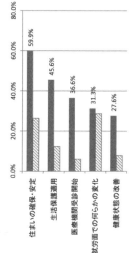

5. 一時生活支援事業

実施自治体	172自治体（H27年度） 236自治体（H28年度）
利用件数（累計）	16,460件（H27年度）

◆事業利用の有無による「見られた変化」の違い

■「ホームレス」又は「住まい不安定」に該当し、一時生活支援事業の利用を含むプランが終結した者
☒「ホームレス」又は「住まい不安定」に該当するが、一時生活支援事業の利用がない者

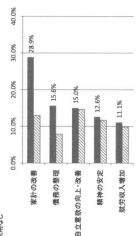

(出典）平成27年度社会福祉推進事業「生活困窮者自立支援制度の自立相談支援機関における支援実態、対象者検等に関する調査研究事業」。調査対象1,119自治体の平成27年4月～平成28年3月の支援決定等ケース14,746件について、「見られた変化」121項目（複数回答）のうち、事業利用によって高く出ている上位5項目をグラフ化。42

「生活困窮者自立支援のあり方等に関する論点整理のための検討会」第1回平成28年10月6日資料
「生活困窮者自立支援法の施行状況」P.42
〔https://www.mhlw.go.jp/file/05-Shingikai-12201000-Shakaiengokyokushougaihokenfukushibu-Kikakuka/shiryou3_2.pdf〕

2.「検討会」の論点整理

　以上のような事業実施状況を踏まえながら、本検討会は、平成29 (2017) 年3月6日まで計7回開催され（[図表2−7]）、「論点整理」が行われました。

　この「論点整理」においては、生活困窮者自立支援について一定の評価がされるとともに、関連する問題についても論議がされています。そこでは、施行後の課題としては、大きくは次のことが出されました。

[図表2−7]「生活困窮者自立支援のあり方等に関する論点整理のための検討会開催経過」

開催日	議題等
第1回 （平成28年10月6日）	(1) 座長の選任 (2) 生活困窮者自立支援法の施行状況について (3) その他
第2回 （平成28年10月24日）	(1) 自立相談支援事業のあり方について (2) 就労支援のあり方について (3) その他
第3回 （平成28年11月14日）	(1) 前回の指摘事項に関して (2) 家計相談支援事業のあり方について (3) 貧困の連鎖防止（子どもの学習支援事業等）のあり方について (4) 住居確保給付金のあり方について (5) 一時生活支援事業のあり方について
第4回 （平成28年12月1日）	(1) 前回までの指摘事項に関して (2) 高齢者に対する支援について (3) 社会福祉法人の役割、人材養成研修、帳票、統計システム等について
第5回 （平成28年12月19日）	(1) 前回までの指摘事項に関して (2) 生活福祉資金について (3) 生活保護との関係について (4) 都道府県の役割と町村部の支援のあり方について (5) 地域づくりについて ・地域力検討会の状況について（報告）
第6回 （平成29年1月23日）	(1) 前回までの指摘事項に関して (2) 論点整理（案）について
第7回 （平成29年3月6日）	(1) 論点整理（案）について

「生活困窮者自立支援のあり方等に関する論点整理のための検討会」「論点整理」平成29年3月17日資料 P.46
〔https://www.mhlw.go.jp/file/05-Shingikai-12201000-Shakaiengokyokushougaihokenfukushibu-Kikakuka/rontenseiri_1.pdf〕

① 制度利用について——対象となりうる人で、相談・事業につながっていない人が、一定数いる。【相談者・利用者の発見・つなぎ・相談上の課題】
② 制度理念・定義について——同制度は何を目指すのか、その理念や生活困窮者とはだれを指すのか、その定義が明確でない。【理念・定義の明確化】
③ 今後の予測——人口構造・家族構造・雇用構造などから今後も生活困窮者の増加が予想される。【必要（ニーズ）予測から見える制度の必要性・重要性】

また、各種事業に関しては、以下のような課題が挙げられています（[図表2-8] 36頁）。

「論点整理」については、平成29（2017）年3月17日に報告書が公表されました（[図表2-9] 37・38頁）。

[図表2-8] 生活困窮者自立支援事業の課題

論　　点	概　　要
(1) 自立相談支援	相談者への適切な支援がまだ十分行われていない、自ら相談することが難しい人への支援が十分でない、相談の周知や情報アクセスが十分ではない、関係機関との連携・地域との連携が十分行われていない、情報共有が十分図る仕組みが十分でない、断らない支援が必要、自立相談支援事業の担い手・機関の整備が必要など
(2) 就労準備支援	全国どの地域でも提供すべきであるが、地域の需要・マンパワー・委託業者の不足・偏りがある、事業のガイドライン・他制度の利用等が柔軟に行える仕組み・実態になっていないなど
(3) 家計相談支援事業	家計相談事業と自立相談支援とはアプローチが異なり自立相談支援事業の中では行いにくい、高齢者・子どものいる世帯、稼動世帯、成年後見制度・日常生活支援事業の対象にならない人にも家計相談支援事業が必要など
(4) 子どもの学習支援事業	学習支援以外に居場所の提供や生活習慣・環境及び社会生活の向上、親への養育支援が必要、小学生や就学前からの早期支援が必要など
(5) 一時生活支援事業	実施自治体の増加や広域実施の推進の仕組みが必要。多様な生活課題を抱える人に効果的な自立支援を行うためのアウトリーチや自立支援センター、借上型シェルターにおける人的体制の整備や人材育成、見守り、生活支援の必要など
(6) 都道府県の役割	管内自治体への従事者研修、人材育成、ネットワークづくり、事業実施に当たっての支援の必要性について明記が必要など
(7) 町村の役割	町村において、都道府県と連携し自立相談支援が行える体制が必要など
(8) 社会福祉法人	「地域における公益的な取組」として一層促進が必要など
(9) 事業委託	支援の維持・向上の観点から適切な委託が行えるよう評価の仕組みが必要など

（岡部卓作成）

[図表2-9] 「生活困窮者自立支援のあり方に関する論点整理」について（概要）

「生活困窮者自立支援のあり方に関する論点整理」について（概要）

- 「生活困窮者自立支援のあり方等に関する論点整理のための検討会」(座長：宮本太郎中央大学教授）において、「生活困窮者自立支援のあり方に関する論点整理」をとりまとめ。
- 今後、社会保障審議会に部会を設置し、この論点整理を踏まえた生活困窮者自立支援法の見直しについて検討を深める予定。

1. 生活困窮者自立支援制度の効果（施行後2年間の状況）

相談

- 施行後2年間での新規相談者 約45万人
  - 就労や家族の問題についた現役世代
  - 子どものいる生活困窮家庭
  - 高齢者を始め、極めて多様
  - どこに相談すればよいかわからなかった人も受け止められる窓口

- 相談・情報提供のみで終了 18万人
- 他機関へのつなぎ 14万人（うち生保窓口へ 5万人）

支援

- 施行後2年間でのプラン作成により継続的に支援した人 約12万人
  - 生活保護に至る前の支援により、生活を建て直しやすいうちに支援することが可能に

- 全国での自立相談支援窓口の展開 ※1,345か所
- 任意事業の実施の拡がり
  - 例：就労準備支援事業 実施率4割
  - 子どもの学習支援事業 実施率5割
- 「支援付き就労」の場の拡がり
  - 認定就労訓練事業所 781か所

- 施行後2年間でのプラン作成により継続的に支援した人のうち、就労・増収した人 約6万人
- 一般就労を目指せる人に対する就労支援での就労・増収率 72%
- 支援当初3ヶ月間で、意欲や社会参加等でステップアップした人（就労準備支援事業利用者では6割）、家計状況が改善した人（家計相談支援事業利用者では4割）
- 施行後2年間でのプラン作成によりステップアップした人 4割 3割 4割

- 自立に向けた着実なステップアップや就労・増収が実現されている
- 法定事業の実施を始めとして、支援ネットワークが拡がり、地域の中で支え合いながら活躍できる社会づくりが始まっている

生活困窮からの脱却・自立

2. 今後さらなる対応を要する課題と主な論点

まだ支援につながっていない生活困窮者への対応
- 自ら自立相談支援機関へ相談するには難しい人にも確実に支援することが必要
- 経済的困窮かどうかに関わらず、すべての相談を断らないことを徹底することが必要

支援メニューの不足
- 地域に就労の場等を求める自治体が試行錯誤している段階
- 就労準備支援、家計相談支援は、支援において不可欠だが、実施率は約3割〜4割
- 住まいを巡る課題への支援の不足
- 当座の資金ニーズへの対応
- 生活保護の支援との一貫性の確保の必要性

対象者に応じた支援の必要性・子どものはらつき
- 貧困の連鎖防止・子どもの貧困への対応、高齢者の生活困窮者への支援のあり方の必要性

自治体の取組のばらつき
- 先進的に取り組む自治体と取組が脆弱な自治体の差の拡大

主な論点

(1) 自立相談支援事業のあり方に関する論点
- 自立相談支援事業において既に生活困窮に陥っている人をしっかりと配置できるような枠組みの必要性
- 関係機関においては自治体が支援員の端緒を把握している人をしっかり相談につなげる仕組みの必要性（生活保護、税部門、学校等）
- 都道府県等の関係機関（地域自殺対策推進センター等）との連携強化
- 法の対象者のあり方

(2) 就労支援のあり方に関する論点
- 就労準備支援事業の内容の積極的な取組
- 自治体における無料職業紹介の必須化
- 認定就労訓練事業所に対する経済的インセンティブ

(3) 家計相談支援のあり方に関する論点
- 家計相談支援事業の必須化

(4) 子どもの貧困への対応に関する論点
- 子どもの学習支援事業の標準化と、貧困の連鎖防止のための総合的な事業としての再構築
- 学習支援を世帯支援につなげる

(5) 一時生活支援事業のあり方に関する論点
- 一時生活支援事業の広域実施推進

(6) 居住支援のあり方に関する論点
- どのような居住支援が考えられるか
- 新たな住宅セーフティネット等の活用

(7) 高齢者に対する支援のあり方に関する論点
- 高齢者への就労、居住支援
- 高齢期になる前の予防的支援

(8) 関連する諸課題に関する論点
- 関連する福祉資金貸付要件等の見直し、生活保護との間での支援の一貫性の確保

(9) 支援を行う枠組みに関する論点
- 制度理念の法定化、人材養成研修のあり方
- 基礎自治体を支援する都道府県の役割、町村部の施行に町村役場が当事者として参画する枠組みの必要性
- 社会福祉法人が行う生活困窮者に対する支援との連携

生活困窮者自立支援のあり方等に関する論点整理のための検討会」「論点整理」平成29年3月17日資料
〔https://www.mhlw.go.jp/file/05-Shingikai-12201000-Shakaiengokyokushougaihokenfukushibu-Kikakuka/rontenseirigaiyou.pdf〕

③ 「生活困窮者自立支援及び生活保護部会」報告書（平成29〈2017〉年）と生活困窮者自立支援法の一部改正

1. 平成29年部会報告書

　厚生労働省は前述の「論点整理」によって、法改正に向けた準備を進めてきましたが、平成29（2017）年5月には、社会保障審議会「生活困窮者自立支援及び生活保護部会」が設置され、ここで本格的に法改正に向けた検討が始まりました。部会では、2017年12月まで11回にわたり審議が行われ、生活困窮者自立支援の部分については、基本的に「論点整理」のまとめを受けた論議がされました。その結果、2017年12月15日にまとめられた「報告書」が発表されました（[図表2‐10]）。

[図表2‐10]　生活困窮者自立支援及び生活保護部会報告書の概要

	論点	概要
総論	(1) 地域共生社会の実現	生活困窮者自立支援制度を地域共生社会の実現に向けた取り組みの中核的な役割を担う制度と位置づけ、そこでは個別支援を通じた地域づくりにつなげ、地域づくりから個別支援につながることが期待されていること、制度の見直しを進めるに当たって、「支え手」「受け手」といった関係を超えて、誰もが役割を持ち、支え合いながら自分らしく活躍できる「地域共生社会の実現」という視点に立って制度を検討すること
	(2) 早期の予防的支援	経済的困窮に対する応急措置だけでなく、社会的孤立や自尊感情の低下、健康意識の希薄さなど、問題の背景を踏まえた「早期の予防的支援」をすること
	(3) 貧困の連鎖を防ぐ	子どもや若者は、社会の活力の源であり希望であり、子どもや若者が成長の過程で社会から孤立せず、公平な条件で人生を歩むことができるよう「貧困の連鎖を防ぐ」という視点に立って積極的な支援が必要であること
	(4) 高齢の生活困窮者	高齢期の生活保護受給者が増加していることを踏まえ、高齢期に至る前の段階から支援を強化するとともに、高齢期に対する就労支援、居住支援、家計相談支援等の強化をするなど「高齢の生活困窮者に着目した支援」が重要であること
	(5) 切れ目のない、一体的な支援	生活困窮者自立支援制度と生活保護制度の関係性について、生活困窮者自立支援制度と生活保護制度が「切れ目のない、一体的な支援」を目指す必要があること

	論 点	概 要
各論	(1) 地域共生社会の実現を見据えた包括的な相談支援の実現	支援につながらない困窮者に対し、適切に自立相談支援につなげていくための自立相談支援機関への利用勧奨と、関係機関等の連携の促進、関係機関間等の情報共有の仕組みの創設、生活困窮者の定義や目指すべき理念に関する視点を法令において明確化、就労準備支援事業、家計相談支援事業を、取り組みやすくする事業上の工夫、都道府県による実施上の体制の支援、自立相談事業と一体的な支援の重要性、法律上の必須事業となることも目指しつつ、全国の福祉事務所設置自治体が実施できるようにする、従事者の研修、事業実施体制の支援、市域を超えたネットワークづくりについて、都道府県事業として明確に位置づけること、希望する町村は一次的な自立相談支援機能を担い、都道府県と連携して対応できるようにすること
	(2)「早期」、「予防」の視点に立った自立支援の強化	就労支援準備事業について、年齢要件を撤廃、資産収入要件を必要以上に限定しないよう見直し、データに基づき、生活保護受給者の生活習慣病の発症予防・重症化予防を更に推進する「健康管理支援事業」を創設すること、国が生活習慣病の状況等を分析して情報提供を行うなど、地方自治体の取り組みを支援すること
	(3) 居住支援の強化	社会的に孤立している生活困窮者に対し、地域住民とのつながりをつくり、相互に支え合うことにも寄与する取り組みを新たに制度的に位置づけること（必要な見守りや生活支援、緊急連絡先の確保等）、無料低額宿泊事業について法令上の規制を強化すること（最低基準の法定化、事前届出制等）、単身での生活が困難な生活保護受給者について、質が担保された無料低額宿泊所等で日常生活上での支援を受け生活できるような仕組みを検討すること
	(4) 貧困の連鎖を防ぐための支援の強化	子どもの学習支援事業について、生活習慣・環境の向上等の取り組みも事業内容として明確化、生活保護世帯の子どもの大学など進学を支援するための制度の見直し
	(5) 制度の信頼性の強化	後発医薬品の更なる使用促進と使用を原則とすること、有料老人ホーム等について居住地特例の対象とすること、保護費の返還について保護費と調整可能にすること

岡部卓（2018）「生活困窮者の自立・尊厳の確保と地域づくり」『月刊福祉』7月号 p.43

2. 法改正の概要

　厚生労働省は、同「報告書」を踏まえて、平成30（2018）年2月に第196回通常国会に、「生活困窮者等の自立を促進するための生活困窮者自立支援法等の一部を改正する法律案」を上程し、生活困窮者自立支援法の一部改正を提案しました。衆議院では2018年4月27日可決、参議院では同年6月1日可決され、同年6月8日に成立しました（［図表2-11］）。

[図表2‑11] 法改正の概要

改正のポイント	概　要
(1) 基本理念の創設（第2条第1項・2項関係）	・生活困窮者の尊厳の保持、就労の状況、心身の状況、地域社会からの孤立といった状況に応じた包括的・早期的な支援 ・地域における関係機関・民間団体との緊密な連携その他必要な支援体制の整備
(2) 定義の見直し（第3条第1項関係）	・生活困窮者＝就労の状況、心身の状況、地域社会の関係性、その他の事情により現に経済的に困窮し、最低限度の生活を維持することができなくなるおそれのある者
(3) 生活困窮者一時生活支援事業の拡充（第3条第6項関係）	・宿泊場所の供与、食事の提供その他当該宿泊場所において日常生活を営むのに必要な便宜を供与する事業 ・訪問による必要な情報の提供及び助言その他の現在の住居において日常生活を営むのに必要な便宜を供与する事業
(4) 子どもの学習・生活支援事業の創設（第3条第7項関係）	・生活困窮者である子どもの学習援助を行う事業 ・生活困窮者である子どもの生活習慣及び育成環境の改善に関する助言を行う事業 ・生活困窮者である子どもの進路選択その他の教育及び就労に関する問題につき、子ども及び保護者からの相談に応じ、必要な情報提供及び助言、並びに、関係機関との連絡調整を行う事業
(5) 生活困窮者就労準備支援事業等の努力義務化・適切な実施に係る指針の公表（第7条第1項・第5項関係）	・生活困窮者就労準備支援事業及び生活困窮者家計改善支援事業を行うように努める ・生活困窮者就労準備支援事業及び生活困窮者家計改善支援事業の適切な実施を図るために必要な指針を公表する
(6) 利用勧奨等（第8条関係）	・生活困窮者を把握したときは、生活困窮者自立支援法に基づく事業の利用及び給付金の受給の勧奨その他適切な措置を講ずるように努める
(7) 支援会議の設置（第9条第1項・5項関係）	・関係機関、事業委託を受けた者、支援に関係する団体、支援に関係する職務に従事する者その他の関係者により構成される会議を組織することができる ・支援会議の事務に従事する者又は従事していた者は、正当な理由なく、支援会議に関して知りえた秘密を漏らしてはならない
(8) 研修事業の創設（第10条第1項関係）	・市等の職員の資質を向上させるための研修事業を行うように努める ・事業又は給付金を効果的に行うための体制の整備・支援手法に関する市等に対する情報提供、助言その他の事業を行うように努める
(9) 福祉事務所を設置していない町村による相談等を行う事業の創設（第11条第1項関係）	・福祉事務所を設置していない町村は、生活困窮者に対する自立の支援につき、生活困窮者及びその家族その他の関係者からの相談に応じ、必要な情報の提供及び助言、都道府県との連絡調整、生活困窮者自立相談支援事業の利用の勧奨その他必要な援助を行うことができる
(10) 国の補助（第15条第4項関係）	・生活困窮者就労準備支援事業及び生活困窮者家計改善支援事業が効果的かつ効率的に行われている場合として政令で定める場合に該当するときは、国は予算の範囲内において、政令で定めるところにより、生活困窮者家計改善支援事業の実施に要する費用の3分の2以内を補助することができる
(11) 情報提供等（第23条関係）	・生活保護法に規定する要保護者となるおそれが高い者を把握したときは、当該者に対し、同法に基づき保護又は給付金若しくは事業についての情報の提供、助言その他適切な措置を講ずるもの

岡部卓（2018）「生活困窮者の自立・尊厳の確保と地域づくり」『月刊福祉』7月号 p.43

3. 法改正の要点

　まず第一には、生活困窮者自立支援の目指す「共生」「つながり」の内容が示されたことです。
　生活困窮者自立支援は、「共生」「つながり」が構築される社会を目指す社会福祉の方向があるにもかかわらず、制定時にはその理念が法上に規定されていませんでした。そのため、一部改正では、生活困窮者の定義を旧第2条第1項から新第3条第1項にずらし、目的第1条の次に新第2条に基本理念を謳いました。理念を、第1項で、「生活困窮者に対する自立の支援は、生活困窮者の尊厳の保持を図りつつ、生活困窮者の就労の状況、心身の状況、地域社会からの孤立の状況その他の状況に応じて、包括的かつ早期に行われなければならない。」、第2項で、「生活困窮者に対する自立の支援は、地域における福祉、就労、教育、住宅その他の生活困窮者に対する支援に関する業務を行う関係機関（以下単に「関係機関」という。）及び民間団体との緊密な連携その他必要な支援体制の整備に配慮して行われなければならない。」と規定しました。第1項からは、利用者の立場に立った利用者の自己決定による「自律」及び「自立」を日常生活、社会生活、就労の自立と分けてとらえていること、また、生活困窮の広汎性・重層性・複合性に対する包括性、そして予防的・緊急的観点から早期に取り組むことが明示されています。第2項からは、個別支援から地域支援、地域支援から個別支援の循環のなかで地域共生が図られることを示しています。
　また、第1項の「就労の状況、心身の状況、地域社会からの孤立の状況その他の状況に応じて、」を受けて、生活困窮者の定義（新第3条第1項）には、「就労の状況、心身の状況、地域社会との関係性その他の事情により、」の文言が追加されました。この「経済的困窮」だけでなく「社会的孤立」「制度の狭間」にある人を含めて生活困窮者の対象とする積極的な定義も、「共生」「つながり」を目指す考え方を明確化すること

に寄与するものといえます。

　第二には、制度・事業の仕組み・内容・方法の整備・促進が図られたことです。

　3年間の実施状況を振り返り、数多く利用者のニーズがみられるとともに多くの自治体が取り組んでいる就労準備支援事業と家計改善支援事業（旧家計相談支援事業）を新第7条第1項で努力義務とし、必須事業である自立相談支援事業と合わせて一体的に行うことで効率的な実施を目指すこととしました。労働と生活の両面からの支援を一緒に行う必要性を考慮したものといえます。

　また、一時生活支援事業では、事業内容を拡大して、これまでの宿泊場所の供与等の事業を利用した者や住居を失うおそれがあり地域社会から孤立している者に対して、訪問による情報提供・助言その他日常生活の便宜を図ることを行い、安心・安全な地域生活を営めるように居住支援を規定しました（新第3条第6項第2号）。

　さらに、旧「生活困窮者である子どもに対し学習の援助を行う事業」の名称を新しく「子どもの学習・生活支援事業」とし、事業内容に「子どもの生活習慣及び育成環境の改善に関する助言」「子どもの進路選択その他の教育及び就労に関する問題（についての）情報の提供及び助言、関係機関との連絡調整」（新第3条第7項第2号・3号）を追加して、学習と生活の両面からの支援を行うようにしました。

　このほか、以上のような事業のいわば拡大とともに、情報共有による支援の向上を目指して「支援会議の設置」を新第9条に規定しました。自治体は、関係機関、事業委託者、関係団体、支援業務従事者などで構成する会議を設置することで、情報共有による支援の向上のほか、関係部署・関係機関等の連携強化、個人情報の共有と保護を図ることを目指します。なお、支援会議は、自立支援のプロセスのなかに登場する「支援調整会議」とは異なる位置づけになります。

　第三には、制度・事業を運営するために必要な体制を整えられるよう

にしたことです。

　先ほど取り上げた「理念」では、「関係機関及び民間団体との緊密な連携その他必要な支援体制の整備」が掲げられました。こうした連携等によって、生活困窮の広汎性・重層性・複合性に対応することができます。さらに、それを補い強化するものとして、国・都道府県等が広報等必要な措置を講ずる、都道府県等が必要人員を配置するなどに努めることを規定しました。また、人材育成の観点から、都道府県が市等の職員に対する研修事業、市等に対して体制整備や支援手法に関する情報提供・助言その他の事業を行うことに努めることも規定しました。

　このほか、福祉事務所未設置町村において行われてきた相談等については、生活困窮者自立支援制度内の事業と捉えられるものがあるとして、事業に要した費用は福祉事務所未設置町村が支弁を行うが、国は予算の範囲内で費用の４分の３以内を補助できるとしました。このことは福祉事務所未設置町村に対し財源的な配慮を行うことを通し、制度・事業の少しでも広い定着を目指しているといえます[13]。

第3章
改正後の生活困窮者自立支援制度の仕組み

本章では、制度の仕組みについて、生活困窮者自立支援法の構成、法等（法・政令・省令・告示・通知等）の施行、法等の内容の順に概説します。

生活困窮者自立支援法の構成
（平成30〈2018〉年一部改正以降）

第1章　総則（第1条〜第4条）
- 目的
- 基本理念
- 「生活困窮者」「自立相談支援事業」「住居確保給付金」「就労準備支援事業」「家計改善支援事業」「一時生活支援事業」「子どもの学習・生活支援事業」の定義
- 市及び福祉事務所を設置する町村等の責務

第2章　都道府県等による支援の実施（第5条〜第15条）
- 自立相談支援事業
- 住居確保給付金の支給
- 就労準備支援事業、家計改善支援事業、一時生活支援事業、子どもの学習・生活支援事業、その他の自立促進に必要な事業
- 利用勧奨等
- 支援会議
- 都道府県の市等の職員に対する研修等事業
- 福祉事務所を設置していない町村による相談等
- 市等・都道府県・福祉事務所未設置町村の支弁
- 国の負担及び補助

第3章　生活困窮者就労訓練事業の認定（第16条）

第4章　雑則（第17条～第26条）
- 雇用の機会の確保
- 不正利得の徴収
- 受給権の保護
- 公課の禁止
- 報告等
- 資料の提供等
- 情報提供等
- 町村の一部事務組合等、大都市等の特例、実施規定

第5章　罰則（第27条～第30条）

附則〔平25・12・13法律105〕抄
- 施行期日
- 検討（施行後3年を目途）

附則〔平成28・5・20法律47〕抄
- 施行期日

附則〔平30・6・8法律44〕抄
- 施行期日　平成30年10月1日、31年4月1日
- 罰則に関する経過措置
- 検討（施行後5年を目途）
- 政令への委任

生活困窮者自立支援法等（法・政令・省令・告示・通知等）**の施行**（平成30〈2018〉年一部改正以降）

　厚生労働省は、平成29年部会報告書を踏まえて改正法案を国会に提出し、平成30（2018）年6月1日参議院で可決されて、同年6月8日公布となりました。同年10月1日（31年4月1日）施行です。

　生活困窮者等の自立を促進するための生活困窮者自立支援法等の一部を改正する法律案に対する衆議院厚生労働委員会附帯決議（平成30年4月25日）及び参議院厚生労働委員会附帯決議（平成30年5月31日）では、法制度改正全体に関する意見は、次のとおりです。なお、このほかの意見は、本章第3節の各項目に分けて載せています。

- 経済的に困窮する単身者や高齢者の増加、生活保護受給世帯の半数以上を高齢者世帯が占める現状等を踏まえ、一般の年金受給者との公平性にも留意しつつ、高齢者に対する支援の在り方を含め、生活困窮者自立支援制度及び生活保護制度全体の見直しに係る検討を行うこと。
- 経済的に困窮する単身者や年金だけでは最低限度の生活を維持できない高齢者の数が増加し、生活保護受給世帯の半数以上を高齢者世帯が占めるに至った現状等を踏まえ、単身者や高齢者に対する支援の在り方や、生活困窮者自立支援制度及び生活保護制度それぞれの理念や目的の達成を確保する観点からの両制度の有機的な連携の在り方を含め、制度全体の見直しに係る検討を行うこと。
- 生活困窮者就労準備支援事業及び生活困窮者家計改善支援事業が努力義務化されることを受け、両事業に地方自治体が取り組みやすくなるように必要な支援措置を講じつつ、今後三年間で集中的に実施体制の整備を進め、全ての地方自治体において両事業が完全に実施されるこ

とを目指すこと。また、一時生活支援事業、子どもの学習・生活支援事業も含め、各任意事業の実施率を高めつつ、地方自治体間格差の是正を図りながら、次期改正における必須化に向けた検討を行うこと。

そして、6月8日付で、社会・援護局長・子ども家庭局長から地方自治体宛てに、「『生活困窮者等の自立を促進するための生活困窮者自立支援法等の一部を改正する法律』の公布について」の通知（平成30年6月8日　子発0608第1号・社援発0608第1号）が出され、改正の趣旨及び主な内容が示されました。また、9月28日には、政令第284号、厚生労働省令第117号、厚生労働省告示第342号・第343号が出て、改正の内容の詳細が説明されました。

政省令の概要については、同日に出た社会・援護局通知（平成30年9月28日社援発0928第1号）が説明しています。さらに、10月1日には、社会・援護局長通知[1]が自治体事務マニュアルの改訂や認定就労訓練事業の実施に関するガイドラインの改正について出され、社会・援護局地域福祉課長通知[2]が支援会議の設置及び運営に関するガイドラインや就労準備支援事業におけるインセンティブ加算について出されています。このほか、社会・援護局地域福祉課生活困窮者自立支援室の事務連絡が、生活困窮者自立支援制度と関係制度等との連携について、新たに発出された、そして、既に発出された通知等の一部の改正等をした14本の通知[3]が示されていることを伝えています。

また、法制定時と同様に、附則には施行状況の検討に関する規定が第8条に以下のように述べられています。

「政府は、この法律の施行後5年を目途として、この法律の規定による改正後の規定の施行の状況について検討を加え、必要があると認めるときは、その結果に基づいて所要の措置を講ずるものとする。」

③ 生活困窮者自立支援法等の内容
（平成30〈2018〉年一部改正以降）

1. 生活困窮者自立支援が目指す「共生」「つながり」
（目的、基本理念、定義）

① 目的

法の目的は、自立相談支援事業の実施、住居確保給付金の支給その他の生活困窮者に対する自立の支援に関する措置を講ずることにより、生活困窮者の自立の促進を図ることにあります。

② 生活困窮者自立支援の基本理念

これまで、法において目指すべき理念が謳われていなかったため、以下のとおり明確化することとしました[4]（第4章第1節）。

Ⅰ 生活困窮者の尊厳の保持
Ⅱ 就労の状況、心身の状況、地域社会からの孤立といった生活困窮者の状況に応じた、包括的・早期的な支援
Ⅲ 地域における福祉、就労、教育、住宅、その他の生活困窮者に対する支援に関する業務を行う関係機関（以下、「関係機関」）、民間団体との緊密な連携等支援体制の整備（生活困窮者支援を通じた地域共生社会の実現に向けた地域づくり）

● 国会附帯決議における意見

〈一部改正時〉

・新たに定められる基本理念に基づき、社会的孤立や経済的困窮など多様な理由や生活環境により自立に向けた支援を必要とする者に対し、生活困窮者自立支援制度が着実にその役割と機能を果たすよう、改正

の趣旨及び目的について関係者や国民への周知・啓発を徹底すること。また、支援が必要な者をできるだけ早期に適切な支援につなげるとともに、断らない相談を実施するためには十分な支援員等の配置やスキルの向上が必要不可欠であることから、人材確保のための教育・訓練プログラムの拡充を含む体制整備を行うとともに、そのために必要な予算の確保に努めること。

③「生活困窮者」の定義

生活困窮者を、就労の状況、心身の状況、地域社会との関係性その他の事情により、現に経済的に困窮し、最低限度の生活を維持することができなくなるおそれのある者と定義します。

2. 支援体制の整備
（国・都道府県・市等・福祉事務所未設置町村の役割・機能）

① 国・都道府県・市等の責務等

市・福祉事務所を設置する町村（以下「市等」）・都道府県は、関係機関との緊密な連携を図りつつ、適切に自立相談支援事業・住居確保給付金の支給を行う責務を有します。

また、都道府県は、市等が行う自立相談支援事業・住居確保給付金の支給・就労準備支援事業・家計改善支援事業・一時生活支援事業・子どもの学習・生活支援事業等が適正かつ円滑に行われるよう、市等に対する必要な助言、情報の提供その他の援助を行う責務を有します。

そして、国は、都道府県・市等（以下「都道府県等」）が行う自立相談支援事業・住居確保給付金の支給・就労準備支援事業等が適正かつ円滑に行われるよう、都道府県等に対する必要な助言、情報の提供その他の援助を行わなければなりません。今回示された具体的な方策は以下のとおりです[5]。

(A) 就労準備支援・家計改善支援両事業が低調な都道府県等に対する個別のヒアリングの実施その他の援助を継続的に行うことにより、都道府県等における両事業の実施体制の整備を支援すること。
(B) 各都道府県等における法に基づく事業の実施体制の整備状況に関する情報提供を行うこと。
(C) 生活困窮者自立支援制度の認知度を高めるために広報媒体等について各年齢層や広報先ごとに作成し積極的展開を図ること。
(D) 利用勧奨等の努力義務に関して福祉、就労、教育、税務、住宅その他の関係部局への周知を行うこと。

さらに、国・都道府県等は、生活困窮者が早期の自立支援を受けることができるよう、広報その他必要な措置を講ずる努力義務があるとともに、都道府県等は生活困窮者の適切な自立支援を行うために必要な人員配置をする努力義務があります。

このほか、国及び地方公共団体は、認定就労訓練事業者の受注機会の増大を図る努力義務が求められます。

② 都道府県・市等・福祉事務所未設置町村による支援の実施
● 必須事業・任意事業、努力義務

これまで通り、自立相談支援事業、住居確保給付金支給は必須事業であり、また、現行任意事業としてきた就労準備支援事業、家計改善支援事業については、いずれの自治体においても求められるものであることから、その実施には努力義務としました。そして、両事業の実施体制を整備するとともに、両事業の対象者となる潜在的な生活困窮者の支援のニーズを把握し、事業の利用につなげる取り組みも進める必要があるとされます。任意事業には他に、一時生活支援事業、子どもの学習・生活支援事業、その他の自立促進に必要な事業が挙げられます。また、自立相談支援事業等全ての事業（法に基づく事業）の実施に当たっては、母子及び父子並びに寡婦福祉法の生活相談・学習支援[6]、社会教育法の学習

の機会の提供[7]その他関連施策との連携を図ることを努力義務としました。

　また、平成30（2018）年改正では、自立相談支援事業と就労準備支援事業・家計改善支援事業（以下両事業）を一体的に実施することが謳われました。一体的実施によって各事業間の相互補完的かつ連続的な支援が可能となり、生活困窮者に対する自立の支援をより効果的かつ効率的に行うことができるとしました。こうした連携の効果を踏まえて、一体的実施のための方策が次のように示されました[8]。

(A) 自立支援計画の協議又は自立支援計画に基づく支援の提供状況確認の際に両事業の従事者の参画、両事業の従事者に対して支援の実施状況や支援対象者の状態に関する情報の共有、これらによって自立相談支援事業の両事業との緊密な連携体制の確保
(B) 両事業実施の中で把握された生活困窮者を自立相談支援事業につなぐ体制の確保
(C) 両事業の専門性の維持と自立相談支援事業と両事業との間の適切な役割分担

●利用勧奨等

　いまだ適切な支援を受けることができない生活困窮者が数多くいると考えられます。そのため、都道府県等の各部局（福祉、就労、教育、税務、住宅等）において、生活困窮者に対する自立相談支援事業等の利用勧奨等を行うことを努力義務とします[9]。

●情報提供等

　都道府県等は、本法の支援の実施に際し、生活保護受給の可能性が高い者を把握したときは、その者に対し、生活保護法における保護受給や事業についての情報提供、助言等を講ずるものとします。

● **支援会議**

　都道府県等は、生活困窮者に対する支援に関する情報の交換や支援体制に関する検討を行うため、関係機関等から構成される会議を設置することができます。(なお、自立相談支援のなかの「支援調整会議」とは異なるものです。)会議の構成員は、自治体職員(関係分野の職員を含む)、自立相談支援事業の相談員、就労準備支援事業・家計改善支援事業等法定事業の支援員、各分野の相談機関、民生委員等が想定されます。この会議体の構成員と従事者には守秘義務が求められ、違反して秘密を漏らした者については、1年以下の懲役又は100万円以下の罰金に処せられます[10]。

● **都道府県の市等の職員に対する研修等**

　都道府県は、市等に対する支援が広域的見地から行われることが期待されています。これを踏まえ、市等の職員に対する研修、事業実施体制の支援、市域を越えたネットワークづくりなど市等を支援する事業に関する法上の規定が創設され、努力義務としました。「その他の自立促進に必要な事業」同様、国からは支弁した費用の2分の1以内の補助がされます[11]。

　今回示された具体的な方策は以下のとおりです[12]。

(A) 法に基づく事業を効果的・効率的に行うための体制整備のための支援

　広域自治体である都道府県が複数の都道府県等の連携による事業実施体制の整備や地域資源の開拓などに取り組むことで、法に基づく事業の実施を促進する。

(B) 法に基づく事業に従事する職員の資質向上や支援手法への助言等の人材確保に向けた支援

　広域自治体である都道府県が事業に従事する職員に対する研修事業を実施したり、困難事例に関する支援手法の共有など事業に従事する職員間の市等の圏域を越えた関係性作りを行うほか、情報共有の推進と個別

のヒアリング実施による助言を行う。

●福祉事務所を設置していない町村による相談等

　自立相談支援機関の設置がされていない町村であっても、役場が一次的な窓口として、事実上自立相談支援機関に類似した対応が約7割の自治体で行われています。そのため、住民に身近な町村の実情に応じて、都道府県等と同様に、生活困窮者・その家族・その他の関係者からの相談に応じ、必要な情報の提供及び助言、都道府県との連絡調整、自立相談支援事業の利用勧奨その他必要な援助を行う事業ができることとしました[13]。この福祉事務所未設置町村が支弁した費用の4分の3以内は国が補助することができます。(70、79頁)

3. 事業の仕組み・内容（自立相談支援事業、住居確保給付金支給、就労準備支援事業、家計改善支援事業、一時生活支援事業、子どもの学習・生活支援事業、その他の生活困窮者の自立の促進を図るために必要な事業、認定就労訓練事業）

① 自立相談支援事業

●事業内容

Ⅰ　就労の支援その他の自立に関する問題につき、生活困窮者・その家族・その他の関係者からの相談に応じ、必要な情報の提供及び助言並びに関係機関との連絡調整を行います。

Ⅱ　生活困窮者に対し、認定就労訓練事業の利用についてのあっせんを行います。

Ⅲ　生活困窮者に対し、支援の種類・内容等を記載した計画の作成その他の自立の促進を図るための支援が包括的かつ計画的に行われるための援助等を行います。

● **自立支援計画で定める事項**

　生活困窮者の生活に対する意向、生活全般の解決すべき課題、提供される支援の目標・その達成時期、支援の種類・内容、支援を提供する上での留意事項をいいます。

● **行われる援助**

　訪問等の方法による生活困窮者に係る状況把握、自立支援計画の作成、自立支援計画に基づき支援を行う者との連絡調整、支援の実施状況・生活困窮者の状態を定期的に確認し、その状態を踏まえ、自立支援計画の見直しを行うことその他の自立の促進を図るための支援が包括的かつ計画的に行われるために必要な援助です。

● **支援の事業主体**

　都道府県等。なお、事務の全部または一部を、当該都道府県等以外の厚生労働省令で定める者[*1]に委託可能です。委託を受けた者等は、その委託を受けた事務に関して知り得た秘密を漏らしてはいけません。

● **国会附帯決議における意見**

〈制定時〉

- 自立相談支援事業の相談窓口においては、相談者の困窮の状況に応じて生活保護制度の下で生活再建を図ることも含め、最善の対応を行うよう指導を徹底すること。自立相談支援事業の相談員が策定する自立支援計画については、生活困窮者本人の意向を十分に考慮することとし、その実施、評価、改善・修正が適切に行われるようにするとともに、実施の途上で自立支援計画の実行が困難になった場合や、最低限度の生活が維持できないと判断された場合には、生活保護への移行を促すことも含めた適切な対応を講ずるよう指導すること。
- 自立相談支援事業の相談員については、その責務の一環として訪問支

援にも積極的に取り組むこととし、ケースワーカーや民生委員等、関係者間の連携と協力の下、生活困窮者に対し漏れのない支援を行うこと。また、そのために社会福祉士等の支援業務に精通する人員を十分に配置することを検討し、適切な措置を講じること。
- 生活困窮者は心身の不調、家族の問題等多様な問題を抱えている場合が多く、また、問題解決のためには時間を要することから、個々の生活困窮者の事情、状況等に合わせ、包括的・継続的に支えていく伴走型の個別的な支援のための体制を整備すること。

〈一部改正時〉
- 生活困窮者自立支援事業の委託契約に当たっては、事業の安定的運営やサービスの質の向上、利用者との信頼関係に基づく継続的な支援、人材の確保やノウハウの継承を図る観点から、価格面での競争力や単年度実績のみで評価するのではなく、一定期間事業を委託した結果として得られた支援の質や実績を総合的に勘案して判断するよう、地方自治体に周知徹底すること。また、生活困窮者自立支援制度を担う相談員・支援員が安心と誇りを持って働けるよう雇用の安定と処遇の改善を図るとともに、研修の充実などスキルの向上を支援するための必要な措置を講ずること。

② 住居確保給付金支給
●事業内容
　生活困窮者のうち離職等により経済的に困窮し、居住する住宅の所有権等を失い、または現に賃借して居住する住宅の家賃を支払うことが困難となった者であって、就職を容易にするため住居を確保する必要があると認められるものに対し給付金を支給します。離職に準じる支給事由とは、事業を行う個人が当該事業を廃止した場合です。

- ●支援の事業主体

  都道府県等。

- ●支援対象者

  対象者は、事業主体の所管区域内に居住地を有する生活困窮者です。

- ●支援対象者の要件

  次のいずれの項目にも該当する者が対象になります。

  Ⅰ 申請日において、65歳未満かつ離職等後2年以内の者。

  Ⅱ 離職等の日において世帯の生計を主として維持していたこと。

  Ⅲ 申請日の属する月において、世帯収入の額が、基準額[*2]と家賃額[*3]を合算した額以下であること。

  Ⅳ 申請日において、世帯の所有する金融資産の額が、基準額[*2]に6を乗じて得た額以下であること。ただし、上限額は100万円。

  Ⅴ 公共職業安定所に求職の申込みをし、誠実かつ熱心に期間の定めのない労働契約または期間の定めが6月以上の労働契約による就職を目指した求職活動を行うこと。

- ●支給月、支給月額

  ひと月ごとで、その月額は、生活困窮者が賃借する住宅のひと月あたりの家賃額[*3]とします。ただし、申請日の属する月における世帯収入額が基準額[*2]を超える場合には、基準額と当該生活困窮者が賃借する住宅のひと月あたりの家賃の額を合算した額から世帯収入額を減じて得た額（住宅扶助基準に基づく額[*4]を超える場合は、当該額）とします。

- ●支給期間

  Ⅰ 住居確保給付金の支給期間は、3か月です。ただし、支給期間中において、住居確保給付金の支給を受ける者が「支援対象者の要件」

のⅡ～Ⅴのいずれにも該当する場合であって、引き続き住居確保給付金を支給することが当該者の就職の促進に必要であると認められるときは、3か月ごとに9か月までの範囲内で都道府県等が定める期間とすることができます。
Ⅱ 住居確保給付金の支給を受ける者が、期間の定めのない労働契約または期間の定めが6か月以上の労働契約により就職した場合であって、就職にともない収入額が、基準額及び賃借する住宅の1か月あたりの家賃額*3を合算した額を超えたときは、住居確保給付金は支給されません。

● 支給手続

支給を受けようとする者は、省令に定める支給申請書に、厚労省社会・援護局長が定める書類を添えて、都道府県等に提出することとなっています。

● 支援対象者の要件Ⅴに関連する就労支援

Ⅰ 住居確保給付金の支給を受ける者に対し、当該生活困窮者の就職を促進するために必要な支援（以下「就労支援」）を行うものとしています。
Ⅱ 都道府県等は、自立相談支援事業において、就労支援を受けることその他就職を促進するために必要な事項を指示することができます。

このため、生活困窮者が正当な理由がなく就労支援に関する都道府県等の指示に従わない場合には、住居確保給付金は支給されません。また、支給を受けた者には、その支給が終了した後に、解雇（自己の責めに帰すべき理由によるものを除く）その他事業主の都合による離職により経済的に困窮した場合を除き、住居確保給付金は支給されません。

● 給付手続

支給を受ける者が居住する住宅の賃貸人は、当該受給者に代わって住

居確保給付金を受領し、受給者の賃料に係る債権の弁済にあてる代理受領等の方法がとられます。

● 併給調整

併給調整は、住居確保給付金と職業訓練受講給付金等で、次のとおり行われます。
Ⅰ 「職業訓練の実施等による特定求職者の就職の支援に関する法律」に規定する職業訓練受講給付金を受けることができる者に対しては、これを受けることができる期間は、住居確保給付金は支給されません。
Ⅱ この省令の規定により住居確保給付金の支給を受けることができる者が、同一の事由により、法令または条例の規定による住居確保給付金に相当する給付の支給を受けている場合には、当該支給事由によっては、住居確保給付金は支給されません。

● 報告等、資料の提供等

都道府県等は、必要があると認めるときは、住居確保給付金の支給を受けた生活困窮者または生活困窮者であった者に対し、報告もしくは文書その他の物件の提出もしくは提示を命じ、または当該職員に質問させることができます。

また、生活困窮者、生活困窮者の配偶者、もしくは生活困窮者の属する世帯の世帯主その他その世帯に属する者またはこれらの者であった者の資産または収入の状況につき、官公署に対し必要な文書の閲覧もしくは資料の提供を求め、または銀行、信託会社その他の機関もしくは生活困窮者の雇用主その他の関係者に報告を求めることができます。

さらに、当該住居確保給付金の支給を受ける生活困窮者もしくは当該生活困窮者に対し居住する住宅を賃貸する者もしくはその役員もしくは職員またはこれらの者であった者に、当該住宅の状況につき、報告を求めることができます。

● 罰則

　偽りその他不正な手段によって住居確保給付金の支給を受け、または他人に受けさせた者等に対して科され、都道府県等は、その者から、その支給を受けた住居確保給付金の額に相当する金額の全部または一部を徴収することができます。

● その他

　住居確保給付金の受給権は、譲り渡し、担保に供し、または差し押さえることができません。また、租税その他の公課は、支援された給付金の金銭を標準として課することはできません。

③ 就労準備支援事業

● 事業内容

　ひきこもり状態にある者や長期間就労することができていない者など、雇用による就業が著しく困難な生活困窮者、また、一般就労を希望するが複雑かつ複合的な課題を抱え、直ちには一般就労に至らない生活困窮者に対し、一定の期間内に限り、就労に必要な知識及び就労に向けて生活習慣の獲得などの基礎的な能力の向上を図るために必要な訓練を行います。

● 支援の事業主体

　都道府県等。なお、事務の全部または一部を、当該都道府県等以外の厚生労働省令で定める者[*5]に委託可能です。委託を受けた者等は、その委託を受けた事務に関して知り得た秘密を漏らしてはいけません。

● 支援対象者の要件

　対象者は、次のⅠ、Ⅱいずれかに該当する者とします。
Ⅰ．次の要件のいずれにも該当する者。

1. 申請日の属する月の世帯収入の額が、基準額*2に住宅扶助基準に基づく額*4を合算した額以下であること。
2. 申請日に世帯の保有する金融資産の額が、基準額*2に6を乗じて得た額以下であること。

II. Ⅰに準ずる者として、次のいずれかに該当する者。
1. Ⅰの1又は2に定める額のうち把握困難なものがある場合。
2. Ⅰに該当しないが、Ⅰの1又は2に該当するおそれがある場合。
3. 都道府県等が当該事業による支援が必要と認める場合。

● **実施期間**

実施期間は1年以内とします。

● **報告等、資料の提供等**

都道府県等は、必要があると認めるときは、生活困窮者、生活困窮者の配偶者もしくは生活困窮者の属する世帯の世帯主その他その世帯に属する者またはこれらの者であった者の資産または収入の状況につき、官公署に対し必要な文書の閲覧もしくは資料の提供を求め、または銀行、信託会社その他の機関もしくは生活困窮者の雇用主その他の関係者に報告を求めることができます。

● **国会附帯決議における意見**

〈制定時〉
- 就労準備支援事業の実施に当たっては、対象者が生活困窮者であることに鑑み、求職者支援制度を始めとする他の関連施策との整合性と連続性を図る観点から、その生活の安定のための方策について更に検討を行うこと。

〈一部改正時〉
- 生活困窮者就労準備支援事業については、求職者支援制度を始めとす

る他の就労支援関連施策との整合性と連続性を図りつつ、生活安定のために有効な支援のための施策について更なる検討を行うこと。
- 就労支援期間中の講習・企業実習等に要する交通費等の支給や、子どもの学習・生活支援事業における食事や教材の提供など、支援の効果を高めるための方策について、運用上柔軟な対応を行うとともに、今後の更なる拡充に向けて検討を行うこと。

④ 家計改善支援事業
● 事業内容

収入、支出その他家計の状況を適切に把握することが難しい、また、家計の改善の意欲が低い生活困窮者の家計に関する課題につき、生活困窮者からの踏み込んだ相談に応じ、生活困窮者とともに家計の状況を明らかにして家計の改善に向けた意欲を引き出した上で、必要な情報の提供及び助言を行い、あわせて支出の節約に関する指導その他家計に関する継続的な指導及び生活に必要な資金の貸付けのあっせんを行います。

● 支援の事業主体

都道府県等。なお、事務の全部または一部を、当該都道府県等以外の厚生労働省令で定める者[*5]に委託可能です。委託を受けた者等は、その委託を受けた事務に関して知り得た秘密を漏らしてはいけません。

⑤ 一時生活支援事業
● 事業内容（Ⅱは平成31年4月1日施行）

Ⅰ 一定の住居をもたない生活困窮者に対し、一定の期間内に限り、宿泊場所の供与、食事の提供その他当該宿泊場所において日常生活を営むのに必要な便宜（衣類その他の日常生活を営むのに必要となる物資の貸与または提供）を供与します。

Ⅱ Ⅰの事業を利用していた生活困窮者で現に一定の住居を有するもの、

及び、現在の住居を失うおそれのある生活困窮者で地域社会から孤立しているもの、に対し、訪問による必要な情報の提供及び助言その他の現在の住居において日常生活を営むのに必要な厚生労働省令で定める便宜を供与します。

● **支援の事業主体**

都道府県等。なお、事務の全部または一部を当該都道府県等以外の厚生労働省令で定める者[*5]に委託可能です。委託を受けた者等は、その委託を受けた事務に関して知り得た秘密を漏らしてはいけません。

● **支援対象者の要件**

Ⅰ 事業内容Ⅰについては、次の1、2いずれかに該当する者とします。
　1. 次の要件のいずれにも該当する者。
　　(1) 申請日の属する月の世帯収入の額が、基準額[*2]に住宅扶助基準に基づく額[*4]を合算した額以下であること。
　　(2) 申請日において世帯の保有する金融資産の額が、基準額[*2]に6を乗じて得た額以下であること。ただし、上限額は100万円。
　2. Ⅰの生活困窮者の状態の緊急性等を勘案し、都道府県等が必要と認める者。
Ⅱ 事業内容Ⅱ（平成31年4月1日施行）については、今後示される予定。

● **支援対象期間**

Ⅰ 事業内容Ⅰについては、支援対象期間は、3か月以内です。ただし、都道府県等が必要と認める場合は、6か月を超えない範囲で都道府県等が定める期間とすることができます。
Ⅱ 事業内容Ⅱ（平成31年4月1日施行）については、今後示される予定。

● 報告等、資料の提供等

　支援対象者の要件Ⅰの確認については、都道府県等は、必要があると認めるときは、生活困窮者、生活困窮者の配偶者もしくは生活困窮者の属する世帯の世帯主その他その世帯に属する者またはこれらの者であった者の資産または収入の状況につき、官公署に対し必要な文書の閲覧、もしくは資料の提供を求め、または銀行、信託会社その他の機関もしくは生活困窮者の雇用主その他の関係者に報告を求めることができます。

⑥ 子どもの学習・生活支援事業

● 事業内容（Ⅱ、Ⅲは平成 31 年 4 月 1 日施行）

Ⅰ　生活困窮者である子どもに対し、学習の援助を行います。

Ⅱ　生活困窮者である子ども・その保護者に対し、子どもの生活習慣や育成環境の改善に関する助言を行います。

Ⅲ　生活困窮者である子どもの進路選択その他の教育及び就労に関する問題につき、子ども・その保護者からの相談に応じ、必要な情報の提供や助言をし、関係機関との連絡調整を行います。

● 支援の事業主体

　都道府県等。なお、事務の全部または一部を、当該都道府県等以外の厚生労働省令で定める者[*5]に委託可能です。委託を受けた者等は、その委託を受けた事務に関して知り得た秘密を漏らしてはいけません。

● 国会附帯決議事項における意見

〈一部改正時〉

・生活困窮世帯の子どもに対する学習支援については、福祉関係者だけでなく教育関係者等とも緊密な連携が図られるとともに、生活面も含めた包括的なサポートが行われるよう、地方自治体に対する支援の充実を図ること。

・就労支援期間中の講習・企業実習等に要する交通費等の支給や、子どもの学習・生活支援事業における食事や教材の提供など、支援の効果を高めるための方策について、運用上柔軟な対応を行うとともに、今後の更なる拡充に向けて検討を行うこと。

⑦ その他の生活困窮者の自立の促進を図るために必要な事業
実際の事業例については135頁、145～146頁を参照してください。

⑧ 認定就労訓練事業
●事業内容

　雇用による就業を継続して行うことが困難な生活困窮者に対し、就労の機会を提供するとともに、就労に必要な知識及び能力の向上のために必要な訓練その他の省令で定める便宜（就労に必要な知識及び能力の向上のために必要な訓練、生活支援並びに健康管理の指導等〈以下「就労等支援」という〉）を供与します。

●就労訓練事業の認定

　上記事業（以下「就労訓練事業」）を行う者は、当該就労訓練事業が生活困窮者の就労に必要な知識及び能力の向上のための基準に適合していることにつき、都道府県知事の認定を受けることができるものとし、都道府県知事は、就労訓練事業が当該基準に適合していると認めるときは、その認定を行います。また、当該認定に係る就労訓練事業（以下「認定就労訓練事業」）が基準に適合しなくなったと認めるときは、その認定を取り消すことができます。

●認定手続き

　認定を受けようとする者は、省令に定める認定申請書に厚生労働省社会・援護局長が定める書類を添付して、当該就労訓練事業の経営地の

都道府県知事（指定都市及び中核市においては、当該指定都市または中核市の長。以下「管轄都道府県知事等」）に提出するものとされます。なお、認定手続きの簡素化として、提出は市等（指定都市及び中核市は除く。）の長を経由することもでき、市等の長は速やかに提出書類を都道府県知事に送付するものとされます。

● 就労訓練事業者の認定基準
(A) 認定基準は、次のいずれにも該当する者とします。
  - 法人格を有すること。
  - 就労訓練事業を健全に遂行するに足りる施設、人員及び財政的基礎を有すること。
  - 自立相談支援事業を行う者のあっせんに応じ生活困窮者を受け入れること。
  - 就労訓練事業の実施状況に関する情報の公開について必要な措置を講じること。
  - 一定の欠格事由に該当しないこと。
(B) 就労訓練事業を利用する生活困窮者の就労等の支援のため、必要な措置を講じること。
(C) 安全衛生及び災害補償に関する必要な措置を講じること。

● 就労訓練事業に関する変更の届出
　認定就労訓練事業を行う者は、認定就労訓練事業に関し、変更があった場合には速やかに変更のあった事項等を管轄都道府県知事等に届け出るものとします。また、廃止届は、認定就労訓練事業を行わなくなったときは、その旨を管轄都道府県知事等に届け出なければなりません。

● 報告等
　管轄都道府県知事等は、認定就労訓練事業を行う者または認定生活困

窮者就労訓練事業を行っていた者に対し、報告を求めることができます。

●**国会附帯決議における意見**
〈制定時〉
- いわゆる中間的就労である就労訓練事業の実施に当たっては、訓練を実施する事業者を適切に認定するとともに、当該事業者と自立支援計画の実施責任者とが密接な連携を図り、個々の生活困窮者の訓練実施、達成の状況などについての定期的な確認を行うよう適切な措置を講ずること。

〈一部改正時〉
- 支援対象者の社会参加や就労体験・訓練の場をより多く確保し、地域で支える体制を整備するため、認定就労訓練事業者の認定方法を工夫するとともに、事業者に対する優先発注、税制優遇、事業の立上げ支援等の経済的インセンティブの活用や支援ノウハウの提供など、受皿となる団体や企業が取り組みやすい環境を整備すること。

4. 費用その他（国庫負担・補助、その基本基準額など、その他）

① 支弁、負担・補助
●**支弁**
Ⅰ．自立相談支援事業・住居確保給付金の支給・就労準備支援事業・家計改善支援事業・一時生活支援事業・子どもの学習・生活支援事業・その他の自立促進に必要な事業の実施に要する費用は、市等・都道府県が支弁するものとされます。
Ⅱ．市等の職員に対する研修等事業の実施に要する費用は、都道府県の支弁とされます。
Ⅲ．このほか、福祉事務所未設置町村が、生活困窮者及び生活困窮者の家族その他の関係者からの相談に応じ、必要な情報の提供及び助言、

都道府県との連絡調整、自立相談支援事業の利用の勧奨その他必要な援助を行う事業の実施に要する費用は、福祉事務所未設置町村が支弁するものとされます。

●国の負担・補助

Ⅰ.国は、次に掲げるもの（1及び2）の4分の3を負担します。
　1. 市等・都道府県が支弁する自立相談支援事業の実施に要する費用のうち、当該市等・当該都道府県の設置する福祉事務所の所管区域内の町村における人口、被保護者の数等を勘案して政令で定めるところにより算定した額。

　　　これは、次に掲げる額のうちいずれか低い額とされます。
　　⑴ 自立相談支援事業の実施に要する費用について、市等・都道府県の設置する福祉事務所の所管区域内の町村における人口、被保護者の数その他の事情を勘案して、厚生労働大臣が定める基準に基づき算定した額。
　　⑵ 市等・都道府県が行う自立相談支援事業の実施に要する費用の額。（その費用のための寄附金その他の収入があるときは、当該収入の額を控除した額）
　2. 市等及び都道府県が支弁する費用のうち、住居確保給付金の支給に要する費用。

　　　これは、市等、または都道府県が行う住居確保給付金の支給に要する費用の額（その費用のための寄附金その他の収入があるときは、当該収入の額を控除した額）につき、厚生労働大臣が定める基準によって算定した額とされます。
Ⅱ.国は、予算の範囲内において、次に掲げるもの（1及び2）を補助することができます。
　1. 市等及び都道府県が支弁する費用のうち、就労準備支援事業及び一時生活支援事業の実施に要する費用の3分の2以内。

これは、市等・都道府県が行う就労準備支援事業、一時生活支援事業の実施に要する費用の額（その費用のための寄附金その他の収入があるときは、当該収入の額を控除した額）につき、厚生労働大臣が定める基準によって算定した額とされます。

2. 市等・都道府県が支弁する費用のうち、家計改善支援事業、子どもの学習・生活支援事業その他生活困窮者の自立の促進を図るために必要な事業、及び、都道府県の市等の職員に対する研修等事業の実施に要する費用の２分の１以内。

　　これは、市等・都道府県が行う家計改善支援事業、子どもの学習・生活支援事業、その他生活困窮者の自立促進を図るために必要な事業、及び、都道府県の市等の職員に対する研修等事業の実施に要する費用の額（その費用のための寄附金その他の収入があるときは、当該収入の額を控除した額）につき、厚生労働大臣が定める基準によって算定した額とするものとされます。

III. 国は、予算の範囲内において、福祉事務所未設置町村が支弁する生活困窮者等からの相談に応じ、生活困窮者に対する自立の支援につき必要な援助を行う事業（55頁）の実施に要する費用の額（その費用のための寄付金その他の収入があるときは、当該収入の額を控除した額）につき、厚生労働大臣が定める基準によって算定した額の４分の３以内を補助することができます。

IV. 就労準備支援事業・家計改善支援事業を効果的・効率的に実施した場合には家計改善支援事業の補助率は現行の２分の１から３分の２に引き上げられます。

　　その要件は、53頁(A)(B)(C)のとおり[14]です。

●平成30年予算における国庫負担・補助の基本基準額等

　生活困窮者自立支援法関係経費については、全国的な制度として予算を公平かつ効果的に執行するための措置として、事業ごとに基本基

準額（事業費ベース）を設定するとともに、加算及び減算、経過措置を設けています（下記Ⅰ.～Ⅴ.）[15]。この国庫負担・補助の基準額・加算等は複雑な形を取っていますが、その全体像については、［図表3－1］（73頁）に示されています。なお、住居確保給付金については、あらかじめ基準額を設定するものではなく、支給した給付金の額（生活困窮者が賃借する住宅の家賃の額〔生活保護の住宅扶助基準の額を超える場合は、住宅扶助基準の額〕）が国庫負担の基礎となります。支給額の上限額については、支給決定（当初、延長等）の時点の住宅扶助基準の額を適用するものとします。（延長等の場合を除き、すでに決定した支給額の変更は行いません。）また、一時生活支援事業については、施設の定員等に応じた基準額が設定され、平成29（2017）年度所要額が基準額より高い場合には、加算（1.2倍）があります。

Ⅰ.基本基準額：人口区分に応じて設定している場合、より実態に即した事業実施が可能となるよう、平成30（2018）年度においては、各事業のこれまでの人口区分を細分化する措置が行われています（［図表3－2］〈74頁〉、［図表3－3］〈75頁〉）[16]。

Ⅱ.加算：自立相談支援事業においては、平成30年度より過疎地域加算を新規に創設します。その他の加算の取扱は［図表3－4］（76頁）のとおりです[17]。

Ⅲ.経過措置等：平成30年度における激変緩和のための経過措置は次のとおりです（［図表3－5］〈77頁〉）。

Ⅳ.就労準備支援事業・家計改善支援事業の基本基準額等：自立相談支援事業と一体的に実施される場合に適用されます（［図表3－6］〈78頁〉）[18]。

Ⅴ．その他：福祉事務所未設置町村による相談の実施と都道府県による市町村支援事業の基本基準額等は、実際の事業のイメージ図を載せた図表で説明されています（［図表3‐7］（79頁）、［図表3‐8］（80頁））

[図表3-1] 「国庫負担（補助）基準額・加算の体系図

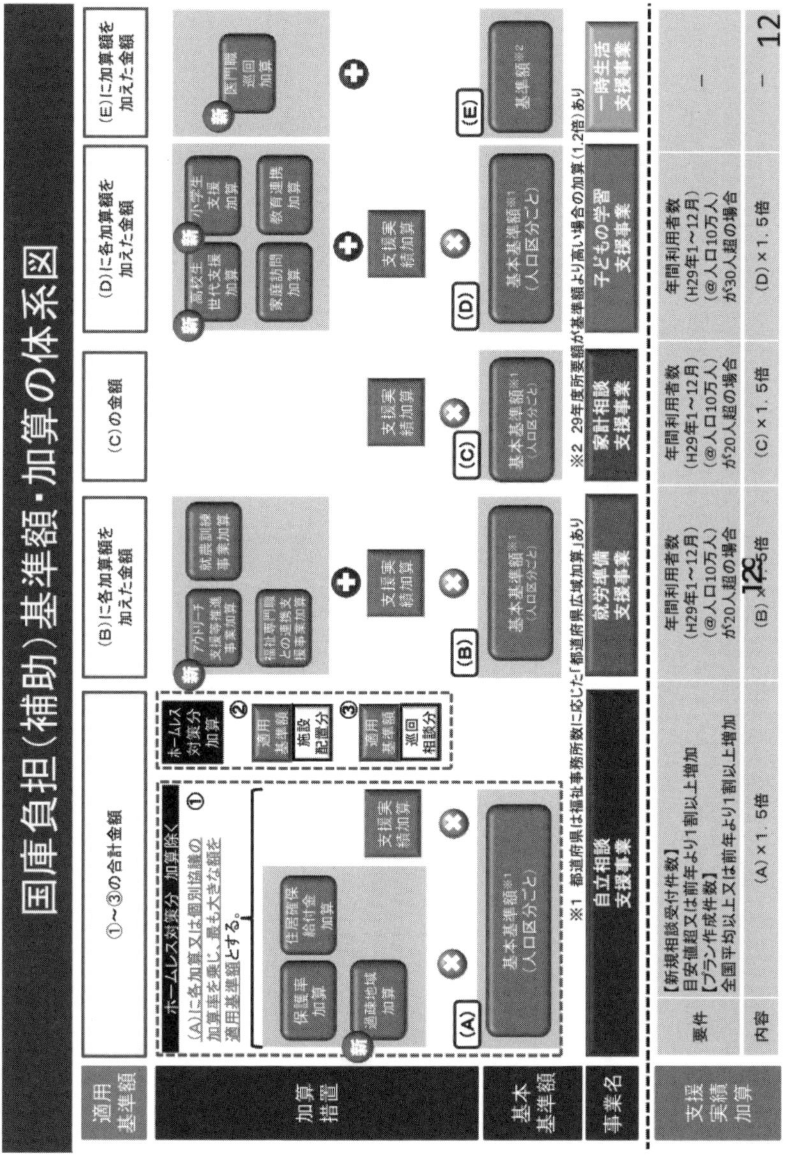

社会・援護局関係主管課長会議資料　資料4　（平成30年3月1日(木)）地域福祉課生活困窮者自立支援室 P.129
〔https://www.mhlw.go.jp/file/05-Shingikai-12201000-Shakaiengokyokushougaihokenfukushibu-Kikakuka/0000195515.pdf〕

[図表3-2] 「国庫負担・補助基準額の人口区分の細分化」

国庫負担・補助基準額の人口区分の細分化

- より実態に即した事業実施が可能となるよう、50万人以上の自治体の国庫負担・補助基準額の人口区分（現行25～50万人刻み）を10万人刻みに細分化
- 原則として、次の区分との差が10万人単位の上乗せ額を設定し、なだらかに上昇するよう伸ばしていく。

1. 自立相談支援の例

	基準額
75万人以上～100万人未満	90,000
100万人以上～150万人未満	140,000
150万人以上～200万人未満	160,000

細分化 →

	基準額
80万人以上～90万人未満	90,000
90万人以上～100万人未満	100,000
100万人以上～110万人未満	110,000
110万人以上～120万人未満	120,000
120万人以上～130万人未満	130,000
130万人以上～140万人未満	140,000
140万人以上～150万人未満	150,000
150万人以上～160万人未満	160,000

100万人未満と100万人以上の単価差が大きいため、150万人以上の区分の基準額に向けてなだらかに上昇するよう、10万人ごとに1,000万円ずつ上乗せ

2. 就労準備支援の例

	基準額
100万人以上～150万人未満	50,000
150万人以上～200万人未満	55,000

細分化 →

	基準額
100万人以上～110万人未満	50,000
110万人以上～120万人未満	51,000
120万人以上～130万人未満	52,000
130万人以上～140万人未満	53,000
140万人以上～150万人未満	54,000
150万人以上～160万人未満	55,000

10万人ごとに100万円ずつ上乗せ
※(55,000-5,000)÷5区分

社会・援護局関係主管課長会議資料　資料4　（平成30年3月1日㈭））地域福祉課生活困窮者自立支援室 P.124
〔https://www.mhlw.go.jp/file/05-Shingikai-12201000-Shakaiengokyokushougaihokenfukushibu-Kikakuka/0000195515.pdf〕

[図表3-3]「平成30年度の各事業の国庫負担・補助基準額」

平成30年度の各事業の国庫負担・補助基準額

（単位：千円）

人口区分	自立相談基本事業基準額	就労準備基本事業基準額	家計相談基本事業基準額	一時生活支援基本事業基準額	高校世代加算	子どもの学習支援	小学生支援加算	家庭訪問加算	教育連携加算
2万人未満	5,000	5,000	3,000	2,800	900	500	700	700	700
2万人以上～3万人未満	7,000	6,000	4,000	3,800	1,200	600	1,000	1,000	1,000
3万人以上～4万人未満	9,000	7,000	5,000	4,700	1,500	800	1,200	1,200	1,200
4万人以上～5.5万人未満	10,600	8,000	7,000	5,700	1,800	900	1,500	1,500	1,500
5.5万人以上～7.5万人未満	12,500	9,000	8,000	7,600	2,300	1,200	1,900	1,900	1,900
7.5万人以上～10.5万人未満	14,500	11,000	10,000	9,000	2,700	1,400	2,300	2,300	2,300
10.5万人以上～15万人未満	18,500	14,000	12,000	11,000	3,300	1,700	2,800	2,800	2,800
15万人以上～20万人未満	22,500	17,000	15,000	14,000	4,200	2,100	3,500	3,500	3,500
20万人以上～30万人未満	30,000	20,000	18,000	17,500	5,300	2,700	4,400	4,400	4,400
30万人以上～40万人未満	38,000	25,000	20,000	21,000	6,300	3,200	5,300	5,300	5,300
40万人以上～50万人未満	48,000	30,000	23,000	24,000	7,200	3,600	6,000	6,000	6,000
50万人以上～60万人未満	60,000	32,000	25,000	29,000	8,700	4,400	7,300	7,300	7,300
60万人以上～70万人未満	70,000	34,000	27,000	33,000	9,900	5,000	8,300	8,300	8,300
70万人以上～80万人未満	80,000	36,000	28,000	37,000	11,100	5,600	9,300	9,300	9,300
80万人以上～90万人未満	90,000	38,000	29,000	41,000	12,300	6,200	10,300	10,300	10,300
90万人以上～105万人未満	100,000	40,000	30,000	45,000	13,500	6,800	11,300	11,300	11,300
105万人以上～120万人未満	110,000	50,000	40,000	47,500	14,300	7,200	11,900	11,900	11,900
120万人以上～135万人未満	120,000	51,000	41,000	49,000	14,700	7,400	12,300	12,300	12,300
135万人以上～150万人未満	130,000	52,000	42,000	50,500	15,200	7,600	12,700	12,700	12,700
150万人以上～165万人未満	140,000	53,000	43,000	52,000	15,600	7,800	13,000	13,000	13,000
165万人以上～180万人未満	150,000	54,000	44,000	53,500	16,100	8,100	13,400	13,400	13,400
180万人以上～195万人未満	160,000	55,000	45,000	55,000	16,500	8,300	13,800	13,800	13,800
195万人以上～210万人未満	170,000	56,000	46,000	56,500	17,000	8,500	14,200	14,200	14,200
210万人以上～225万人未満	175,000	57,000	47,000	58,000	17,400	8,700	14,500	14,500	14,500
225万人以上～240万人未満	180,000	58,000	48,000	59,500	17,900	9,000	14,900	14,900	14,900
240万人以上～255万人未満	185,000	59,000	49,000	61,000	18,300	9,200	15,300	15,300	15,300
255万人以上～270万人未満	190,000	60,000	50,000	62,000	18,600	9,300	15,500	15,500	15,500
270万人以上～285万人未満	195,000	61,000	51,000	63,500	19,100	9,600	15,900	15,900	15,900
285万人以上～300万人未満	200,000	62,000	52,000	65,000	19,500	9,800	16,300	16,300	16,300
300万人以上～315万人未満	205,000	63,000	53,000	66,500	20,000	10,000	16,700	16,700	16,700
315万人以上～330万人未満	210,000	64,000	54,000	68,000	20,400	10,200	17,000	17,000	17,000
330万人以上～345万人未満	215,000	65,000	55,000	69,000	20,700	10,400	17,300	17,300	17,300
345万人以上～360万人未満	220,000	66,000	56,000	71,000	21,300	10,700	17,800	17,800	17,800
360万人以上～375万人未満	225,000	67,000	57,000	73,000	21,900	11,000	18,300	18,300	18,300
375万人以上～390万人未満	230,000	68,000	58,000	75,000	22,500	11,300	18,800	18,800	18,800
390万人以上～300万人未満	235,000	69,000	59,000	77,000	23,100	11,600	19,300	19,300	19,300
300万人以上	250,000	70,000	60,000	80,000	24,000	12,000	20,000	20,000	20,000

社会・援護局関係主管課長会議資料　資料4　（平成30年3月1日㈭）地域福祉課生活困窮者自立支援室 P.124
〔https://www.mhlw.go.jp/file/05-Shingikai-12201000-Shakaiengokyokushougaihokenfukushibu-Kikakuka/0000195515.pdf〕

[図表3‐4]「平成30年度の自立相談支援事業の加算の取扱」

平成30年度の自立相談支援事業の加算の取扱

(1) 保護率加算 [継続]
○ 保護率が一定割合を超えている自治体の基本基準額を加算
　○ 保護率が2％以上の自治体…基本基準額の1.2倍
　○ 保護率が3％以上の自治体…基本基準額の1.5倍

(2) 住居確保給付金加算 [継続]
○ 住居確保給付金の支給実績を一定件数を超えている自治体の基本基準額を加算
　○ 住居確保給付金の支給実績が6件以上/人口10万人当たりの自治体…基本基準額の1.2倍

(3) 過疎地域加算 [新規①]
○ 管内地域の人口密度が一定程度を下回る自治体に、基本基準額への加算を設けることを想定。

ア 算定基準	イ 算定方法
過疎市町村等の人口密度（過疎地域とみなされる区域を有する市町村については、過疎地域とみなされる区域の人口密度が50人/km²以下	過疎市町村（市町村全域が過疎地域の場合に限る） 基本基準額×1.5 過疎地域とみなされる区域を有する市町村 基本基準額＋（当該区域の人口区分の基本基準額×0.5）

(4) 支援実績加算（人員配置が手厚く実績も高い自治体に対する基本基準額の嵩上げ）[新規②]
○ 所要額が適用基準額を上回り、かつ、以下のいずれかの要件を満たす自治体を対象に、基本基準額の嵩上げを行う。
◇ 新規相談件数要件【新規相談件数が目安値を超えている】又は【前年より1割以上増加】
◇ プラン作成件数要件【プラン作成件数が全国平均を超えている】又は【前年より1割以上増加】
○ 上記のいずれかの要件を満たしたもののうち、最も高い加算率のみを適用する。

(5) 留意事項
○ 上記(1)～(4)については、要件を満たしたもののうち、最も高い加算率のみを適用する。
○ 29年度まで実施していたモデル事業実施自治体加算については、法施行から一定期間経過していることを踏まえ、廃止する。

社会・援護局関係主管課長会議資料　資料4　（平成30年3月1日㈭）地域福祉課生活困窮者自立支援室 P.125
〔https://www.mhlw.go.jp/file/05-Shingikai-12201000-Shakaiengokyokushougaihokenfukushibu-Kikakuka/0000195515.pdf〕

[図表3-5] 「平成30年度における加算・経過措置の取扱」

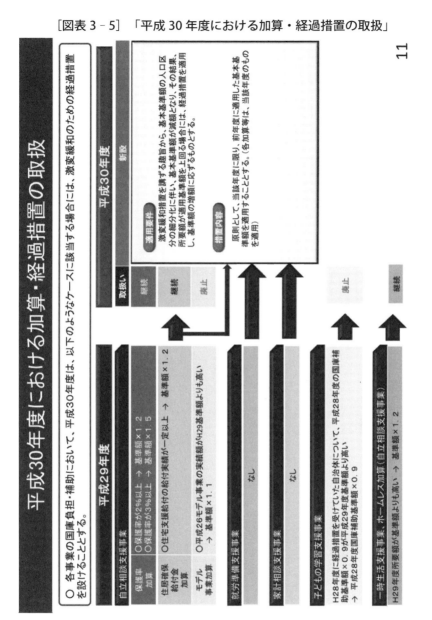

社会・援護局関係主管課長会議資料 資料4 (平成30年3月1日(木)) 地域福祉課生活困窮者自立支援室 P.129
〔https://www.mhlw.go.jp/file/05-Shingikai-12201000-Shakaiengyokushougaihokenfukushibu-Kikakuka/0000195515.pdf〕

[図表3-6] 「就労準備支援事業・家計改善支援事業の基本基準額等」

生活困窮者自立支援制度全国担当者会議資料 資料2（平成30年7月26日㈭)「生活困窮者自立支援制度等の推進について」②改正生活困窮者自立支援法等の施行に向けて 社会・援護局地域福祉課 生活困窮者自立支援室 P.5
〔https://www.mhlw.go.jp/content/12000000/000340727.pdf〕

[図表3-7]「福祉事務所未設置町村による相談の実施の基本基準額」

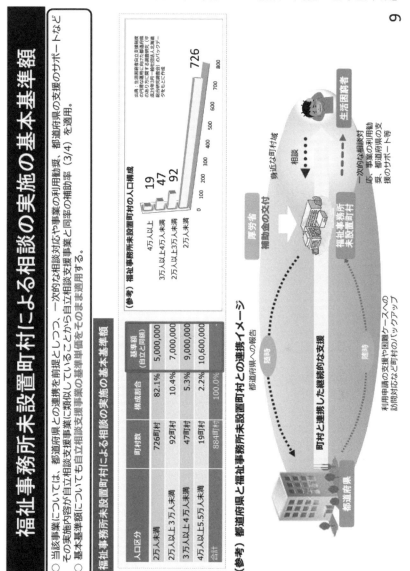

生活困窮者自立支援制度全国担当者会議資料　資料2（平成30年7月26日(木)）「生活困窮者自立支援制度等の推進について」②改正生活困窮者自立支援法等の施行に向けて　社会・援護局地域福祉課生活困窮者自立支援室　P.9〔https://www.mhlw.go.jp/content/12000000/000340727.pdf〕

[図表3‐8]「都道府県による市町村支援事業の基本基準額等」

都道府県による市町村支援事業の基本基準額等

○ 当該事業においては、①自立相談支援事業従事者の研修、②各種事業の実施体制の整備の支援、③社会資源の広域的な開拓・市域を超えたネットワークづくりの実施を想定。
○ 当該事業の基本基準額の上限額は、20,000千円とし、それぞれの取組ごとの目安額は以下のとおりとする。

①～③の事業の合計 事業費20,000千円（国庫補助：10,000千円）を上限として補助

都道府県による市町村支援事業の基本基準額と目安額

① 自立相談支援事業従事者の研修　（目安額）10,000千円
② 各種事業の実施体制の整備の支援　（目安額）5,000千円
③ 社会資源の広域的な開拓・地域を超えたネットワークづくり　（目安額）5,000千円

※ 基本基準額の上限の範囲内で①～③以外の事業（その他都道府県が市町村を支援するために実施する事業）も実施可能

（参考）都道府県による市町村支援のイメージ

都道府県に特に実施して欲しい事業（福祉事務所設置自治体が回答）

- 社会資源の広域的な開拓等　19.8
- 相談支援員等の育成・スキルアップ　19.1
- 財政的な支援　18.2
- 就労支援のサポート　17.7
- 任意事業の効果的・効率的な実施に向けた提言　17.4

※上位5位のみ
（単位：%）

（出典）平成28年度社会福祉推進事業「生活困窮者自立支援制度の円滑な運用に向けた都道府県のあり方に関する調査研究」（一般社団法人北海道総合研究調査会）

生活困窮者自立支援制度全国担当者会議資料　資料2（平成30年7月26日㈭）「生活困窮者自立支援制度等の推進について」②改正生活困窮者自立支援法等の施行に向けて　社会・援護局地域福祉課生活困窮者自立支援室 P.10〔https://www.mhlw.go.jp/content/12000000/000340727.pdf〕

② その他

●国会附帯決議における意見

〈制定時〉

　生活困窮者の自立支援に当たっては、常に住民の立場に立って相談・支援を行ってきた民生委員・児童委員が最大限その役割を発揮できるように、必要な情報の提供や、研修の実施、関係機関との効率的な連携等、民生委員・児童委員が活動しやすい環境整備を更に進めること。

●附則

〈一部改正時〉

- 施行期日

　平成30年10月1日から施行されます。ただし、一時生活支援事業の事業内容Ⅱ、及び、子どもの学習・生活支援事業の事業内容Ⅱ・Ⅲは31年4月1日施行です。

- 検討

　この法律の施行後5年をめどとして、施行の状況について検討を加え、必要があると認めるときは、その結果に基づいて所要の措置を講ずるものとされています。

◆ 章末注一覧

＊1　自立相談支援事業を適切、公正、中立かつ効率的に実施することができる者で、社会福祉法人、一般社団法人若しくは一般財団法人、又は特定非営利活動促進法第2条第2項に規定する特定非営利活動法人その他都道府県等が適当と認めるもの（省令第9条）。

＊2　市町村民税均等割が課されていない者の収入額の12分の1の額（省令第4条第1号イ）。

＊3　当該家賃額が住宅扶助基準を超える場合は、当該額（省令第11条）。

＊4　昭和38（1963）年4月1日厚生省告示第158号（生活保護法による保護の基準を定める等の件）による住宅扶助基準に基づく額。平成30（2018）年10月改定の基準額は、1級地−1（東京都23区など）では、単身53,700円、2人64,000円、3〜5人69,800円などとなっています。

＊5　その事業を適切、公正、中立かつ効率的に実施することができる者で、社会福祉法人、一般社団法人若しくは一般財団法人、又は特定非営利活動促進法第2条第2項に規定する特定非営利活動法人その他都道府県等が適当と認めるもの（法第7条第3項、省令第9条）。

第4章
新たな生活困窮者自立支援の内容解説

生活困窮者自立支援の「基本理念」

　一部改正法においては、生活困窮者における自立支援は、①生活困窮者の尊厳の保持が図られ、②就労の状況、心身の状況、地域社会からの孤立その他の状況に応じて包括的・早期に行われ、③地域における関係機関、民間団体との緊密な連携等支援体制を整備して行わなければならない、と新たに法に規定[1]されました。これにより、三つの内容の基本理念が明確化されることとなりました。これらは、これまでもいわれていたところであり、生活困窮者の背景事情も踏まえて支援が包括的・早期に行われることを再確認するとともに、いっそうの連携等を図った支援体制の整備の必要性を強調するものです。

　こうした基本理念が謳われるのは、生活困窮者自立支援制度が、次のような「共生」「つながり」のある社会を目指しているところにあります[2]。

　人はひとりでは生きられません。人は人に、また、人は社会に支えられて、あるいは、支えて生きています。このため、この人と人、人と社会の関係のなかで、人は、誰もがかけがえのない存在であり、すなわち、存在していることに価値があり誰ひとりとして不要な存在はない、と認識していかなければなりません。そして、一人ひとりが独立した存在として尊重されて、互いに違いがあることを認め合います。そして、この関係のなかで他者が自分のことを決めるのではなく、自分の望むことは自分で判断し決めることが尊重されなければなりません。この個別性・多様性・差異を認め、自律性を認める「共生」関係に「共生社会」が成立します。人はこのような「共生」関係のなかで生きるとともに、家族・地域・職場の共同体（コミュニティ）に帰属し、集団性・共同性・関係性のなかで、私たちは社会のなかで安心と安全を得て生活することができます（「つながり」）。それぞれの場で、そして社会のなかでこの「つ

ながり」を持った生活をしていくことが望まれます。

平成29年部会報告書では、次のように述べられています。

○…生活困窮者自立支援は、これまでの縦割りの制度で対応できなかった複合的な課題を抱える生活困窮者に対して包括的な支援を行うものであり、①生活困窮者の多くが自己肯定感、自尊感情を失っていることに留意し、本人の意欲や想いに寄り添って支援すること（生活困窮者の自立と尊厳の確保）、②生活困窮者自立支援を通じて地域づくりにつなげていくことといった観点が重要である。

このほか、この基本理念は当然のことながら、社会福祉法の第3条（福祉サービスの基本的理念）、第4条（地域福祉の推進）、第5条（福祉サービスの提供の原則）³⁾ の趣旨を踏まえて、生活困窮者自立支援固有の表現をしたものだといえます⁴⁾。直接的にその表現を踏まえたものは、84頁冒頭に触れた①については、社会福祉法第3条「個人の尊厳の保持」、第5条「利用者の意向を十分に尊重」、②については、第4条第2項「福祉サービスを必要とする地域住民及びその世帯が抱える福祉、介護、介護予防、保健医療、住まい、就労及び教育に関する課題、福祉サービスを必要とする地域住民の地域社会からの孤立」、③については、第4条第2項「地域生活課題の解決に資する支援を行う関係機関との連携等」、第5条「地域福祉の推進に係る取り組みを行う他の地域住民等との連携、保健医療サービスその他の関連するサービスとの有機的な連携」になります。

この基本理念の明確化の内容（改正の趣旨、改正内容のポイント）については、詳細は［図表4-1］（86頁）のように説明されています。なお、第2条第1項「基本理念」の規定中の「（生活困窮者の）就労の状況、心身の状況、地域社会からの孤立の状況その他の状況」の文言は、第3条第1項の生活困窮者の定義の見直しにおいて、経済的困窮に至る要因として明記され新しく追加された「就労の状況、心身の状況、地域社会との関係性その他の事情」にスライドされています。

第4章　新たな生活困窮者自立支援の内容解説

[図表4-1]「基本理念の明確化（改正の趣旨、改正内容のポイント）」

(1)-2 基本理念の明確化

改正後の生活困窮者自立支援法（改正部分は下線）

（基本理念）
第二条　生活困窮者に対する自立の支援は、生活困窮者の尊厳の保持を図りつつ、生活困窮者の就労の状況、心身の状況、地域社会からの孤立の状況その他の状況に応じて、包括的かつ早期に行われなければならない。
2　生活困窮者に対する自立の支援は、地域における福祉、就労、教育、住宅その他の生活に関する支援に対する支援を行う関係機関（以下単に「関係機関」という。）及び民間団体との緊密な連携の確保その他必要な支援体制の整備に配慮して行われなければならない。

基本理念の明確化

■ 改正の趣旨
> 生活困窮者自立支援制度の目指すべき理念については、従来より、「生活困窮者の自立と尊厳の確保」「生活困窮者支援を通じた地域づくり」といった観点から生活困窮者に対する包括的な支援を実施。
> 生活困窮者に対する自立の支援は、実施主体である自治体やその委託を受けた事業者では完結するものではなく、生活困窮者の生活と関わりのある事業を行う関係機関、民間団体、地域住民といった様々な支援との連携を図りつつ実施されているところ。
> このような多数かつ多分野にわたる関係者において、これまでの運用の中で示してきた理念の明確化を図ることで、生活困窮者の自立支援に係る基本理念を共有し、共通認識とすることでより一層の効果的な支援を目指すもの。

■ 改正内容のポイント
● 「生活困窮者の尊厳の保持を図りつつ」（第二条第一項関係）
> 生活困窮者の多くは、自尊感情や自己有用感を失っており、場合によっては自暴自棄になっている状況にあることから、従来から運用で示してきた制度の目指すべき一項関係）
> 生活困窮者の自立と尊厳の確保」を明確に示したもの。
● 「生活困窮者の就労の状況、心身の状況、地域社会からの孤立の状況その他の状況に応じて、包括的かつ早期に行わなければならない。」（第二条第一項関係）
> 生活困窮者の多くは、失業、知識や技能の不足等による就職活動の困難性、病気、メンタルヘルス、社会的孤立等様々な課題を抱えていることから、そうした課題を早期に把握し、継続的な支援により多元で複合的な課題を解決していくためから個人の状況に応じて支援の形である「包括的な支援」「個別的な支援」「早期の支援」を明確にしたもの。
● 「地域における福祉、就労、教育、住宅その他の生活に関する支援を行う関係機関及び民間団体との緊密な連携の確保その他必要な支援体制の整備に配慮して行わなければならない」（第二条第二項関係）
> 多様で複合的な課題を有する生活困窮者に対する支援を行うためには、様々な分野で、公的部門のみで対応できない場合には、インフォーマルな支援や地域住民の力も必要。
> そのため、生活困窮者の早期発見を見守りといった観点も含め、地域における様々な分野の社会資源の活性化や関係機関・民間団体との緊密な連携を図り、支援体制の整備を行うため、（生活困窮者支援を通じた地域共生社会の実現に向けた地域づくり」という制度目標、「分権的、創造的な支援」という形を明確にしたもの。
> 昨年改正された社会福祉法の地域福祉活動への参加を促進する（第二条、第二項関係）
> 住民に身近な圏域において、分野を超えて地域生活課題について総合的に相談に応じ、関係機関と連絡調整等を行う体制
> 主に市町村圏域で、生活困窮者自立相談支援機関等の関係機関が協働して新たに複合化した地域生活課題を解決するための体制づくりを想定。

（参考）社会福祉法（昭和二十六年法律第四十五号）

生活困窮者自立支援制度全国担当者会議資料　資料1（平成30年7月26日(木))「生活困窮者自立支援制度等の推進について」①改正生活困窮者自立支援法について　社会・援護局地域福祉課生活困窮者自立支援室 P.20〔https://www.mhlw.go.jp/content/12000000/000340726.pdf〕

❷ 「生活困窮者」とは

　本制度の支援対象は「生活困窮者」としています。「生活困窮者」を文字どおりに読めば「生活に困窮する者」であり、この言葉からは主観的な意味合いが強く、客観的なイメージが弱いものです。

　一方、「貧困者」については、フローとしての所得とストックとしての資産がともに十分でないために社会生活を維持していくことができない者、「低所得者」については、所得というフローの概念に焦点を当て、低所得によって社会生活が十分維持できない者と意味付けされてきました（［図表 4 - 2］）。他方、「生活困窮者[5]」には、これまで固まった意味付けがあまりなされていなかったため、人によっては受け取り方が異なってしまうことがあります。

　本法は制定時、「生活困窮者」を「現に経済的に困窮し、最低限度の生活を維持することができなくなるおそれのある者」と定義していました。これは、「現に最低限度の生活を維持できない状況にある者」については、本法の対象外で「生活保護制度」の対象となることを示しており、こうした人は速やかに生活保護の窓口につながなくてはなりません。

　このように、生活保護制度のすぐ隣に位置づけるように見える表現となっていたため、「生活困窮者」とは生活保護制度の対象となる手前の段階の人を指すことになりました。そのため、現在は生活保護を受給していないが、生活保護に至る可能性のある人で、自立が見込まれる人と考えていくと、対象者を経済的自立すなわち生活保護に至らないことが見込まれる人、つまり、ほぼ生活保護制度の対象に近い範囲の人に限定してしまうおそれがありました。

　しかし、「現に経済的に困窮」との表現からは、経済的困窮の程度は客観的にも相当程度の幅があるとも考えられます。そして、「最低限度

[図表 4‑2] 所得階層と社会保障制度

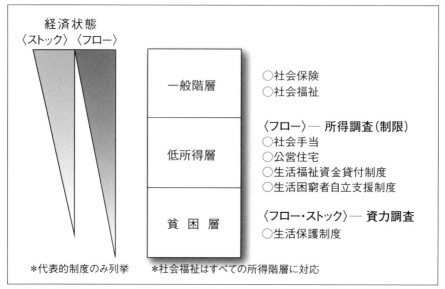

岡部卓作成[6)]

の生活を維持することができないおそれのある」とは、現在の経済的困窮状態の程度だけでなくそうした状態に至った理由などをも指すものと考えると、困窮の程度を幅広くとらえるとともに、困窮状態に至った理由などをとらえる必要が出てきます。

こうした点について、平成29年部会報告書は「(断らない相談支援)」のなかで、「新規相談者の抱える課題は、経済的困窮を始めとして、就職活動困難、病気、住まいの不安定、家族の問題、メンタルヘルス、家計管理の課題、就職定着困難、債務など多岐にわたり、そうした課題を複数抱える人が半数を超えている。」「…、社会的に孤立しているために、失業や病気、家族の変化等生活に何らかの影響を与える出来事をきっかけに困窮状態に至ってしまう危険性をはらんでいる状態にある人や、高齢期になって生活困窮に陥ることが懸念される人についても、早期に、かつ予防的な対応を行うことが重要であることを認識する必要がある。」

と述べ、法令において生活困窮者の定義を明確化すべきだとしました。

　これは、家族・地域・職場などで起きる「社会的孤立」、経済雇用環境の変容による「経済的困窮」、さらには、これまでの制度では十分対応されてこなかった「制度の狭間」にある人たちの問題など地域に生起する福祉課題を射程に入れて、生活困窮をとらえています。

　そこで、一部改正では、生活困窮者の定義について、経済的困窮に至る背景事情として、「就労の状況、心身の状況、地域社会との関係性その他の事情により、」の文言が「現に経済的に困窮」の前に明示されることとなりました。

　こうして、制度当初からの趣旨が明確にされ、生活保護に至る前の段階で生活再建を図るだけでなく、低所得者対策としてセーフティネットを広く自治体・地域に張ることが求められます。また同時に、社会福祉の制度・システムのネットでは支えられない人・世帯や孤立している家族の問題などを発見・把握して相談支援につなげていくことが重要です。

❸ 生活困窮者の「自立[7]」とは

　本法は、法の目的として「生活困窮者の自立の促進を図ること」を掲げています。「自立」を一般社会における概念も含めてどのようにとらえるかは、支援を受ける者（被支援者）と支援を行う者（支援者）の双方にとって重要な事柄です。

　「自立」とは、もともと「他人の力に頼らずに生活をすること」と考えるのが一般的でした。他人の力に頼らない、すなわち、公的な制度による支援を受けない、あるいは家族・親族などの援助を受けないで生活をすることが求められてきました。

　そして現在でも、こうした支配的な考え方を意味するものとしてこの言葉が使用されています。それは、自分が働いて得た収入で生活するという「経済的自立」と、その前提として身の回りのことが自分でできるという「身体的自立」に典型的に現れています。

　しかし、それらは身体的自立を図ることができない状態にある高齢者や障がい者にとっては厳しいものです。そこで、特に高齢者や障がい者の自立については、本人の置かれた地域にある様々な社会資源を活用しながら自分の生活を選び取っていくものと考えられるようになりました。

　現在、社会福祉の領域では、「自立」という言葉が非常によく使われています。

　社会福祉法は、「福祉サービスは、……サービスの利用者が心身ともに健やかに育成され、又はその有する能力に応じ自立した日常生活を営むことができるように支援するもの」（社福3条）と規定しています。この「自立」について、『社会福祉法の解説』では、「福祉サービスの『利用者』は、自らの意思と選択により『自立』していく主体としてとらえられることとなり、福祉サービスは、利用者の自己決定による『自立』

を支援するものでなければならない」「自己決定による自立とは、自らの意思に基づいて、本人らしい生き方を選択するものといえる」と説明しています[8]。

　そして、介護保険法では、要介護者等について「これらの者が尊厳を保持し、その有する能力に応じ自立した日常生活が営むことができるよう、必要な保健医療サービス及び福祉サービスに係る給付を行う」（介保1条）ことと定めています。そして、この保険給付の内容・水準は、「要介護状態となった場合においても、可能な限り、その居宅において、その有する能力に応じ自立した日常生活を営むことができるように配慮されなければならない」（介保2条4項）とされており、居宅生活の優先が謳われています。ここでは、「身体的自立」ではなく「日常生活自立」をいっています[9]。

　また、「障害者の日常生活及び社会生活を総合的に支援するための法律」（障害者総合支援法）（旧障害者自立支援法）では、法の目的として、「障害者及び障害児が基本的人権を享有する個人としての尊厳にふさわしい日常生活又は社会生活を営むことができるよう、必要な障害福祉サービスに係る給付、地域生活支援事業その他の支援を総合的に行い、もって障害者及び障害児の福祉の増進を図る」（障害総合1条）ことをあげています。これも、「身体的自立」ではなく「日常生活自立」、「社会生活自立」をいっています[10]。

　このほか、生活保護法については、平成16（2004）年12月に出された『「生活保護制度の在り方に関する専門委員会」最終報告書[11]』によれば、社会福祉法の理念に沿って、「自立支援」について、「就労による経済的自立のための支援（就労自立支援）のみならず、それぞれの被保護者の能力やその抱える問題等に応じ、身体や精神の健康を回復・維持し、自分で自分の健康・生活管理を行うなど日常生活において自立した生活を送るための支援（日常生活自立支援）や、社会的なつながりを回復・維持するなど社会生活における自立の支援（社会生活自立支援）をも含むも

のである」として、「自立」概念として「経済的自立（就労自立）」「日常生活自立」「社会生活自立」の三つを掲げています。これら三つの自立は、並列の関係にあるものとされています[12]（[図表4-3]）。

　さて、生活困窮者の「自立」とは、社会福祉一般の理念が謳う社会福祉法に沿って考えなければならないものです。また、対象が高齢者、障がい者の場合、「日常生活自立」、「社会生活自立」が謳われていることが参考になります。さらに、生活保護制度においても「経済的自立」だけではなく、「社会生活自立」や「日常生活自立」も行っていくものだと考えられるようなったことから、生活困窮者の「自立」は「経済的自立」にとどまらないものだと考えていくのが自然といえます。

　そして、「生活困窮者」を単に「現に経済的に困窮」していることだけでとらえると、「生活困窮者」の「自立」とは、「経済的自立」すなわち「生活保護を利用することなく生活できること」という意味になってしまいます。しかし、前述のように、「生活困窮者」を幅広く考えた場合には、「経済的自立」に限定して考える必要はなくなります。経済的問題以外の生活課題に対しては、「日常生活自立」支援と「社会生活自立」支援が行われることになります。

　このように生活困窮者の「自立」を捉えることは、本法制定時から十分考えられるところですが、今回の改正によって「基本理念」規定の創設や生活困窮者の定義の背景事情が拡大されたことで、より理解しやすくなりました。

　[図表4-3]を見てわかるように、この「自立」は自己選択と自己決定が伴うことが大事であり、自立・自律した生活が目指されているといえます（[図表4-4]）。利用者の状態は[図表4-4]2類型のように分類されますが、依存から自立へ、そして、他律ではなく自律への方向で、生活再建が行われることが必要です。

[図表4-3] 3つの自立

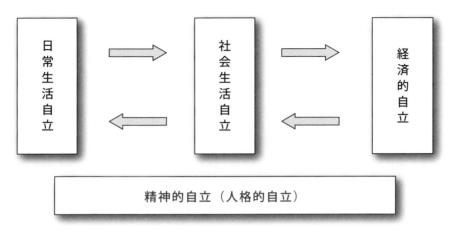

自己選択／自己決定
前提となる社会福祉法

[図表4-4] 自立と自律

1. 自立と自律の考え方
   A　自立 ⟷ a 依存
   B　自律 ⟷ b 他律

2. 類型

自立・自律（AB）	自立・他律（Ab）
依存・自律（aB）	依存・他律（ab）

岡部卓作成[13]

自治体・事業主体の役割

　本制度では、自立相談支援事業、住居確保給付金支給、就労準備支援事業、家計改善支援事業、一時生活支援事業、子どもの学習・生活支援事業、その他の自立の促進を図るための事業を掲げて、低所得者対策の充実を目指すこととしています。これらの事業を実施する主体として、福祉事務所設置自治体である市区町村（以下「市等」）及び都道府県が自立相談支援事業、住居確保給付金の支給を担う責務を有すると規定し、自立相談支援事業については、事業主体は民間が担うこともできると定めています。また、この二つ以外の事業については、市等及び都道府県が行うことができるとし、同様に民間が担うこともできると定めています。

　これらの制度・事業の運営を自治体がどのように考えていくかによって、その展開は様々な様相を見せるのではないかと考えます。実際、自治体・地域による格差が出ることを懸念する意見も出ています。そのため、自治体・事業主体が押さえておくべき点は、制度の理念、「生活困窮者」のとらえ方、「自立」の考え方のほかに、次の３点になります。

　第一に、最低生活の維持ができない人・世帯は速やかに生活保護の担当部署につなぐシステムを確立し、それを取り扱い要領などに明記しておくことです。

　生活困窮者自立支援の窓口で相談者から丁寧な聞き取りを行ったとしても、生活保護受給の可能性に関する判断を行っていないと、生活保護の担当部署につなぐにあたっては、相談者本人への助言が「申請できます」などの対応にとどまってしまうこともあると思われます。

　この第一については、「要保護状態」と見込まれる、または、「要保護状態」となった人・世帯を自立相談支援機関から福祉事務所につなぐこ

とが、これまでは通知により周知されていました。しかしながら、今回の一部改正では、この取り扱いが法律上新たに、情報提供等として第23条に規定されて明確化されています。さらに、つなぐシステム等の方策の具体化等を通知等によって図る予定です。

つけ加えていうならば、生活保護の担当部署に来所した人が相談のみに終わり、生活困窮者自立支援の窓口につなぐ場合には、生活保護受給の可能性に関する判断を伝えることが必要です。このほか、生活保護が廃止される場合、生活困窮者自立支援の窓口につなぐ必要のあるときは、今回の生活保護法の一部改正によって、生活困窮者自立支援制度についての情報提供・助言その他適切な措置を講ずる努力義務が生活保護法第81条の3に創設されています[14]。

第二には、生活困窮者が適切に発見・把握されて、相談支援事業の窓口につながる仕組み・体制を構築しておくことです。

生活困窮者の人すべてが受付窓口に来てもらえればいいのですが、これまでの事例などを考えれば、決して発見・把握は窓口だけで行えるものではありません。生活困窮者が行政の広報、インターネット、新聞を利用できる環境になかったり、あるいは、社会的に孤立し近隣との交流がないため、利用できる制度に関する情報に接する機会そのものが少ない人にもあてはまります。

そのため、生活困窮者の発見・把握、さらに相談支援の窓口へ適切につなぐには、ある程度システム的に行わなければならないと考えられます。最も有力といわれているのは、自治体内の税金・国保・年金・水道部門、福祉五法の部署、自治体外では、電気・ガス・新聞などの民間事業者、地域の相談機関、社会福祉その他の施設、民生委員・児童委員から生活困窮者の情報を得ることです。そのためには、情報元にチラシの設置・配布などの広報活動を要請することも効果的です。

こうした自治体内外の連携の重要性を認識するほか、連携にとどまらない地域のネットワークを見出したり創り出すための検討を行い、生活

困窮者の発見・把握をしていくことも必要と考えます。もちろん、そこには個人情報保護の制約を乗り越えられなかったり、「見守り」が「監視」の意味合いをもつこともあり得ます。適切なシステムを立ち上げるには、ただ相手方に要請しさえすればできるというものではありません。生活困窮者の実態や特性によって関わり方が違い、また、自治体・地域によって事情も異なりますので、難しさがともないます。

　さらに、以上で得られた情報、あるいは、利用者本人からの情報に適切な対応をするためには、自治体・事業主体が訪問などにより迅速にアプローチする体制が取れるかどうかが大事になります。その際には、個人情報保護の法的な取り扱いを確認し整理していないと、発見・把握が進められません[15]。

　この第二については、今回の部会報告書で多くの指摘がされており[16]、利用勧奨等の第8条が新たに規定されました[17]。生活困窮者自立支援制度の3年間の実績を見ても、自立相談支援機関につながる自治体内関係機関が多いほど新規相談件数が多いとの結果が出ているのを踏まえて、自治体内関係機関において生活困窮者を把握した場合に、生活困窮者本人に利用勧奨を行う努力義務を設けたものです。また、広報等の制度の周知に関する努力義務が第4条第4項[18]に新設されました。先ほどの利用勧奨等の努力義務化とともに、都道府県等に対して、具体的な場面や効果的な手法等に関する促進していくための通知が出される予定です。

　第三には、生活困窮者個人に対する支援を行うために、地域のセーフティネットを見出し、あるいは、創り上げていくことが必要です。

　生活困窮者個人を発見・把握した後の支援では、個別の事業の支援で解決できる場合も多くありますが、個人の生活課題が多様であることを踏まえれば、地域での解決方法も用意しておかなければなりません。こうした認識をもちながら、個別の支援に役に立つ地域における支援を一つでも多く見出し工夫を重ねていくことが求められます。その際、地域

のサービス提供組織に支援の役割を求めるには、それがその組織が本来持つ役割に合致していなくても、その組織の特徴・性格や実績を見極めながら要請をしていくことも大事です[19]。

さらに、自治体・事業主体は、相談者・利用者個々に対するかかわりのみならず、コミュニティワークとしての視点をもったうえで、個別支援とセットで問題・課題の把握に出向き（アウトリーチ）、また、ネットワークを創るなどして積極的に地域にかかわっていく必要性が求められています[20]。

法・政令・省令・通知には理念や方策の基本的事項は示されていますが、今後は、それを実行性あるものにしていくためのより詳細な対応は、自治体・事業主体が検討して詰めていかなければなりません。具体的には、支援調整会議の開催、事業の委託先への依頼など、既存の相談機関やサービス提供組織等とどのように連携を図り整合性をもっていくかが今後の課題となっています。これらの点については、自治体・事業主体がどこまで進められるかにかかっていますが、それでも、今までになかった生活困窮者の地域における新たなシステムの構築を行う好機ととらえることができます。

この第三については、「支援会議」の規定が一部改正で第9条・第28条に置かれて、情報共有の促進、深刻な困窮状態の見過ごしの予防、予防的措置を取ることの円滑化が目指されました。本書においては、詳細は第6章第3節で述べます。なお、「支援会議」は、第5章第2節自立相談支援のプロセス、第5章第3節自立相談支援の内容に出てくる「支援調整会議」とは別のものです。

❺ 自立相談支援事業の留意点

　本法は、市等及び都道府県が自立相談支援事業を行う責務を有するとし、事務の全部または一部を厚生労働省令で定める者に委託できるとされ、民間が担うことも可能としています。これは、この間社会福祉の他の制度でも取り入れられてきた官・民の連携を意図しています。前述のように本制度については、生活困窮者個人の生活問題が広汎多岐にわたることが予想され、また、自治体・地域によってニーズや社会資源の配置など事情が異なることなどが考えられているためです。

　この点について、法の性格からは自立相談支援事業は自治体が担うべきとする意見や、民間へ「事務の全部」を委託することについて問題・課題を指摘する向きもあります[21]。自治体直営ならば、あるいは、生活保護担当部署が本制度を生活保護とともに担うならば、本制度の機能が確保されてスムーズな運用が行えるという考えもあります。これらは、自立相談支援事業は、生活困窮者の発見・把握を担う「要（かなめ）」であり、また、「自立支援計画」を策定するなどして支援の方向性を固める大事なところであると考えるからです。さらに、生活保護との連携がスムーズに行わなければならないとするためです。

　しかしながらその一方で、自治体が担ったとしても、果たして適切な業務効率が図られるか、社会福祉の専門性の確保は充分かとの意見があります。また、財政的観点から民間が担うべきとする意見もあります。こうした課題については、民間が力を発揮することが期待されると考えるからです。

　そもそも本制度は制度の狭間をとらえる視点を必要としており、自治体が新制度を適切に運用していけるかどうかは、どこまで地域の実情に照らして制度の趣旨を実現できると判断しているかによります。そして

本制度は、生活保護制度とは支援対象者のとらえ方も支援の内容の枠組みも異なっているため、自治体・地域全体で支える仕組みを持たなければ、効果が得られません。そのため、それぞれの自治体が、総合的に検討・判断し、事業主体が決まってくることになると考えられます。

　その結果、本制度における自立相談支援事業の窓口は、①生活保護担当部署、②福祉事務所内の生活保護担当部署以外の部署、③福祉事務所内の新設部署、④自治体内の福祉事務所外の部署、⑤社会福祉協議会、⑥その他の社会福祉法人、⑦ＮＰＯ法人、一般社団法人、一般財団法人など、自治体や地域の実情により決まります。

　次に、自立相談支援事業の内容については、平成25（2013）年特別部会報告書の『Ⅲ 新たな生活困窮者支援制度の構築について　1．基本的な考え方　2．新たな相談支援の在り方について』では、次のように述べられています[22]。

○　現在、生活保護受給者以外の生活困窮者に対しては、公的な相談支援が十分に行われているとは言い難い。今後は、生活保護受給に至る前の層への支援を強化するため、本人の状況に合わせた丁寧な対応を行う新たな相談支援体制を構築することが必要である。
○　生活困窮者は複合的な課題を抱えている者が多い。このため、新たな相談支援体制の構築に当たっては、支援を必要とする生活困窮者を的確に把握し、必要とする支援に適切につないでいくため、それぞれの地域において、これまでの分野ごとの相談支援体制だけではなく、複数の者がチームを組み、複合的な課題に包括的・一元的に対応できる体制が必要である。
○　……生活困窮者は、地域から孤立している者も多く、これらの者が行政の相談窓口等に来ることを待っているだけでは、必要な支援につなげることはできない。課題を抱える生活困窮者の自立支援に向けて、

こうした者を早期に把握し、早期に支援につなげることが必要である。このため、新たな相談支援体制では、関係機関のネットワークづくりを一層進めるとともに、必要に応じて訪問支援を通じた対象者の把握も必要である。
○　さらに、生活困窮者の抱える課題には、生活面・就労面での課題のみならず、健康面での課題があることも多く、そのことが自立に向けた活動の妨げになっている場合も考えられる。このため、新たな相談支援体制においては、健康面での課題についても把握に努め、必要に応じて、各自治体の保健所及び市町村保健センターによる支援や社会福祉法人等が実施する無料低額診療事業等につないでいくことが必要である。

また、平成29年部会報告書では、次のように述べられています。

○自立相談支援事業のあり方として、相談者を「断らず」、広く受け止めることが必要であり、生活困窮者自立支援法において、「現に経済的に困窮し、最低限度の生活を維持することができなくなるおそれのある者」とされている生活困窮者の定義のもとで、「断らない」支援の実践が目標とされているが、こうした「断らない」相談支援については、今後とも徹底していかなければならない。

このように、自立相談支援事業は、「自立（に関する）相談」を「支援」するもので、前述のように「自立」の意味内容は幅広くとらえる必要があります。また、様々な相談者を対象とする相談窓口と位置づけることは、制度の趣旨に適っています。必要な情報の提供及び助言を行う事業と法に規定されていることがそれを示しています。
　そして相談を受けた後に、具体的な支援の実施にあたっては、包括的かつ計画的に「自立支援計画」の策定が行われる必要があります。ここ

での支援計画の主体は、いうまでもなく利用者本人（被支援者）となります。窓口の担当者は支援者であり、計画は本人（被支援者）の同意があって継続的な支援が始まります。そして、生活保護の自立支援プログラムと同様に、本人が自立支援計画に沿わないことがあったとしても、不利益な取り扱いを受けることがないようにしなければなりません。

　ここで大切なことは、本人（被支援者）の意思の尊重です。民法上の成年後見制度では、成年後見人が「成年被後見人の生活、療養看護及び財産の管理に関する事務を行うに当たっては、成年被後見人の意思を尊重し、かつ、その心身の状態及び生活の状況に配慮しなければならない」。（民858条）と定めています。これは、民法上の義務ですが、成年後見制度における、本人の意思が尊重され配慮がなされることが要請される思想は、社会福祉法の世界と共通しており[23]、本制度の自立支援を考えるにあたって参考にしておきたいものです。

事業の観点からみた生活困窮者自立支援

　生活困窮者自立支援法は、制定時から対人援助を事業立てした形式（住居確保給付金の支給を除く）を取っています（27～28頁、109頁、134～135頁）。また、これらの事業は、生活保護法の扶助や事業と並立したものとなっています（[図表4‐5]）。
　こうした事業の形式となった経緯や事業の意義・課題を振り返り、生活困窮者自立支援の特質を見ていきます。今回、事業の内容が充実され、また、事業を一体的に実施していくことが謳われ、さらに、事業の継続性を確保する必要性が求められ、そうすることによって、支援の有効性を高めることが目指されています。
　はじめに、経緯についてですが、生活困窮者自立支援法は、制度設立に際しては、まず「社会保障・税一体改革大綱」で生活保護法の見直しとともに提起され、その後、社会保障審議会特別部会で一緒に併行して検討対象とされました。その検討過程では、リーマンショック以降に出された社会保険と生活保護の間で構築された低所得者対策を行う「第2のセーフティネット」（求職者支援制度、住宅手当制度、総合支援資金制度〈生活福祉資金制度〉、ホームレス対策）の充実強化が大きな課題とされました。
　そのため、生活困窮者自立支援制度の事業には、「第2のセーフティネット」の事業が取り込まれました。住居確保金の支給は、平成21（2009）年10月から平成26（2012）年度まで予算措置として実施された住宅手当（当初は住宅手当緊急特別措置事業、その後住宅支援事業）を、自治体を提供主体として制度化したものです。また、一時生活支援事業は、各自治体のホームレス緊急一時宿泊事業（シェルター）とホームレス自立支援センターの運用を踏まえて制度化したもので、「ホームレスの自立の支援等に関する特別措置法」に沿って実施されてきたホームレス自立

［図表4‑5］　生活困窮者自立支援法と生活保護法の事業対応関係

生活困窮者自立支援法に基づく事業	生活保護法に基づく事業
生活困窮者自立相談支援事業	第55条の6に基づく被保護者就労支援事業
生活困窮者就労準備支援事業	第27条の2に基づき予算事業での実施を検討
生活困窮者家計相談支援事業	第27条の2に基づき予算事業での実施を検討 ※今回の見直しで自ら収入及び支出を適切に把握することを受給者の責務として位置づけている
生活困窮者の子どもの学習支援事業 その他の自立促進事業	生活保護受給者の子どもへの学習支援については、生活困窮者自立支援法の対象
生活困窮者住居確保給付金	（住宅扶助）
生活困窮者一時生活支援事業 ※一定の住居を持たない者への宿泊場所供与等	（生活扶助、住宅扶助）

資料：厚生労働省
「改正生活保護法・生活困窮者自立支援法のポイント　新セーフティネットの構築」（中央法規）P.50

支援が生活困窮者自立支援制度の枠組みに入ったことになります。

　そして、就労支援としての就労準備支援事業等、家計再建支援としての家計相談支援事業、子ども支援としての子どもの学習支援事業は、生活保護の自立支援プログラム事業の手法を生活困窮者自立支援制度仕様に援用したものです。これは、生活困窮者自立支援は生活保護に至る前段階の生活再建を目指すものとされていたため、両法の支援の連続性を考慮したところからなされています。近年の新たに創設された制度では、所得保障を行うスタイルはほとんど取られていません。生活困窮者自立支援も同様で、対人援助の事業であればこそ、生活保護で運用される事業のノウハウが生かせると考えられます。

　このほか、制定時に自立相談支援事業と住居確保給付金支給を必須事業とし、就労準備支援事業、家計相談支援事業、一時生活支援事業、学習支援事業を任意事業とした区分は、これまでの生活保護、住宅手当、ホームレス対策の位置づけをスライドさせたといえます。さらに、平成

27（2015）年度からは予算体系が整理されて、生活困窮者自立支援法関係の費用と生活保護関連の事業費が一括りの予算とされるようになりました。

　こうした事業並立の形式となりましたが、生活困窮者自立支援法は低所得者対策であるのに対し、生活保護法は貧困対策であり、その目的は最低生活保障と自立助長であり、最低生活保障、すなわち、所得保障を前提に対人サービスが行われます。そのため、自立助長はソーシャルワーク領域と捉えられ、なかでも自立支援プログラム等の事業は生活保護法27条の2に基づき通知によって自治事務として行われるので、法律上に事業名が列挙されるものではありませんでした（生活困窮者自立支援法制定時、被保護者就労支援事業だけは、生活困窮者自立支援法とのバランスから生活保護法上に規定されました。）。これに対して、生活困窮者自立支援法は、住居確保給付金の支給は金銭給付ですが、それ以外の対人援助事業は法律上に掲げられています。

　以上、事業の形式を中心にみてきましたが、生活困窮者自立支援制度に規定された対人援助の事業の意義は、次のところにあると考えられます。それは、制度の狭間にある生活困窮者を援助するツールを事業として法律上に規定したことです。それらは、この間生活保護の運用のなかで実績をあげてきた事業と第2のセーフティネットとして実施されてきた事業ですが、事業が明示されたことで、自治体がより積極的に取り組む契機になると考えられます。また、利用者側からもアクセスしやすくなったといえます。この点を活かしていけるかどうかは、自治体の姿勢、制度設計、それを支える運営実施体制にかかっています。自治体が地域の生活困窮者の実情を的確に把握し、事業を地域福祉計画に位置づけるか、あるいは、生活困窮者支援の福祉計画を立てるなど検討していくことが求められます。

　こうした意義は見られるものの、生活困窮者自立支援制度では、自立相談支援事業をはじめその他の事業を担うのが必ずしも自治体直営では

ありません（住宅確保給付金の支給は自治体が担います）。生活保護制度であれば、最低生活保障も自立助長も自治体の福祉事務所が担っており、対人援助を行うソーシャルワーカー等が開始から廃止まで担当しますが、利用者が自立相談支援事業とその他の事業等を利用した場合、必ずしも同じ組織の担当者が継続して関わることは担保されていません。そのため、生活保護の運用の実績を活かす点では有効ですが、利用者を支える組織が複数にまたがる場合には、十分に連携を取って取り組むことが必要となります。また、この際に、事業は生活支援を通して行われ社会手当のような所得保障を行っていないことも認識することが大事です。明らかに一定の所得保障が必要なひとり親世帯などに対しては、所得保障を併用することを検討する必要があります。

　さて、一部改正では、事業の内容の充実が行われ、また、一体的に事業を実施していくために事業間の連携の促進が謳われ、さらに、事業の継続への配慮が必要だとされました。

　事業内容の充実は、第3条第6項に規定された、一時生活支援事業の拡充であり、第3条第7項に規定された、子どもの学習・生活支援事業の創設です。

　一体的な事業の実施は、自立相談支援事業が必須事業となっているうえに、これまで任意事業だった就労準備支援事業と家計改善支援事業を努力義務とすることで、3事業の一体的運用を促進するものです。

　事業の継続への配慮は、全国担当者会議資料（[図表4-6]）に、部会報告書の指摘を受けて、各事業の委託先について、「委託先の選定等に当たっては、事業の質の維持の観点から、これまでの事業の評価結果を踏まえたものであること」「委託先の選定に当たっては、事業の内容を中心とした総合的な評価を行うことが事業の質の維持等の観点から適切であり、価格のみの評価を行うことはその観点から必ずしも適切ではないこと」等が周知されています。

[図表4-6] 「生活困窮者自立支援法の各事業の委託について」

生活困窮者自立支援法の各事業の委託について

生活困窮者自立支援制度における各事業の委託については、社会保障審議会の報告書において、以下の指摘があった。
・「施行後3年と間もない状況において、その着実な実施・浸透を図っていくためには、事業における支援の質や、積み上げてきた信頼関係の継続性の確保や、質の高い支援を行うことができる従事者の育成・確保が重要である」こと
・「事業における支援の質や継続性等の観点から、マニュアルの改正などにより、その委託に当たっての留意点等を示すべきである」こと

この報告書の内容も踏まえ、平成30年3月1日に開催した全国主管課長会議を通じて、以下のとおり委託先選定に当たっての留意点を都道府県等に対して周知。

委託先の選定に当たっての留意点

・委託先の選定等に当たっては、事業の質の観点から、これまでの事業の評価結果を踏まえたものであること
・事業の内容に着目した選定が望ましいこと
・事業を利用する方々の視点も踏まえた選定が望ましいこと
・自治体の契約のルールも踏まえつつ、事業の継続性の観点から、事業の質的、量的確保を配慮した視点も重要であること
・制度施行後3年目と間もない期間の中で、従事者の質的、量的確保を中心とした総合的な評価を行うことが事業の質の維持等の観点から適切であり、委託先の選定に当たっては、事業の内容を中心にその観点からとらえることが必ずしも適切ではないこと
・価格のみの評価を行うことはその観点からは必ずしも適切ではないこと

こうした留意点の徹底により、生活困窮者自立支援制度の各事業における支援の質の維持と継続性、委託事業における質の高い支援を行うことができる職員の安定的確保等を図る。

※今後通知を発出予定

生活困窮者自立支援制度全国担当者会議資料　資料2（平成30年7月26日㈭）「生活困窮者自立支援制度等の推進について」②改正生活困窮者自立支援法等の施行に向けて　社会・援護局地域福祉課生活困窮者自立支援室 P.20 〔https://www.mhlw.go.jp/content/12000000/000340727.pdf〕

第5章
生活困窮者自立支援の手順

生活困窮者自立支援を実際に担う事業主体は、福祉事務所設置自治体の自治体内に置かれた担当部署や、自治体から委託された社会福祉協議会、その他の社会福祉法人、ＮＰＯ法人、一般社団法人・一般財団法人などです。

　ここで生活困窮者自立支援全体の流れは、下の［図表5‐1］に示しておきます。

　『自立相談支援事業の手引き[1]』においては、自立相談支援事業を担うものを「自立相談支援機関」と呼びます。「自立相談支援機関」はこの図の生活困窮者が最初に関わる場であり、最初の窓口として重要な役割を担います。

　本章では、まず自立相談支援機関及び自立相談支援のプロセスを詳細に取り上げます。本事業は、本制度の性格をよく表すとともに、支援の起点になるところです。このため、自治体や自立相談支援機関だけでなく、各事業の事業主体、連携を行う地域の関係機関・団体によってこの事業の内容がよく理解される必要があります。

　そのあと、本人の状況に応じた支援を説明します。最初に、本人の状態に応じた就労支援の種類をあげ、次に、自立相談支援事業以外の法に基づく各事業の意義や留意点について説明し、最後に、法以外の事業・支援について述べていきます。

[図表 5-1] 生活困窮者自立支援の全体像

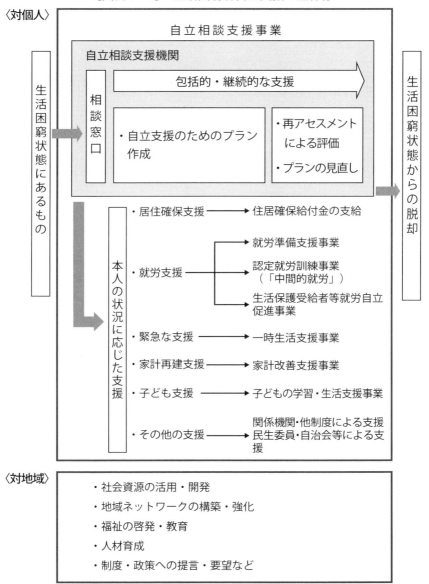

「平成 26 年度全国厚生労働関係部局長会議社会・援護局資料（平成 27 年 2 月 23 日）4 頁」と「平成 30 年 10 月 1 日社援発 1001 第 1 号社会・援護局長通知　自治体事務マニュアルの改訂について　4 頁」をもとに岡部卓作成

❶ 自立相談支援機関

1. 自立相談支援機関の概要

　自立相談支援機関は、「生活困窮者からの相談に応じ必要な情報の提供や助言等を行い、認定就労訓練事業の利用のあっせん、プランの作成等の支援を包括的に行う自立相談支援事業を実施する機関」と定義されています。また、その人員・設備等については、「法令上の基準は設けられていませんが、3職種の支援員（人員）の配置（小規模自治体等においては兼務は可能）と面談室等の相談支援を実施するために適切と考えられる設備が必要」としています[2]。

2. 支援員の体制と役割

　その人員体制については、「支援員は、主に相談支援業務のマネジメントや地域の社会資源の開発等を行う『主任相談支援員』、相談支援全般にあたる『相談支援員』、就労支援に関するノウハウを有する『就労支援員』の3職種を配置することを基本」とし、「自治体の規模、相談件数や相談内容が多様であることから、事業の実施に支障がない限り、地域によっては相談支援員と就労支援員が兼務することも妨げない」としています[3]。それぞれの役割は、［図表5-2］に示したとおりです。

　自立相談支援事業の適切な人員配置等の促進について、一部改正においては、「都道府県等は…自立の支援を適切に行うために必要な人員を配置するように努めるものとする。」（4条5項）と規定されました。また、厚生労働省は、「平成28年度において支援実績の高い自治体の自立相談支援事業の支援員配置をみると、おおむね、全自治体平均と比較して

[図表5‐2] 各支援員の役割

職　種	役　割
主任相談支援員	○相談支援業務のマネジメント 　・支援の内容及び進捗状況の確認、助言、指導 　・スーパービジョン（職員の育成） ○高度な相談支援（支援困難事例への対応等） ○地域への働きかけ 　・社会資源の開拓・連携 　・地域住民への普及・啓発活動
相談支援員	○相談支援全般 　・アセスメント、プランの作成、支援調整会議の開催等一連の相談支援プロセスの実施、記録の管理、訪問支援（アウトリーチ） ○個別的・継続的・包括的な支援の実施 ○社会資源その他の情報の活用と連携
就労支援員	○就労意欲の喚起を含む福祉面での支援 ○担当者制によるハローワークへの同行訪問 ○キャリア・コンサルティング ○履歴書の作成指導 ○面接対策 ○個別求人開拓 ○就労後のフォローアップ　等

『自立相談支援事業の手引き』17頁［図表8］所収

配置数が多くなっている現状があり、支援員が十分に配置されていることによって、アウトリーチや関係機関との連携強化、制度の周知など相談の掘り起こしにつながる取り組みが可能になるものと考えられる。」として、「平成30年度から以下のような措置を行うこととする」として、①人員配置が手厚く実績も高い自治体に対する基本基準額の嵩上げと②自己評価基準による支援員配置等の底上げを示しています[4]。

3. 自立相談支援機関の業務

　自立相談支援機関は、「生活困窮者の自立の尊厳の確保」と「生活困窮者支援を通じた地域づくり」の二つの目標と、「包括的な支援」「個別的な支援」「早期的な支援」「継続的な支援」「分権的・創造的な支援」の五つを支援の理念としています。

相談支援業務（個人へのかかわり）は、「本人の思いや気持ちを共感的・受容的に受け止め、寄り添いながら支援を展開する」「本人の抱える課題や置かれている環境によって目指す自立の姿は多様である」「主体的に自立に向けた行動をとれるように個別的な支援を実施する」「制度の狭間に陥ることを防ぐため本人の生活や環境を幅広く受け止め支援をコーディネートする」などとしています。

　また、地域づくり関連業務（地域への働きかけ）は、「地域の中で支え合いながら生活することができる『場』の構築」「地域で活用できる社会資源を把握するとともに関係機関といつでも相談できる関係の構築」「必要な社会資源が不足する場合の開発」「日頃から地域の中で関係機関・関係者とネットワークを築いていくこと」「認定就労訓練事業など多様な働き方の場としての『出口』の開拓と社会参加のための場づくり」「働きやすい環境づくりを目指すこと」「地域において中核となる関係者が集まる協議の場の設定」「高齢者施策における地域ケア会議や障害者施策における地域自立支援協議会など既存の協議会等の活用」「地域住民や当事者グループ、ＮＰＯ等の多様な担い手が相談・支援活動に参加できるよう働きかけ、地域の課題を地域で解決する仕組みづくりにつなげること」などとしています[5]。

❷ 自立相談支援のプロセス

　自立相談支援全体の流れは、
Ⅰ．生活困窮者の発見
Ⅱ．インテーク（受付面接）
Ⅲ．アセスメント（事前評価）
Ⅳ．プランニング（支援計画の策定）
Ⅴ．インターベンション（介入、支援の実施）
Ⅵ．モニタリング（見守り、観察）とエバリュエーション（事後評価、再評価）
Ⅶ．ターミネーション（終結）
と7段階に分けて考えることができます[6]。

　一方、この全体の流れは『自立相談支援事業の手引き』では、次頁の[図表5-3]のように示されています。この図の①～⑬をⅠ～Ⅶに整理すると、次のようになります。
Ⅰ　①把握・アウトリーチ
Ⅱ　②包括的相談／振り分け、③利用申込、④緊急的な支援・法に基づく事業等の利用手続
Ⅲ　⑤アセスメント
Ⅳ　⑥プラン（案）策定、⑦支援調整会議（※今回の「支援会議」とは位置付けが異なる。）、⑧支援決定
Ⅴ　⑨支援の提供
Ⅵ　⑩モニタリング、⑪プラン実施の評価、⑫再プラン策定
Ⅶ　⑬終結

　この自立相談支援業務を適切に行うには、自立支援一般と同様に、Ⅱ

[図表5-3] 相談支援プロセスの概要

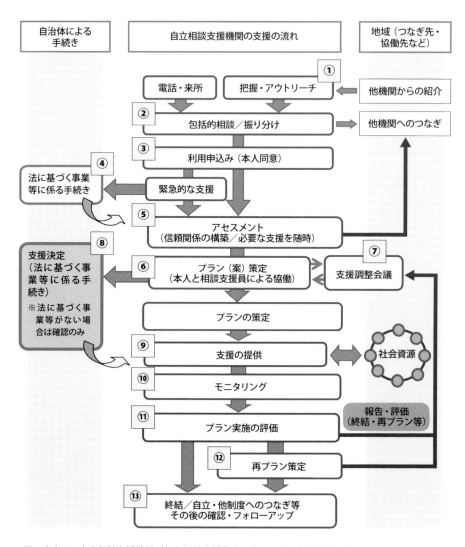

図の中央は、自立相談支援機関が行う相談支援業務の流れ、左は自治体が行う手続き等、右は地域における社会資源に求める役割を示している。

『自立支援相談事業の手引き』19頁［図表9］一部修正

の「インテーク」とⅢの「アセスメント」をいかに的確に行うかが「鍵（かぎ）」となります。丁寧なインテーク結果をもとに、課題分析に必要な項目を整理したアセスメントシートを整備し、各項目を記入していくことが、生活困窮者の自立に向けた課題が明確化され、支援員の気づきの助けとなります。

　さて、以上のように、ⅡのインテークとⅢのアセスメントが重要なのはもちろんですが、生活困窮者自立相談支援においては、それ以上に重要なのがⅠの「生活困窮者の発見」です。それは本制度創設の背景や制度の目的・理念からくるものです。生活困窮者自立相談支援においては、自立支援一般と異なり、Ⅰの生活困窮者の発見がⅡのインテークの前に明確に位置づけられています。

　そして、Ⅱのインテーク以降では、面接の姿勢や態度、支援に対する考え方、支援対象者への関わり方（介入）など、自立支援一般でいわれる事項を勘案しながら進めていきます。自立に向けた課題に対して、支援方針や具体的な支援内容を自立支援計画として立てるにあたっては、住居確保給付金の支給、就労支援、各事業は制度資源として有効なツールとなります。

　各事業を制度資源として「支援」として選択する場合には、それを利用者に説明し、同意を得て自立支援計画を策定していきます。各事業の支援そのものを選択しない場合であっても、地域の事情によって工夫された支援の方法があれば、それを自立支援計画策定に載せていくことにより、計画に沿った有効かつ適切な実践が期待されます。

❸ 自立相談支援の内容[7]

Ⅰ 生活困窮者の発見 （①把握・アウトリーチ）

　生活困窮者の相談は、自治体・事業主体の窓口を訪れる人を基本に考えます。しかしながら生活困窮者は、社会福祉諸制度の情報に接する機会が少なく、また、程度の差はあれ社会的に孤立している傾向も見られ、自立相談機関に出向くこと自体が困難なことが少なくありません。

　そのため、自治体・事業主体には、生活困窮者の相談が様々な経路や媒体を通して連絡・通報があがってきます。たとえば、住民からの電話によって、衰弱して動けなくなっている高齢者や路上生活者に関する情報をキャッチすることがあります。また、生活困窮者本人からは、窓口ではなくメールや手紙で相談されることもあります。これらは、民生委員・児童委員に訪問を求めるなど地域の相談機関の協力を得るか、あるいは必要に応じて支援員が出向くなどして、速やかに状況確認と緊急対応を行わなければなりません。さらに、保健師や医師など保健・医療関係者と連携した対応も必要です。

　すなわち、日頃から地域住民に、自立相談支援機関についての理解・周知を図っておくとともに、民生委員・児童委員や自治会・町内会組織、地域における関係機関・施設[8]［図表5-4］と連絡調整を行って連携し、生活困窮者の積極的な発見の協力体制づくりを心がけておくことが大切です[9]。

　また、生活困窮者を自立相談機関と適切につなぐことも考えなければなりません。自治体内では、税金・国民健康保険・国民年金の収納部門、水道事業者、福祉五法の部署などから、自治体外では、電気・ガス・新聞などの民間事業者、地域の相談機関・施設などから情報を得るシステ

[図表5-4]　関係機関・関連専門職一覧

相談機関等	根　拠　法　令　等
民生委員	民生委員法
児童委員	児童福祉法第16条
福祉事務所	社会福祉法第14条
社会福祉主事	〃　　第18条
老人福祉指導主事	老人福祉法第6条
身体障害者福祉司	身体障害者福祉法第11条の2
知的障害者福祉司	知的障害者福祉法第13条
家庭児童福祉主事	「家庭児童相談室の設置運営について」昭和39年4月22日厚生省発児第92号
家庭相談員	〃
身体障害者更生相談所	身体障害者福祉法第11条
身体障害者相談員	〃　　第12条の3
知的障害者更生相談所	知的障害者福祉法第12条
知的障害者相談員	〃　　第15条の2
婦人相談所	売春防止法第34条
婦人相談員	〃　　第35条
老人福祉センター	老人福祉法第20条の7
老人（在宅）介護支援センター	老人福祉法第20条の7の2
地域包括支援センター	介護保険法第115条の46
身体障害者福祉センター	身体障害者福祉法第31条
精神保健福祉センター	精神保健及び精神障害者福祉に関する法律第6条
発達障害者支援センター	発達障害者支援法第14条
児童発達支援センター	児童福祉法第43条
基幹相談支援センター	障害者の日常生活及び社会生活を総合的に支援するための法律（障害者総合支援法）第77条の2
協議会	〃　　第89条の3
母子健康包括支援センター	母子保健法第22条
母子・父子福祉センター	母子及び父子並びに寡婦福祉法第39条

相談機関等	根拠法令等
児童相談所 　　児童福祉司	児童福祉法第12条 　〃　第13条
児童家庭支援センター	児童福祉法第44条の2
母子・父子自立支援員	母子及び父子並びに寡婦福祉法第8条
母子家庭等就業・自立支援センター	「母子家庭等就業・自立支援事業の実施について」平成20年7月22日雇児発第0722003号
少年補導センター	「少年補導センターの運営に関する指導要領」昭和45年7月1日総理府青少年対策本部次長通知
少年補導委員	〃
社会福祉協議会 　　福祉活動専門員 　　福祉活動指導員	社会福祉法第109条・第110条 「社会福祉協議会活動の強化について」平成11年4月8日社援第984号 〃
戦没者遺族相談員	「戦没者遺族相談員の設置について」昭和45年7月13日厚生省発援第73号
戦傷病者相談員	戦傷病者特別援護法第8条の2
家庭裁判所	裁判所法第31条の2～5
保護司	保護司法
人権擁護委員	人権擁護委員法
公共職業安定所	職業安定法第8条
高齢者能力開発情報センター	〃　第33条（無料職業紹介事業）
高齢者総合相談センター	「高齢者総合相談センター運営事業の実施について」昭和62年6月18日健政発第330号・健医発第733号・社老第80号
保健所	地域保健法第5条・第6条
精神保健福祉相談員	精神保健及び精神障害者福祉に関する法律第48条
年金相談サービスセンター	平成4年1月31日社業発第3号社会保険業務センター長通知

出典：『社会保障の手引　平成30年版』中央法規出版、703・704頁、2017年

ムや取り決めを作っておくことが必要です。これらの場合も前述と同様に情報が得られたとき、場合によっては支援員が訪問するなどのアプローチをしていく必要があります。またその場合、地域の関係機関などの協力が得られると円滑に進めていくことができます。なお、この場合は生活困窮者は自治体・事業主体と接する最初の段階になりますので、相談支援員のアプローチは、それ以後の支援関係に大きく影響しますので十分留意[10]し関わっていくことが大切です。

このように、「生活困窮者の発見（把握・アウトリーチ）」の場面では、制度の狭間にあり、法定化されたサービスメニューの内容では対応できない人たち、社会的に孤立し排除・周辺化されている人びとの問題を認識し支援課題として受けとめていく必要があります。

II インテーク（受付面接）
（②包括的相談／振り分け、③利用申込〈本人同意〉、④緊急的な支援・法に基づく事業等の利用手続き）

インテークの段階は一般に「受付面接」といい、生活困窮者における相談・支援のプロセスで、最初に相談を受け止める（発見〈把握‐アウトリサーチ〉における訪問などを除き）場面です。受付面接では、面接担当の相談支援員（インテークワーカー）が生活困窮者に対応します。インテークは通常、「(A) 不安・緊張の緩和・解消」「(B) 信頼関係の確立」「(C) 主訴の明確化」「(D) 制度の説明」「(E) サービスの申込み意思の確認」の順に進められます。そこで相談支援員が、どのような受付面接を展開するかによって、その後の支援関係は大きく変わります[11]。

そこで、インテークの流れに即しながら留意点を述べていきます。

(A) 不安・緊張の緩和・解消
まず、自立相談支援機関の建物で受付面接を行う際、生活困窮者（被

支援者）である利用者の話を聴くためには、個室かそれに近い場所で面接を行うなど、プライバシーへの配慮が必要です。自宅を訪問する場合には、信頼関係を構築する上でも、事前に連絡を行い訪問の日時をあらかじめ決めておくことが必要です。

　次に、受付面接に入る前提として、利用者の状況をきちんと理解しておくことが大事です。利用者は、これまで自分なりに問題を解決しようと努力してきて、問題に取り組む過程で悩んだり傷ついたりしています。なかには、問題を自分で解決できなかったことで挫折感に苛まれ、まわりの人たちに不信感や負い目を感じている人もいます。そして、自立相談支援機関などに相談することには抵抗感をもっている例も少なくありません。しかし、自立相談支援機関に対しては、問題・課題解決の相談をしたいと望んでいます。つまり、様々な不安や緊張、あるいは期待をもって窓口に来ていることを認識し、かといっても、利用者に余計な期待をもたせるような言動は慎まなければなりません。

　こうした配慮を行うにあたっては、相談支援員は受付面接の最初にまず自己紹介を行い、自分の名前と職名を利用者に伝えることが第一歩になります。そして、相談内容を他者にけっして口外しないこと、利用者の問題・課題解決に側面から支援することが職務であること、また、個人的な事情を聴くこと、メモを取ることを了承してほしいことなどを、簡潔に説明しておく必要があります。

　こうして、利用者の緊張感が解きほぐれ、利用者と相談支援員との心理的距離が縮まり、利用者が安心して話せる状況を作ります。そのうえで、利用者が相談したいことや気になっていることなどを自由に話せるようになり、相談支援員は必要なことを聴き取ります。ここで注意することは、不安・緊張を与えないために、相談支援員は聴きたいことを一方的に質問しないことです。急がずに、利用者が一定時間話したいことを話し終わったタイミングを見計らって、生活問題・課題に関する質問を始め、状況の把握と確認に入るようにします[12]。

(B) 信頼関係の確立

相手の話に耳を傾ける相談支援員の姿勢や態度によって、利用者は相談相手になってくれる人かどうか、つまり、その人と信頼関係を結べるかどうかを判断します。前述の不安・緊張の緩和・解消が、信頼関係の確立の前提となることは当然といえますが、同時に、利用者のおかれている状況を適切に理解することが信頼関係の確立には必要です。

相談支援員の行う業務は、利用者の抱える生活問題・課題の解決・緩和が図られるよう側面から支援していくことです。そのためにはまず、解決すべき生活問題を知ることが大切です。利用者の生活問題は、経済的問題を基底に生活の諸場面にわたっています。また、様々な問題・課題が重なり合っているのが特徴です。それは、利用者それぞれの人・世帯のこれまでの経過のなかで生み出されてきたもので、すべて他と同様の考え方や方法で問題解決は図れません。問題を、心理的・社会的・経済的側面それぞれの視点から考えなければなりません。そのため、その人・世帯の生活にかかわるすべての問題をとらえなければなりません。つまり、「どれひとつとして、同じ人・世帯、同じ問題としてはとらえられない」という個別性に立脚して、聴く・考えていく必要があります。利用者の状況の理解の仕方は、相談支援員の聴く姿勢に現れ、信頼関係の確立に影響を及ぼします。相談支援員が利用者の状況を理解したつもりでも、それが一方的な決めつけと受け止められた場合には、表面的には関係性が悪く感じられなくても、強い信頼関係を確立させることは難しくなります[13]。

(C) 主訴の明確化

利用者が一定時間話し終わった後に、生活問題を把握するための確認を行い、利用者が訴えたいこと、望んでいること、自立相談支援機関にやってもらいたい福祉課題を明らかにします。

利用者の多くは複数の問題を抱えていて、窓口では興奮したり話が前

後したり、また言いよどんだりする場合があります。自分の問題を客観的にとらえ、それを初対面の相談支援員にうまく説明するというのは、なかなか難しいことです。そこで相談支援員は、利用者をありのままに受け止めながら、問題の所在や課題などを明らかにしていきます。

そこではまず、利用者が理解できる言葉を選んで使うことが大切です。普段、相談支援員が使っている言葉や表現が、受付面接場面で適切かどうか、配慮する必要があります。利用者が理解し難い、あるいは不適切と思われる言葉や表現は、できるだけ使用しないように心がけます。利用者の心理状態を考えたとき、普段使っている言葉や表現でも使わないほうがよい場合もあります。一方、相談支援員が利用者の言葉や表現を理解できない場合もあります。そのときには、話していることの意味をわかるように説明してもらうことも必要です。

一口に「利用者の話に耳を傾ける」「利用者の状況をありのまま受け入れる」といっても、なかなか難しいことです。しかし、利用者の問題の所在、その背景・理由、それにともなう感情などは、これからどのように何をするべきかを考える重要な判断材料であると認識しなければなりません。そして、相談支援員が利用者の生活状況について、個人的な価値観や感情を押しつけることは避けなければなりません。そのためには、相談支援員は、自分がどのような価値観、感情の傾向をもっているか、客観的に理解しておく必要があります。

こうして利用者の主訴を明確にしていくことで、以降、課題解決に向けてどのような方向で考えればよいかを的確に検討していくことにつながります[14]。

(D) 制度の説明・(E) サービスの申込み意思の確認

制度の説明は、懇切丁寧に行われなければなりません。利用者の問題の所在や課題が明らかになった場合、どのような社会資源を活用し支援を展開できるかを、利用者の意向を尊重しながら検討していきます。と

りわけ本制度の事業や公的制度やサービスの説明とその利用方法について、利用者個々の課題解決に即して話すことが求められます。

そして利用者が、説明された事業や支援を申込むかどうか、その意思確認をしていきます。緊急性のある場合は、支援が決定するまでの生活についても考える必要があります。場合によっては、住居確保給金支給や一時生活支援事業に早急につなぐことも必要になります。

公的制度やサービスを求めず、申込みの意思を表明しない人もいます。そういう人には、具体的な支援手段を目指すことはできませんが、現在生活の目途が立っているのかどうか、再度確認しておく必要があります。生活困窮者自立支援においては、次の相談日を設定し相談を継続するのか、それともここで終了するかは、利用者の今後について重要な分かれ目となります。事業の支援にあてはまらない、その他のインフォーマルな支援も考えられなくなったとしても、なぜ利用者本人が窓口に来たのか、まだ話していないことがあるのではないかなど、改めて振り返る必要があります。その上で、当面は相談を終了するとしても、再度相談に来ることを促したり、相談支援員から一定期間を経た後に電話を入れるなどの試みが、制度の趣旨に沿うといえます。また、利用者に民生委員・児童委員などを紹介しておくことも一つの方法です[15]。

Ⅲ　アセスメント（事前評価）
（⑤アセスメント〈信頼関係の構築／必要な支援を随時〉）

「インテーク」に次ぐ「アセスメント」について、はじめにその意義や重要性、次いでその留意点、最後にアセスメントシート項目とその内容を述べます[16]。

まず、アセスメントの意義や重要性は、利用者を実際に支援していくにあたって、具体的かつ有効な自立支援計画を策定する基礎となることです。支援の実効を上げるためには、的確な把握と課題分析に基づく支

援計画の策定が不可欠で、この把握と課題分析がアセスメントです。このアセスメントは客観的な事実に基づくものでなければなりませんし、アセスメントを行うためには、利用者やまた、家族・関係者・関係機関などからどのような情報を得るべきかなど、おさえておく必要があります。

そして、アセスメントを行うことにより、自立相談支援機関が共通の視点で利用者の支援課題をとらえ検討することが可能になります。

支援メニューが多く整備されているとしても、利用者の課題を的確に把握しないと、課題に応じた適切なメニューの選択に結びつかず、有効な支援になりません。また、メニューの選択が適切であっても、的確なアセスメントでなければ十分な支援計画が策定できず、利用者の自立を遅らせてしまうことになります。

次に、アセスメントの留意点ですが、インテークと同様、過去・現在の生活状況、学歴、職歴など、立ち入ったことを聴くことを、あらかじめ利用者に伝えておくことが大事です。しかし、アセスメントシートの内容は一度に把握できるわけではなく、信頼関係がないと聴きにくいことも多々あります。すべての項目を埋めることが優先になって、質問が機械的になったり、「はい」「いいえ」の回答を求めてしまうのは望ましくありません。やはり、ここでも、利用者が自らの言葉で語るのを待つことが大切です。それが、信頼関係の構築につながります。

最後に、アセスメントシート項目とその内容を取り上げます[17]。自立支援計画を立てるうえで用いる「自立相談支援事業の手引き」のアセスメントシートの各項目について、「手引き」を参考に触れていきます。特記事項欄などでは、客観的事実のほかに、利用者本人が、現状についてどのような認識を持ち、今後どのような生活を送りたいと考え、また、生活をどのように立て直そうと考えているかについてなども記載を求めています。

(A) **本人の主訴・状況**

相談内容をまとめるとともに、日常生活の状況、社会生活の状況、家族の状況などを確認します。

〈日常生活〉 生活状況をみて、支援が必要か否かを判断します。生活習慣、室内状況、日中の過ごし方、そして現在家事ができる健康状態にあるか、日常生活に支障をきたしていることはないかを聴きます。その他に、同居家族などの育児や介護を行っているかも確認します。また、日常生活に支障をきたしているならば、それについての詳しい状況、ストレスを感じていることや改善したいと思っていることなどを、丁寧に確認します。

〈社会生活〉 日中の過ごし方、定期的に出かける場所、交友関係、近隣住民との関係について確認し、就労している場合は、仕事の状況を確認してまとめます。また、本人が現状をどう認識しているかを聴き、改善したいと考えていることや、どのような支援を望んでいるかを確認します。

〈家族〉 家族との交流の内容・程度について聴き、協力が得られる家族がいるかどうかを確認します。また、本人が家族との関係をどのように考え、どうしたいのかについて聴きます。

(B) **家族・地域関係・住まい**

世帯の基礎情報を記載します。世帯が複数で構成される場合は、利用者以外の世帯員の健康状態や世帯員相互の関係なども聴きます。そして、それらの状態や関係が自立を図る上で課題となっていないかを確認します。

地域との関係では、隣近所とのつきあい、自治会・町内会への加入の有無、民生委員・児童委員、関係機関とのかかわりの状況を聴きます。

住まいについては、世帯人員に比べて住まいが狭くないか、高齢者・障がい者などがいる場合に、住まいの構造が生活する上で支障がないか、賃貸住宅の場合、家賃が現在の生活を圧迫していないかなどを確認します。

(C) **健康・障がい**

現在、傷病・障がいなどにより、就労や日常生活・社会生活に困難をきたしているか、配慮するべきことがあるかどうかを確認します。特に生活上の課題となっている傷病があれば、利用者本人の自覚症状、治療状況などを把握します。長期入院から退院した人の場合には、入院時の状況、入院前の生活状況、及び過去の入院歴について把握します。また、本人の現状認識を聴き、どんな支援を望んでいるのかを確認します。

(D) **収入・公的給付・債務等**

現在受給している年金、手当などの他、生活の維持・向上に活用している他法他施策について確認します。また、現在保有している資産の状況を把握し、それを活用できるかどうか、また今後活用が可能になるものがあるかどうかも把握しておきます。

債務などについて把握したら、電気・ガス・水道料金、家賃等の支払状況をみてライフラインが止められていないか、立ち退きを迫られるおそれはないか、ローンの返済は滞っていないか、その返済はいつまで行うのかを聴きます。その上で、利用者本人の意向を確認しながら、債務整理について支援の必要があるかどうかを判断します。

(E) **職業・職歴等**

就労中であれば、就労先、仕事の内容、収入額、就労時間、雇用形態、仕事の満足度などについて確認します。働いていないときは、その理由を確認するとともに、過去の職歴を詳しく聴きます。さらに、利用者本人が就労についてどう考えているか、今後どうしたいか、なども確認して、支援の方向性を見定めます。また、それらを利用者の稼働能力を見極める基礎資料とします。

(F) **緊急支援**

最近の生活状況でどんなことに困っているか、その困っている状況は何に起因しているのか、そしてそれは緊急性があるのかどうかを確認します。現在、これまで抱えている課題は解決されたのか、あるいは解決

されつつあるのか、解決されていないのかを確認し、利用者本人が、その課題を解決するために何をしてきたのかを確認します。以上から緊急支援の必要性を判断し、具体的に緊急支援を決定して手続きに入ります。

Ⅳ　プランニング（支援計画の策定）
（⑥プラン〈案〉策定〈本人と相談支援員による協働〉、⑦支援調整会議〈※一部改正の「支援会議」とは位置付けが異なる〉、⑧支援決定〈法に基づく事業等に係る手続き、※法に基づく事業等がない場合は確認のみ〉）

　ここでは、利用者の参加・同意によって、自立支援計画が策定されることに留意しなければなりません。また、支援の開始決定がされると、自立に向けた支援活動が展開されますが、支援活動の方向性を示すものが、支援方針の具体化である「自立支援計画」です。これは、どのような方向でその解決を図っていったらよいのかを考える、羅針盤の役割を果たすことに留意する必要があります。

　そのため、相談支援員は、利用者の人・世帯の個々の事情に着目して支援計画を立てなければなりません。そして、利用者の意向や意欲・能力を測り、あるいは引き出しながら支援計画を樹立することが必要です。

　相談支援員の活動は、利用者の問題・課題の解決・緩和を側面から支援していくもので、利用者本人が問題を相談支援員とともに明らかにすることが必要です。なかには、支援を受ける状態になったことに負い目を感じ、人や社会とかかわるのを避ける人もいます。自分の殻に閉じこもって、責任が自分以外の他にあるという気持ちがつのり、周囲に責任を押しつけて、なかなか自分から解決に向けた行動をとらない場合もあります。

　最も大切なことは、利用者と相談支援員双方で、どの課題から解決していったらよいか、その順番・順位づけ（優先順位）を確認することです。そして、具体的な目標設定が、利用者が実現可能なレベルでなされる必

要があります。そのため、利用者に積極的に発言・提案してもらうようにしてください。

　相談支援員のなかには、支援計画は利用者の状況をみて相談支援員が策定するものととらえているむきもありますが、それでは支援計画の実効性は期待できません。支援計画策定の主体は、あくまでも利用者にあります。さらに支援計画は、心理的レベルから経済的レベルまで様々な状況を念頭において作成することも必要です。こうしてでき上がった内容には、利用者本人が納得していなければなりません。そのためには、利用者本人に丁寧な内容説明がなされ、同意を得、署名押印も求めます[18]。

　自立支援計画の内容を考えるに際しては、あらかじめ用意された事業メニューの利用を検討することも一つです。また、一般的にどのような場合にどんな支援内容が考えられるか例示したものを参考にすることも、支援を的確に行うために効果的です。

　一般的な支援内容を例示したものを次にあげてみます[19]。

(A) 健康状態に課題がある場合

　健康状態に問題が認められる場合には、医療機関の受診を求め、治療の必要があるかどうかを確認します。傷病、障がい、要介護状態から見て日常生活に支障があると判断された場合、家族・親族や近隣住民に日常生活の改善や支援のための協力を要請したり、ボランティアや福祉サービスを活用して、日常生活の自立を支援します。

(B) 負債を抱えている場合

　電気・ガス・水道が止められていたり、立ち退きを迫られている場合は、まず、ライフラインと住居を確保するための支援について助言します。多額の借金があり返済不能状態になっている場合は、債務整理の手続を行いながら、多重債務に陥った原因を調べ、家計を改善し生活再建を考えるために必要な支援を行います。

(C) 日常生活に支障がある場合

　生活習慣が不規則であれば、規則正しい生活習慣を身につけるよう、また、室内の整理整頓ができていなければ改善するよう助言します。またその原因を明確にするとともに、生活に支障をきたしている場合には、家族・親族に協力を要請したり、福祉サービスを活用するなどを行います。生活費のやり繰りができない場合も、同様の方法で日常生活の安定を図るよう支援します。

(D) 社会生活に支障がある場合

　社会・地域とのつながりが少なく、社会的孤立を感じている場合には、利用者本人の意向に沿って、社会参加活動を勧めるなど、社会とのつながりのある生活を作る機会を提供します。近隣住民との関係が悪い場合は、その原因を見極め、関係改善のための助言をします。

(E) 仕事をしていない場合

　稼働能力がありながら就労していない理由は様々です。育児や介護が原因と考えられるときは、他法他施策の活用により日常生活の自立支援を行い、就労に向けて課題の解決を図ります。原因が本人にあると考えられるときは、どのレベルの就労支援が適切なのか、詳細なアセスメントを踏まえた就労支援を行います。

　以上のようにして立てられたプラン（計画）は、「支援調整会議」で検討されます。この時点では、関係専門職や関係機関の職員の意見を聴くことが有効です。そのために、自立相談支援機関の内外から支援に関係する機関・団体の職員、専門職を招集し、支援調整会議を開催します。また、必要に応じて利用者本人の参加も検討してください。これは、利用者の主体性を尊重する観点からも大切です。支援調整会議で整理、検討することについては、相談支援員がアセスメント結果を整理し、支援の内容・時期について検討するためのアセスメントシート、自立支援計画を作成して、参加者に説明します。その際、「いつ」「どこで」「だれ

が」「なにを」「なぜ」「どのように」（いわゆる「5W1H」）を心がけてください。このように自立支援計画が立てられると、利用者は達成しやすい課題から取り組んでいくことで、自信や達成感が生み出され、支援が効果的に展開します。

なお、新しく規定された「支援会議」は、支援調整会議とは役割・機能が違い位置付けが異なるものです。「支援会議」の詳細については、第6章第3節を参照してください。

こうして、この後自治体による支援決定がされます[20]。法に基づく事業等がない場合は確認のみとなります。

V インターベンション（介入、支援の実施）（⑨支援の提供）

制度・サービスなどの支援を実施していく段階にあたるのが、「インターベンション（介入、支援の実施）」です。インターベンションのプロセスでは、生活困窮者本人への直接的な働きかけ、生活困窮者を取り巻く環境への働きかけ、新たな社会資源の創出などが行われます[21]。

支援の実施は、利用者が同意・参加した自立支援計画に基づいて行われます。実施においては、相談支援員などが一方的に介入したり、強引な実施を行わないように注意しなければなりません。

支援内容は、世帯の状況に応じて様々です。事業のメニューには、自立相談支援事業のほか「住居確保給付金支給」「就労準備支援」「一時生活支援」「家計改善支援」「子どもの学習・生活支援」「その他の生活困窮者の自立の促進を図るために必要な事業」が法で示されています。また、「法以外の事業・支援」が自治体・地域によって行われます。

ここで、相談支援員などが念頭におくべきは、利用者自らが社会のなかで生活する場を見つけ、生活する力を獲得することです。つまり、経済的自立だけでなく日常生活自立・社会生活自立という広い観点から、支援していくことです[22]。

VI モニタリング(見守り・観察)と
エバリュエーション(事後評価・再評価)
(⑩モニタリング、⑪プラン実施の評価、⑫再プラン策定)

　支援の実施状況を観察し、評価していく段階が、「モニタリング」と「エバリュエーション」です。モニタリングの段階では、支援が自立支援計画どおりに行われているかを確認するとともに、利用者本人・世帯がどう状況を理解しているか、相談支援者などがどう状況を理解しているかを確認します。また、エバリュエーションの段階では、モニタリングを踏まえて、支援実施の評価を行い、支援方針と自立支援計画の見直しを行います[23]。

　すなわち、一定期間経過後、あるいは、生活状態に変化が生じた場合、これまでの支援目標・内容を見直し、支援計画の再設定をしなければなりません。これは支援計画の軌道修正です。利用者の生活意欲や生活実態に変化が生じてきたり、また、想定できない事態が起きた場合に対応するためです。さらに、制度・サービスなどの支援の提供においても、利用者が活用できる就労支援先、社会福祉施設、病院などが新たに確保されるなど、社会資源の変化もあるためです[24]。

　支援実施の評価は、支援期間終了後、または一定期間経過後、当初定めた目標が達成された場合、あるいは達成されず終結に至らない場合、これまでの利用者の取り組み、及び支援内容を振り返って行われます。評価は、そのまま再アセスメントになり、新たな自立支援目標・支援内容の策定への移行に、あるいは、支援の終結につながります。

　評価を行うに際しての留意点は次のとおりです。

　第一に、取り組みの状況や、できたこと、できなかったことなどを振り返り、利用者本人の自己評価を求めます。このときに、本人の積極的な面を見出し、それを再アセスメントにつなげていきます。

　第二に、解決できない課題が残った場合には、その背景にどのような

状況があったかを振り返ります。その際、次の視点から評価を行っていきます。

- 利用者の現状や本人の意思を正確にとらえていたか。
- 就労支援は、学歴、職歴、技能に見合った目標だったか。
- 支援開始後、取り組みへの意欲を損なう環境変化が生じなかったか。
- 支援期間中、必要十分な介入ができていたか。
- 取り組みへの意欲が持続できるような支援ができたか。
- 決定した支援目標、支援計画の内容は利用者の能力に合っていたか。

第三に、評価結果に基づき、新たな支援目標・計画内容の策定を行います。これまでの支援の実施によって、本人が達成できたこと、そして前向きな変化が現れた場合、それらを新たな支援目標の決定に生かします。支援の延長であることを踏まえて、新たな支援期間[25]を決めます。

Ⅶ　ターミネーション
（⑬終結／自立・他制度へのつなぎ等その後の確認・フォローアップ）

「ターミネーション（終結）」は、制度・サービス等の支援を必要としなくなった段階です。

評価の結果、自立に向けた課題が解決され、当初定めた目標が達成されれば、支援は終結となります。また、再アセスメントにより、次のステップに移行する必要がない、つまり再支援の必要がないと判断された場合にも、支援は終結します[26]。

この場合、支援の必要がなくなくなった後も、利用者が安定した生活を継続できるように助言し、その後のフォローアップの体制をつくっておくことが求められます。相談受付の場面で相談継続が不要となったときと同様、フォローアップについては、一定期間を経た後に報告をもらうことなど、再度の相談窓口となれることを示し、利用者の安心を図ることが必要です。

本人の状況に応じた支援の実施
(就労支援、法に基づく事業〈住居確保給付金支給、就労準備支援事業、認定就労訓練事業、一時生活支援事業、家計改善支援事業、子どもの学習・生活支援事業、その他の生活困窮者の自立の促進を図るために必要な事業〉、その他)

　自立相談支援機関によって、自立支援計画等が立てられ、あるいは、緊急的な支援が必要と判断されて、本人の状況に応じた支援が行われます。支援の内容を、本人の状態に応じた就労支援、法に基づく事業、法以外の事業・支援の順にみていきます[27]。

1. 本人の状態に応じた就労支援

　就労支援に関わる事業は、以下の5種類が考えられます[28]。
(1) 自立相談支援機関の就労支援員の支援によるハローワークの利用。
(2) 就労支援員が支援要請を行う生活保護受給者等就労自立促進事業の利用。
(3) 就労支援員自らの就労支援。
(4) 認定就労支援事業（中間的就労）の活用。
(5) 就労準備支援事業の活用。

2. 法に基づく事業

　各事業の概要は［図表5-5］に示したとおりです。各事業の詳細は各事業の手引き[29]を参照します。
　以下、自立相談支援事業以外の各事業について順に、その意義や留意点など説明していきます。

[図表5-5] 各事業の概要

事　業　名	概　　　要
自立相談支援事業	・生活困窮者及びその家族その他の関係者からの相談に応じ、アセスメントを実施して個々人の状態にあったプランを作成し、必要な支援の提供につなげる ・関係機関との連絡調整・関係機関への同行訪問や就労支援員による就労支援等を行う ・関係機関とのネットワークづくりと地域に不足する社会資源の開発等に取り組む
住居確保給付金支給	・離職により住宅を失った又はそのおそれが高い生活困窮者であって、収入等が一定水準以下の者に対して、有期で家賃相当額を支給
就労準備支援事業	・直ちに一般就労への移行が困難な生活困窮者に対して、一般就労に従事する準備としての基礎能力の形成を、計画的かつ一貫して支援 ・最長で1年間の有期の支援を想定 ・生活習慣形成のための指導・訓練（日常生活自立に関する支援）、就労の前段階として必要な社会的能力の習得（社会自立に関する支援）、事業所での就労体験の場の提供や、一般雇用への就職活動に向けた技法や知識の取得等の支援（就労自立に関する支援）の3段階。事業の形式は、通所によるものや合宿によるもの等を想定
認定就労訓練事業	・社会福祉法人、ＮＰＯ法人、民間企業等の自主事業として実施。利用者の状況に応じた作業等の機会（清掃、リサイクル、農作業等）の提供と併せ、個々人の就労支援プログラムに基づき、就労支援担当者による一般就労に向けた支援を実施 ・対象者は、就労準備支援事業を利用しても一般就労への移行ができない者等を想定 ・事業実施に際し、都道府県等が事業を認定する仕組みとする
一時生活支援事業	・住居のない生活困窮者であって、収入等が一定水準以下の者に対して、一定期間（原則3か月）内に限り、宿泊場所の供与や衣食の供与等を実施。 ・過去に上記支援を利用していた、現在は住居を有する生活困窮者、及び、現在の住居を失うおそれのある、地域社会から孤立している生活困窮者に対して、一定期間（省令が定める期間）、訪問による情報提供・助言など日常生活上必要な便宜の供与を実施（平成31年4月1日施行） ・本事業を利用中に、できるだけ一般就労に結びつくよう自立相談支援事業と適切に連携する。
家計改善支援事業	・家計に問題を抱える生活困窮者からの相談に応じ、家計に関するアセスメントを行い、家計の状況を「見える化」し、家計再生の計画・家計に関する個別のプランを作成し、利用者の家計改善の意欲を高める取り組み ① 家計管理に関する支援 ② 滞納の解消や各種給付制度等の利用に向けた支援 ③ 債務整理に関する支援 ④ 貸付けのあっせん　など

事 業 名	概　　　要
子どもの学習・生活支援事業	・生活困窮者の子どもの学習援助を行う ・生活困窮者の子どもとその保護者に、子どもの生活習慣・育成環境の改善を助言する（平成31年4月1日施行） ・生活困窮者の子どもの進路選択など教育・就労問題について、子どもとその保護者の相談に応じ、情報提供・助言や関係機関との連絡調整を行う（平成31年4月1日施行）
その他の生活困窮者の自立の促進を図るために必要な事業	・地域の実情に応じた柔軟かつ多様な取り組みを支援 ・例えば、就労訓練事業の立ち上げ支援や育成支援など生活困窮者の自立の促進のために必要な事業を実施

＊自立相談支援事業と法に基づく事業等との連携については、『手引き』第4章参照
『自立相談支援事業の手引き』10～11頁 所収
今回の一部改正による事業名の変更、事業内容の拡大等については、岡部卓が加除訂正。また、平成30年10月1日社援発1001第1号社会・援護局長通知「生活困窮者自立支援制度に係る自治体事務マニュアルの改訂について」P.4～6［図表1－2］各事業等の概要では、この他の事業名として、「福祉事務所未設置町村による相談の実施」と「都道府県による市町村の支援事業」が掲げられていたが、事業の種類は『自立相談支援事業の手引き』の従来の区分とした。

① 住居確保給付金支給

　これは、リーマンショック（平成20〈2008〉年）を受けて、平成21（2009）年度から臨時の予算措置として実施されてきた住宅手当制度を、自治体を提供主体として制度化したものです。給付金の支給と就労支援などを組み合わせて実施することにより、生活困窮者の就労自立を効果的に支援するものとされています。また、現金給付であることから、特に適正で正確な事務を行う必要があります[30]。

　そのため、住居確保給付金の支給事務（支給審査及び支給決定、支給の業務）は福祉事務所設置自治体が行うこととされ、委託は不可となっています。一方、相談・受付業務、受給中の受付業務等については、自立支援相談機関において実施します。住居確保給付金の申請手続きは必ず自立相談支援機関を通して行い、自立相談支援機関において自己の状況や課題についてのアセスメントを受け、プランが策定されます[31]。

② 就労準備支援事業

　就労に向けた準備が整っている者については、ハローワークの一般的な職業相談・職業紹介や公共職業訓練・求職者支援訓練などを利用することで早期の就労を目指すことが重要です。一方で、単に就労に必要な実践的な知識・技能等が欠けているだけではなく、複合的な課題があり、生活リズムが崩れている、社会との関わりに不安を抱えている、就労意欲が低下しているなどの理由により直ちに就労することが困難な者については、既存の雇用施策の枠組みでの支援になじまないため、就労支援を行うことは容易ではありません。就労準備支援事業は、このような者を対象として、一般就労に従事する準備としての基礎能力の形成を、計画的かつ一貫して支援する事業です。

　そのため、就労準備支援事業の対象者は、最長で1年の計画的・集中的な支援により一般就労に就くことが可能であると見込まれるが、複合的な課題を抱え、

- 決まった時間に起床・就寝できない等、生活習慣の形成・改善が必要である
- 他者との関わりに不安を抱えており、コミュニケーション能力などの社会参加能力の形成・改善が必要である
- 自尊感情や自己有用感を喪失している
- 就労の意思が希薄である又は就労に関する能力が低い

など、ハローワークにおける職業紹介、職業訓練（公共職業訓練及び求職者支援訓練）等の雇用支援施策によっては直ちに就職が困難な者になります[32]。

　こうした就労準備支援事業の利用者については、事業担当者が、支援プログラムの作成、就労体験活動の指導、利用者の適正にあった職場探し・求職活動支援などを一貫して実施することになります。自立相談支援機関においても支援の実施状況を定期的・継続的に把握するとともに、事業の終了後は、一般就労につなげていかなければなりません[33]。

また、就労準備支援事業利用中の生活支援についてですが、生活保護が必要な者については適切に生活保護につなぐことが必要であり、そうでない者については、法に基づく住居確保給付金や一時生活支援事業、都道府県社会福祉協議会の生活資金貸付その他地域において実施されている様々な生活支援を活用しつつ、就労準備支援事業利用中の生活が維持されるよう配慮を行うべきとされています[34]。

　一部改正では、就労準備支援事業及び家計改善支援事業は自立相談支援機関における相談の「出口」のツールとして、いずれの自治体においても求められるものであり、両事業ともに努力義務が課されることになりました。そしてさらに、自立相談支援事業、就労準備支援事業、家計改善支援事業の3事業を一体的に実施することが望ましく、重要とされました[35]。

　さらに、各自治体が個別の実情に応じて就労準備支援事業を実施する際の方策について、次のように示されています[36]。

(A) 就労体験の中で、日常生活自立、社会生活自立及び就労自立に向けた取組を一括実施する。
(B) 複数の自治体で連携し、広域的な事業の実施体制を整備する。
(C) 地域資源である障害福祉サービスと連携した事業の実施など多様な地域資源の活用を行う。
(D) 被保護者就労準備支援事業と一体的に実施し、切れ目のない支援を行う。

③ 認定就労訓練事業

　本事業においては、認定就労訓練事業者を確保するための取り組みを行うことが極めて重要です。事業者の開拓にあたっては、就労訓練事業の意義について十分な理解を求めるとともに、事業者に対して、立ち上げ支援や税制上の優遇措置、優先発注等の経済的な支援や研修会の実施や事例集の配布によるノウハウの提供等を総合的に実施することが重要

です。そこでは就労訓練事業の意義・内容や認定の手続などをまとめた事業所向けパンフレット（[図表5-6-a・5-6-b・5-7]）を活用します[37]。

　また、多くの事業者が認定を受けてもらうために、今回の改正では、国・地方公共団体に対して認定就労訓練事業者の受注機会の増大を図る努力義務が求められるとともに、認定手続きの簡素化がされました。

　認定就労訓練事業の利用に際しては、事業所の担当者が、利用者ごとに、就労の実施内容、目標などを記載した就労支援プログラムを作成します。

　自立相談支援機関は、利用者本人に対する継続的な支援を行う観点から、その作成や見直し・更新の際に、適切に関与する必要があります。また、利用者が認定就労訓練事業において、適切な配慮のもとに就労を行うには、事業所の責任者や他の従業員の理解が欠かせません。したがって、自立相談支援機関は、利用者のあっせんに当たって、関係者に制度の趣旨・目的を十分に説明するとともに、利用者本人の同意を得た上で、プライバシーの保護に十分に配慮しつつ、受け入れにあたっての留意事項を伝達して下さい[38]。

[図表5‐6‐a] 〈就労訓練事業〉事業所向けパンフレット参考例

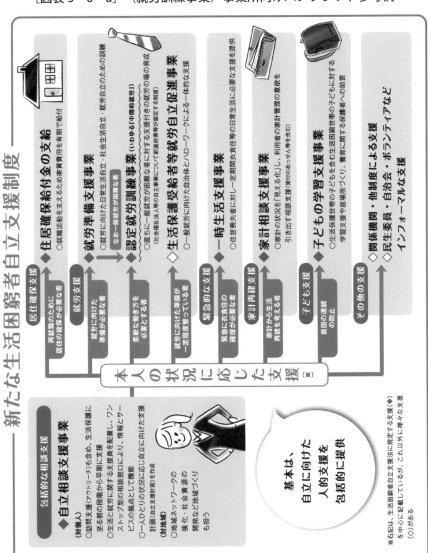

[図表 5-6-b]

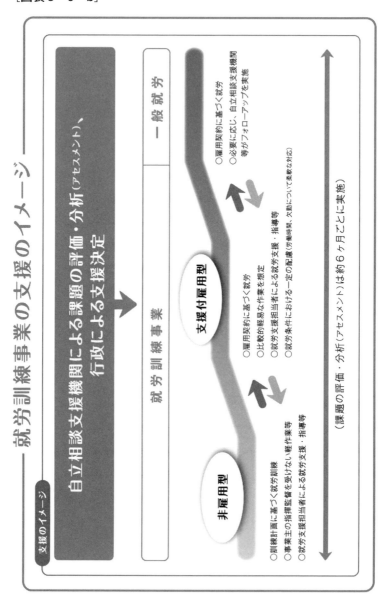

厚生労働省『生活困窮者のための就労訓練事業をかんがえてみませんか？』2頁

[図表5‐7]〈就労訓練事業〉事業所向けパンフレット参考例

今、なぜ就労訓練事業に取組む必要があるの？

生活困窮者のため、地域のため、自らの事業所のために、事業の実施を考えてみませんか？

生活困窮者のため

就労は、私たちにとって、生活の糧を得る機会ですが、それだけでなく、社会参加あるいは自己実現の機会でもあります。
生活困窮者の生活を安定させ、再び社会の中で居場所を見つけてもらうためにも、就労の機会の確保は非常に重要です。

- 就労は、経済的な自立に資するばかりではなく、日々の生活のリズムを整え、また、社会の中での役割を得つつ、成長するための機会でもあります。特に、生活困窮者の中には、地域社会の中で孤立している方が多くいらっしゃり、再び社会とのつながりをつくっていくことが自立に向けて不可欠です。
- 生活困窮者は、一人ひとりが様々な困難を抱えていて、それぞれが目指す自立のかたちも異なりますが、就労が可能な方については、地域において就労できるよう支援をしていくことが大切です。

地域のため

労働力人口が減少する中で、地域を維持するためには、「社会の支え手」を一人でも多く増やしていかなければなりません。

- 人口約3,600人のある町で、調査を行った結果、18歳以上55歳未満の不就労のひきこもり113人の存在が確認されました。これは、その自治体の同年代の人口の約8.7%に相当するとのことです。
- この調査結果を受け、町では、ひきこもりの方々に対するきめ細かな就労支援を行い、既に60人以上がひきこもりから脱し、35人以上が一般就労を果たしています。
- この町で起きていたことは、どの地域においても起こりうるのではないでしょうか。人口減少の中で地域や地域経済を維持するためにも、地域を挙げてこの問題に取り組むことが必要です。

自らの事業所のため

生活困窮者を受け入れ、誰にとっても働きやすい職場環境をつくることは、業務の効率化だけでなく、職場定着や人材育成にもつながります。

- 働く上で様々な配慮をしなければならない方を受け入れれば、最初はいろいろな苦労があるかもしれません。
- しかしながら、その苦労を乗り越える過程で、例えば、業務分解等により事業所全体の作業効率が改善される、あるいは、従業員一人ひとりが抱える事情に配慮することができるよう職場環境を改善することで、従業員の定着率が高まり人材育成にもつながることが期待されます。
- なお、生活困窮者を受け入れた就労訓練事業者が一人で悩むことがないよう、事業開始後は、自立相談支援機関がフォローを行います。

厚生労働省『生活困窮者のための就労訓練事業をかんがえてみませんか？』3頁

④ 一時生活支援事業

一時生活支援事業は、生活困窮者自立支援法制定時、各自治体においてホームレス対策事業として実施している、ホームレス緊急一時宿泊事業（シェルター）及びホームレス自立支援センターの運用を踏まえ、これを制度化したものです。このため、ホームレスの自立支援等に関する特別措置法の趣旨を踏まえて実施しているホームレス対策については、平成27（2015）年度以降、生活困窮者自立支援法の枠組みを活用して実施されています。そして、平成30（2018）年の「ホームレスの自立の支援等に関する基本方針」では、「生活困窮者一時宿泊施設」「生活困窮者・ホームレス自立支援センター」に事業を提供する施設名が変更しています。

期待される効果は、自立相談支援事業と緊密に連携し、または一体的に運用することにより、利用中に課題の事前評価・分析（アセスメント）を実施し、就労支援、さらには就労につなげるなど、より効果的な支援が行われることです。

また、住居を持たない生活困窮者に衣食住というサービスを提供するとともに、状況によっては、本事業を利用している間に仕事を探し、アパートなどを借りるためなどの資金を貯蓄し、自立の支援ができます[39]。

一時生活支援事業の具体的な対象者像としては、これまでホームレス対策として運用されてきたシェルターやホームレス自立支援センターの利用者が含まれると考えられます。また、現場からの視点として、これまでシェルター借り上げ方式やホームレス自立支援センターの施設に宿泊利用を求めてきた生活困窮者として、以下のような具体例をあげています。

一時生活支援事業に来訪する可能性がある者の想定範囲
・居所がない人及び居所を失うおそれのある人

⇨家族関係・社会関係のねじれや、経済的問題等により、家に居られなくなった人として、以下のようなケースが考えられる。
㈹ホームレス
　家賃滞納により賃貸住宅から出された人
　仕事が続かず、知人宅やインターネットカフェ等を移り住み、資金が尽きた人
　失業者又は無業であり居所がない人

40)

　一部改正では、この一時生活支援事業の内容が拡大されました（拡大した内容は、平成31年4月1日施行分）。これまでは、住居のない生活困窮者に対して行う事業だったのを、過去にこの事業を利用していた生活困窮者であって現在は住居を有するものと、現在の住居を失うおそれのある生活困窮者であって地域社会から孤立しているものを対象に追加し、それらの対象に対しては、一定期間、訪問による情報提供と助言、その他の日常生活上の便宜を供与することとしました。これは居住の定着を支援していくものです。

⑤ 家計改善支援事業

　生活困窮者の多くは、家計に関する課題を抱えており、一般的な相談支援だけでは家計の状況が恒常的に改善することは難しい実態にあります。また、家計の状況を確認することで、本人の意欲の向上にもつながります。そのため、専門性を持った支援員が、家計表やキャッシュフロー表を本人とともに作成し、継続的に支援をしていくことが重要であり、自立相談支援事業とは別に実施します[41]。
　また、生活困窮者の家計には、利用者が抱える様々な課題が経済的な問題となって現れます。そのため、まず家計改善支援事業において、家計の視点から相談支援を実施することにより、経済的な問題の背景にあ

る課題を利用者とともに理解し、利用者自身が「家計を管理しよう」という意欲を高める効果が期待されます。また、再び生活困窮者状態になることを防ぐ観点からも、自ら家計管理ができるようになることを支援する家計改善支援事業の必要性は極めて大きいといえます[42]。

家計改善支援事業において、「家計再生プラン」に基づき行われる支援は以下のとおりです。

- 家計管理に関する支援
- 滞納（家賃、税金、公共料金など）の解消や各種給付制度等の利用に向けた支援
- 債務整理に関する支援（多重債務者相談窓口との連携等）
- 貸付けのあっせん　など[43]

今回、就労準備支援事業及び家計改善支援事業は自立相談支援機関における相談のツールとして、いずれの自治体においても求められるものであり、両事業ともに努力義務が課されることになりました。そして、事業名を家計相談支援から家計改善支援に変更しました。さらに、自立相談支援事業、就労準備支援事業、家計改善支援事業の3事業を一体的に実施することが望ましく、重要とされました。

さらに、各自治体が個別の事情に応じて家計改善支援事業を実施する際の方策について、次のように示されています[44]。

(A) 家計改善支援事業の専門性を維持しつつ、複数の自治体で連携することにより広域的な事業の実施体制を整備し、特定曜日のみの実施や巡回による実施などの工夫を行う。

(B) 消費生活相談における家計相談と連携した事業の実施など多様な地域資源の活用を行う。

(C) 被保護者家計改善支援事業と一体的に実施し、切れ目のない支援を行う。

⑥ 子どもの学習・生活支援事業

　生活困窮者世帯の子どもに対し、学習支援や居場所づくり、養育相談や学び直しの機会の提供などを行います。

　従来の予算事業から支援対象者を拡大するとともに、法に基づき、安定的・継続的に事業を実施することができるものとしました。事業の実施に当たっては、教育関係部局や学校・教育委員会との連携が不可欠です。日常的に情報共有を図り、相互の施策などの理解を深めるなどにより、円滑な連携を図る必要があります。学習支援事業としては、ひとり親家庭等生活向上事業の学習支援ボランティア、児童養護施設の子どもに対する学習支援事業、放課後に学校で実施する学習支援など、他の各分野においても、施策の拡充が図られています。各担当部局と連携・調整の上、効率的・効果的な実施をする必要があります[45]。

　平成30（2018）年改正により、これまでは子どもの学習支援を行うことだけを法上の事業の内容としていたが、子ども・その保護者に子どもの生活習慣・育成環境の改善を助言すること、子どもの進路選択など教育・就労問題に関し子ども・その保護者の相談に応じ情報提供・助言や関係機関との連絡調整を行うことを追加しました（追加した内容は平成31年4月1日施行分）。このため事業名を内容の拡充に伴って学習支援から学習・生活支援に変更しました。

⑦ その他の生活困窮者の自立の促進を図るために必要な事業

　その他の事業については、制度開始時には下記のとおり、事業の例が示されていました。

(ア) 認定就労訓練推進事業

　認定就労訓練事業者を開拓するための説明会の開催や認定就労訓練事業者に対する研修の実施、認定就労訓練事業立ち上げ時の設備費（30万円未満）に対する助成等

(イ) 社会資源の活用促進・開発事業

生活困窮者の早期発見及び包括的な支援を行うため、地域の関係機関・関係者による支援のネットワークの構築、生活困窮者支援に必要な社会資源の活用促進・開発等

(ウ) 伝達研修等人材養成推進事業

伝達研修や新制度に関するシンポジウムや勉強会の開催等

(エ) その他生活困窮者の自立の促進に資する事業

上記 (ア) から (ウ) までの事業のほか、地域の実情に応じて実施する生活困窮者の自立の促進に資する事業[46]

3. 法以外の事業・支援

法以外のサービスとしては、フォーマルなもののほか、インフォーマルなものもあります。

フォーマルサービスとは、制度に基づくサービスや支援のことであり、たとえば、生活保護、ハローワークにおける職業紹介、ひきこもり地域支援センターにおける相談支援、障害者総合支援法に基づく相談支援や障がい福祉サービスなどがあります。

他方、インフォーマルサービスとは、法制度によらない各種サービスや支援のことで、たとえば、地域のボランティアによる見守り活動や居場所の提供、食材等を提供するフードバンクサービスなどがあります[47]。

[図表5‐8] 連携する関係機関等の例

分　　野	関　係　機　関　等	具体的な支援メニュー(例)
福祉相談窓口	自治体本庁	各種福祉制度等の相談、年金、障害者手帳取得等の各種申請等
	福祉事務所	生活保護制度の相談
	社会福祉協議会	生活福祉資金貸付事業等、日常生活自立支援事業、ボランティア活動等
仕事・就労	公共職業安定所（ハローワーク）、地域若者サポートステーション、職業訓練機関、就労支援をしている団体	求人情報提供、職業相談・職業紹介、求職者支援制度、職業訓練、就労の場の提供等
家　　計	日本司法支援センター（法テラス）、弁護士（会）、消費生活センター（多重債務相談窓口）等	多重債務等の問題解決、家計からの生活再建支援等
経　　済	商店街・商工会議所、農業者・農業団体、一般企業等	就労の場の提供、職業体験、インターンシップ等
医療・健康	保健所、保健センター、病院、診療所、無料低額診療事業を実施する医療機関	健康課題の把握・解決等
高　　齢	地域包括支援センター、居宅介護支援事業所等	高齢者の相談支援等
障　　害	基幹相談支援センター、障害者相談支援事業所、障害者就業・生活支援センター、障害福祉サービス事業所等	障害者の生活および就労等に関する相談支援、障害福祉サービスの提供支援等
子育て・教育	家庭児童相談室（福祉事務所）、児童家庭支援センター、児童相談所、地域子育て支援センター、その他子育て支援機関、学校、教育機関、ひきこもり地域支援センター、フリースクール、学習支援機関等	児童虐待・DV等の相談支援、子育て支援、ニート・ひきこもりの相談支援、学習支援、居場所の提供等
刑余者等	更生保護施設、自立準備ホーム、地域生活定着支援センター等	刑余者や非行のある少年等に対する自立更生のための相談支援（生活基盤確保、社会復帰・自立支援）等
地　　域	民生委員・児童委員、地域住民、町内会・自治会、社会福祉法人、NPO、ボランティア団体、警察、日常生活に関わる事業者（郵便・宅配事業者、新聞販売所、コンビニエンスストア、電気・水道・ガス等のライフライン事業者）等	対象者の把握・アウトリーチ、見守り活動、社会参加支援、居場所の提供、ピアサポート等

平成30年10月1日社援発1001第1号社会・援護局長通知「生活困窮者自立支援制度に係る自治体事務マニュアルの改訂について」P.15 [図表2‐2] 所収

第5章　生活困窮者自立支援の手順

第6章
関係部署・関係機関等との連携

生活困窮者自立支援法においては、低所得者対策の拡充として、自立相談支援、住居確保給付金支給、就労準備支援、家計改善支援、一時生活支援、子どもの学習・生活支援等の事業、認定就労訓練事業が行われます。これらは、生活困窮者の多様なニーズに対応して生活再建につながるよりよい支援を進めていくことを目指しています。

　そのためには、自治体・事業主体では、社会福祉法人、ＮＰＯ法人、企業、地域住民等との連携のもとに生活困窮者の多様な生活課題の緩和・解決に取り組んでいく必要があります。

　本章では、関係機関・団体・施設等との連携にあたり、どのようなことに留意して取り組むべきか、まず、連携の必要性と範囲、連携を行う上での留意点を述べていきます[1]。次に、今回設置が求められることとなった「支援会議」の詳細をみていきます。最後に個別支援と個人情報保護に触れます。

連携の必要性と範囲

1. 連携していく上での共通認識をもたなければならない三つの観点

　一つは、「問題」についてです。生活問題・課題は、現象的にはそれぞれ個別に具体的な事柄として現れてきます。しかしその対応は、その事柄だけにとどまりません。その事柄を生み出している生活構造全体をとらえ返し、問題・課題の解決を図る必要があります。また、生活困窮が進めば生活の困難性は顕著に現れる傾向にあります。そして、経済的問題と非経済的問題が連動して、生活問題がより多様化・重度化・複合化・広汎化して現れるようになります。

　二つ目は、「制度」についてです。これまでの社会保障・社会福祉制度と生活困窮者対策とでは、制度の仕組み・内容・水準が異なります。すなわち、これまでの制度・サービスが充実強化されたとしても、それだけでは十全な対応ができるわけではなく、給付・サービスの守備範囲・水準等の谷間や制度の狭間にある人の生活保障を行わなければなりません。

　三つ目は、「対人サービス」についてです。前述したように、生活問題は生活の諸場面に現れる傾向があり、それは、経済的な充足だけでは解決しない場合が往々にしてあります。しかも、それらは生活困窮者及び世帯員各人の社会的諸関係にも影響を及ぼします。このため、親族・地域・職域などのネットワークを十分もつことができず、地域のなかで孤立している人たちが存在します。この場合、社会的諸関係の再構築を地域社会のなかで醸成していくことが必要であり、対人サービスはそのための関係性を取り結ぶサービスでもあります。このように、対人サー

ビスで行う支援は、ソーシャルワークを通して人と人、人と制度の関係を取り結び、生活困窮者をはじめ各種制度・サービスとのアクセスを積極的に促し結びつけます[2]）。

2. 自治体・事業主体において連携が必要とされる理由

　自治体・事業主体は、広く住民に情報提供や相談にあたると共に、生活困窮状態にある人・世帯の生活問題・課題を解決・緩和するにあたり、関係機関・団体等と連携し、相談・支援活動を行っています。

　そこでかかわる生活問題・課題は、労働、健康、住宅、教育、家族関係の調整など多岐にわたっており、また、それは、問題・課題の質、内容によって、身体的、心理的、社会的、経済的など多様な側面をもっています。さらには、生活困窮者個々の世帯の置かれている状況や、これまで営んできた生活との違い、問題・課題の発生の違いにより、個別性・具体性を有しています。

　そのため、自治体・事業主体は、生活困窮者の生活問題・課題を多面的・重層的・総合的・一体的にとらえていかなければならないと同時に、それぞれの問題・課題に対応していくためには、様々な関係機関・団体等と連携しながら相談・支援活動を進めていかなければなりません。

3. 連携を進める上で考えなければならない範囲[3]）

　自治体・事業主体での関係部署・関係機関・団体・施設等の連携を進めていくためには、次の三つの範囲が考えられます。

　一つは、福祉各法との連携です。これは、福祉事務所内の各法との連携、福祉事務所外では福祉関係所管課、児童相談所、女性相談センター、心身障害者福祉センター等の相談機関や、社会福祉協議会等の各団体・機関、さらには保護施設、婦人保護施設をはじめとする福祉施設等サー

ビス提供組織などとの連携があげられます[4]。

　二つには、福祉各法を超えて、関連領域（保健・医療、労働、教育、住宅、司法・警察など）との連携です。これは、それぞれの問題・課題に応じ、各領域の関係機関・団体等との連携が考えられます[5]。利用者の生活問題・課題は、労働、健康、住宅、教育、家族関係の調整など多岐にわたっていますが、その緩和・解決を図るうえで、関係機関・関連専門職との連携は必要不可欠です。

　近年、社会福祉行政機関の専門化やサービス提供組織の多元化などが促進される社会福祉の潮流があり、それと軌を一にして、連携が強調されてきています。それは、利用者の傾向として、高齢、傷病・障がいなどの社会的支援の必要な世帯が一定数を占めるようになってきているからで、これらの世帯の抱える生活問題の多様性・複合性などに対して、より多くのかかわりが必要とされているからです。支援の必要な世帯のなかでも、とりわけ増大が顕著な高齢者世帯に、高齢に加えて傷病・障がいが重複している世帯が増加しています。またそれ以外にも、傷病の慢性化、障がいの重複・重度化、いじめや放置、不登校など問題・課題を抱える世帯が増加しています。

　そこで、それぞれの機関・専門職などが個々にかかわるのではなく、相互に連携を図りながら、利用者世帯の生活を総合的に判断し、それぞれの領域でどのような相談・支援活動を行わなければならないかを検討する必要があります[6]。

　そのため、利用者世帯の問題・課題の多様化に対応するため、福祉各法を超えて保健、医療など各分野の機関・団体との連携を、より一層すすめることが必要となってきています。そこでは、それぞれの関係機関・関連専門職などと、どのように連携していくかが課題となります。

　保健との連携では、寝たきり、認知症などの要介護高齢者、ひとり暮らし高齢者、高齢者夫婦世帯、身体障がい者、知的障がい者、精神障がい者などの障がい者世帯、母子・父子世帯、病気療養中の人がいる傷病

第6章　関係部署・関係機関等との連携

者世帯などにとって、健康をどのように回復、維持、向上させていくかということは重要なことです。保健所、市町村保健センター、訪問看護ステーション・地域包括支援センター等の保健師など保健関係者と連絡調整をしながら、相談・支援活動にあたる必要があります。ここでは、保健師、看護師などとの関係が重要になってきます。

医療との連携では、傷病に関する知識、治療方針、治療方法、治療期間など、利用者（患者）が療養に対して積極的に病識や治療への意欲を高めるのは、自治体・事業主体は当然のこと、医療関係者が利用者にどの程度働きかけるかに左右されます。医療関係者は利用者に対し、傷病についての理解と同意を求め、治療を円滑に進めていくことになります。そのため通院・入院している医療機関との連携は不可欠です。

就労斡旋機関との連携では、労働能力を活用するうえで、年齢、性別、身体状況、障がいの有無や程度、学歴、資格、これまでのキャリアなどから判断し、就労支援を行っていきます。連携先としては、公共職業安定所（ハローワーク）、シルバー人材センターなどを考える必要があります。就労し収入を得るということはもちろん大切ですが、利用者が将来的にも経済的安定が得られること、またその人の能力が最大限発揮できるよう、福祉（中間）的就労、生きがい就労、社会参加などといった幅広い視点で柔軟な発想をもって就労支援に取り組んでいくことが大切です。そのためには、各機関担当者との関係が重要になってきます[7]。

その他に、社会保険事務所、労働基準監督署、家庭裁判所、警察署、消防署などの関係機関との連携も念頭において支援活動を行います。

三つには、地域との連携です。これは、地域の協力機関である民生委員・児童委員、町内会・自治会、親族・近隣などのインフォーマルな人たちとの連携が考えられます[8]。

地域との連携では、地域の社会資源、とりわけ民生委員・児童委員には、利用者の生活状態を適宜把握してもらうとともに、利用者に何か困ったこと、不測の事態が生じたときなどに、報告・連絡を行いながら

対処を検討する必要があります。そのためには、日頃からの関係性、信頼関係が大事になります。

利用者にとって最も信頼のおける存在は、親族、近隣などインフォーマルな人々であり、利用者の問題・課題解決に向けてのインフォーマルな精神的・物的支援は、利用者の生活の支えになります。とりわけ休日・祭日など、自治体・事業主体、あるいは福祉事務所など公的機関を利用できないときは、親族、近隣などの人々の協力は不可欠です。しかし、いくら親しい親族、近隣などでも、利用者のプライバシーには配慮しなければなりません。

また、場合によっては、ガス会社、電力会社、水道事業者から利用者の生活情報を得る必要があります[9]。生活困窮者のなかには、行政の広報・インターネット・新聞等から情報を得ることが難しく、社会福祉諸制度の情報に接する機会が少なくなっている人もいます。また、程度の差こそあれ、社会的に孤立していることもあり、相談窓口に出向くことが困難になっているからです。こうした場合、自治体の税務・国保・年金、水道などの部門、福祉五法の部門、そして、新聞事業者などからの情報を得ることも必要になります[10]。

4. 連携を進めていく上で考えなければならないサービス提供機関・団体の領域

現在ある福祉課題をはじめ、生活困窮者への対応を行うためには、現行の制度・サービスの充実と、今後に向けて福祉供給組織を多元化し、サービス量の拡大と質の充足を図る必要があります。

そこでは、行政（のみ）による福祉課題の対応から、市民・営利・非営利・行政の連携のもとでの福祉諸課題（公共の課題）の緩和・解決へ向けて、いかに立ち向かうかが求められていると考えられます。それは、行政（官）が担う「公共」から、「民と行政（官）」による「新しい公共」

への考え方・仕組み・体制・方法の検討を行うことを促しています[11]。

こうした連携が行われる領域は、供給主体の観点から見て、次の四つのセクターが想定できます。

一つは、公的部門で、政府（国・自治体）です。

二つには、インフォーマル部門です。これは非営利公的組織である社会福祉法人、ＮＰＯ等があげられます。

三つには、ボランタリー部門です。非営利非公的組織としてのボランティアや住民組織等があげられます。

四つには、市場部門です。これは営利セクターである企業があげられます[12]。

次に、各セクター（部門）の特質と課題をあげてみます（[図表6-1]）。

まず、特質についてですが、市場部門においては、企業の社会的責任、社会貢献（事業、寄付等）、ソーシャルビジネスへの展望等があげられます。インフォーマル部門とボランタリー部門においては、自発性・先見性・柔軟性等の特質を活かした活動がみられます。公的部門においては、全体性・安定性・継続性を視野に入れた制度運営が行われているといえます。

次に各セクターの課題についてですが、市場部門においては、企業利益と公益性の調和をどう図るかという課題があります。インフォーマル部門とボランタリー部門においては、活動を支える基盤、とりわけ財源等をいかに確保するかという課題があります。公的部門においては、各セクターへの行政統制と裁量、さらには先駆的な活動等に対する国民的合意をどう取りつけるか、さらには財政支援を行うための財源調達をどのように図っていくかという課題があります。そして、それぞれのセクターには、ガバナンス（統治）、コンプライアンス（法令遵守）、アカウンタビリティ（説明責任）が求められています。

「新しい公共」でいわれている民と官（行政）が連携しながら公共的課題に取り組んでいくことは、別な言葉で表現するならば、社会的ネット

[図表6-1] 各セクターの特質と課題

	経営主体	特 質	課 題
民	営利―企業	・企業の社会的責任（企業市民）等	・企業利益と公益性の調和等
	非営利 ―NPO ―社会福祉法人 ―その他（法人等）	・先見性・自発性・柔軟性等	・活動を支える基盤（人・カネ・モノ・情報・ノウハウ）
	非営利 ―ボランティア ―住民組織等	・自発性・無償性等	・専門性・継続性等
官	行政	・全体性・計画性・安定性・継続性等	・統制と裁量の判断、社会的合意と財源調達等

岡部卓作成[13]

ワーク、ソーシャル・キャピタル（社会資本、あるいは社会関係資本）を作るということでもあります。これまでの都市基盤整備のようなハード面での社会資本に対して、これはソフト面での社会（関係）資本をどう作っていくかということになると考えています。そこでは、資源（人・カネ・モノ・情報・ノウハウ）と、関係構築と、パートナーシップ（協力・協同関係）と、それを支える条件整備をどう作っていくかということが課題になります[14]。

❷ 連携を行う上での留意点

連携にあたっては、次のことを前提としておさえておく必要があります。

1. 連携を行う自治体・事業主体・各供給主体間における目標の共有化

当然ながら、供給主体（連携先）によってその機能や専門性は異なります。したがって、現状の見立てや情報の分析、対象者に対するアプローチ方法などに違いが生じる場合もあり、そのことがスムーズな連携を阻害する要因になることがあります。連携を行う際には、このような違いに対し、全体的な整合性を取ることで解消を図り、課題を解決する必要があります。そのためには、どの連携先とも、それぞれの活動目標を明確にし、共有化しておくことが大切です。それは連携当初だけでなく、活動の途上においても必要に応じ確認していくことが望ましく、また、全体的な支援目標とともに、当面の課題目標、中長期の課題目標も共有しておくことも必要です。

具体的には、次の二つになります[15]。

一つは、担当者は自分の業務を連携先の担当者にきちんと伝えておくことが必要です。すなわち、それぞれの機関の役割や機能を、互いに理解したうえで連携が図られなければならないからです。

関係機関・関連専門職は、一定程度は制度や支援について当然理解していると考えます。そのため、連携先に「わかっているつもり」で連携を求めてしまうことが往々にしてあります。そこで、自分の業務について、より丁寧に相手にわかるように伝えるとともに、自らも相手の業務

を理解することに努め、不明な点は積極的に説明を求めなければなりません。「わかっているつもり」で業務をすすめていくと、いくつもの行き違いや誤解が生じ、結局は利用者の利益を損ねる結果になりかねません。

　もう一つは、連携先とどの部分で連携するのかを相互に確認することが必要です。ときに、「関係機関で行われることには関知しない」と判断してしまうことがあります。このことは連携元も連携先も同様のことがいえます。そのため、連携する部分が見失われてしまうという事態も生じてしまいます。関係機関・関連専門職などと連携して行わなければならない事項や業務の「抱え込み」や「押し付け合い」あるいは「放り投げ」を行うことがないよう、どのようなことについて、どう連携していくのかを明確に設定しておく必要があります[16]。

2. 情報の共有化とプライバシーへの配慮

　生活困窮者対策という性質上、利用者の生活を総合的に判断し、そこで、利用者に関する情報を基に意見交換し、課題の共有化と支援の方向性を定め、連携におけるそれぞれの役割分担をすることは大切です。しかし、情報の共有を図るうえでは、個人情報の保護（守秘義務）について配慮しなければなりません。とくに生活困窮者のプライバシーについては十分気をつけなければなりませんが、適切な連携のもとに効果的に課題を解決するためには、必要十分な個人の情報を有効に活用することも重要です。したがって、個人情報保護を踏まえた取り扱いの規定を設けるとともに、適正な手続を進めて個人情報を支援に活用するためのルール作りが必要となります。自治体外部の機関・団体との連携において、契約事項等に盛り込むのはもちろんのこと、自治体内部においても、対応方針を明確にすることが重要です[17]。

❸ 「支援会議」

　「支援会議」は、第4章第4節「自治体・事業主体の役割」のなかで自治体・事業主体がおさえておくべき第3点として挙げた、「生活困窮者個人に対する支援を行うために、地域のセーフティネットを見出し、あるいは、創り上げていくこと」について、今回の改正が対応したものです。

1. 情報共有のための会議体の設置

　これまでの生活困窮者自立支援では、関係者間での会議体が法定されていないことから情報共有が進まず、深刻な困窮の状態を見過ごしてしまったり、予防的な措置を取ることが困難であったりすることが問題視されてきました[18]。

　こうした点について、平成29年部会報告書はⅢ．各論1．(1)(情報共有の仕組み)において、以下のように述べています(ここでは、相談者・被支援者を利用者と表記する点から、ケースにおいても利用者と表記します)。

(情報共有の仕組み)
○自立相談支援事業においては、相談時に関係機関との情報共有について包括的な同意を取りつつ、個々の情報共有の際には、その都度本人の同意を得ながら支援をすることが一般的である。
○しかしながら、本人の同意が得られずに他部局・機関と情報共有できない利用者、自立相談支援機関に相談には来ていないが他の様々な部局・機関に相談に来ている利用者、同一世帯の様々な人が別々の部局・機関に相談に来ているが世帯全体の課題として共有されていない

利用者など、本人の同意がない利用者であったとしても、情報の共有が必要となる利用者が存在する。
○ そうした利用者には、世帯としての状況を把握してはじめて困窮の程度が理解できる利用者があり、そうした利用者について関係機関間で情報共有を行うことにより、緊急度が高い利用者であることを踏まえた相談を行うことが可能となる。
○ このため、関係機関間で把握している生活困窮者に関する情報の共有を円滑にし、生活困窮者への早期、適切な対応を可能にする必要がある。
○ 例えば、「支援調整会議」の仕組みを活用し、構成員の守秘義務を設けることで、関係機関間で把握している生活困窮に関する情報の共有を、必ずしも本人の同意がない場合も含めて円滑にし、生活困窮者への早期、適切な対応を可能にするための情報共有の仕組みを設けるべきである。
○ また、その際、本人の同意なく得られた個人情報については、関係機関間で困窮の程度を共有するため使用することを考えているものであり、本人との関係では同意なく得られた情報であることを十分に認識した上で支援を行うことが重要である。そのためには、適切な運用が行われるようガイドラインを設けることが求められる。なお、「地域における住民主体の課題解決力強化・相談支援体制の在り方に関する検討会」の中間取りまとめにおいて、守秘義務を有していない住民の協力も得ながら取り組んでいこうという場面で、住民との間で個人情報を共有することが難しいという課題が指摘されている。

そのため、これらの意見を踏まえながら、一部改正では、関係機関間の情報共有を行う会議体として「支援会議」を法律上に規定して明確化し、都道府県等が組織できることとしました。
内容的には、第９条において、第１項で、生活困窮者支援に関する

関係者を構成員とする支援会議を組織することができるとし、第2項で、関係機関で気になっている地域の個々の生活困窮に関する利用者の情報共有や支援に係る地域資源のあり方を検討することを支援会議の役割としました。また、第3項・第4項で、必要な場合には関係機関等に対し生活困窮者に関する資料・情報の提供等を求めることができ、その求めがあった場合には関係機関等は協力することを定めました。さらに、第5項・第6項と第28条で、支援会議の構成員の範囲を定めて、これらの構成員に守秘義務を掛け、違反した場合には罰則を定めました[19]。なお、「支援調整会議」は、個々の生活困窮者の支援プランの決定等を目的とするもので、法律上の規定はなく、本人同意のもとに行われるもので、「支援会議」とは位置づけが違います。

こうした「支援会議」の機能や役割が適切に果たせるのであれば、各自治体の判断で、「支援調整会議」はもとより、介護保険法に基づく「地域ケア会議」や障害者総合支援法に基づく「協議会」、児童福祉法に基づく「要保護児童対策地域協議会」など既存の会議体を「支援会議」として活用することは差し仕えないとされます[20]。

2.「支援会議」の構成員

「構成員」としては、第9条第1項の規定上では、①地域における福祉、就労、教育、住宅その他の生活困窮者に対する支援に関する業務を行う関係機関、②自立相談支援事業の委託を受けた者及びその他の各事業の委託を受けた者、③生活困窮者に対する支援に関係する団体、④その支援の関係職務従事者、⑤その他の関係者、となっており、個々の「支援会議」の「構成員」は当該支援会議が定めます。

厚生労働省は、主に以下のものや機関を想定していると示しています。

◆ 自治体職員　◆ 自立相談支援事業の相談支援員　◆ サービス提

供事業者　◆ 地域において生活困窮者に関する業務を行っている福祉、就労、住宅その他の関係職員　◆ 教育委員会、学校関係者　◆ 社会福祉協議会職員　◆ 民生・児童委員　◆ 地域住民　など[21]

　構成員を誰にするかは、先に出てきた「地域ケア会議」、「協議会」、「要保護児童地域協議会」などのメンバーを参考に考えていくことになります。ただし、地域住民については、前記の平成29年部会報告書の最後の意見に留意し、情報を得ることが必要であっても他の情報が提供されていいのかなど、会議への参加は慎重に考えていく必要があります。

3.「支援会議」の意義と留意点

　支援会議で取り扱う事例は、主に以下のような事案が考えられ、これらの事例であっても、支援会議で共有された情報を活用して、相談員や構成員が対象となる世帯にアウトリーチ等を行うことができ、自ら相談に訪れることのできない生活困窮者等を早期に支援につなげるための積極的な支援方策の一つになると考えられます[22]。

- 本人の同意が得られないために支援調整会議で共有を図ることができず、支援に当たって連携すべき部局・関係機関との間で情報の共有や連携を図ることができない事案
- 同一世帯の様々な人がそれぞれ異なる課題を抱え、別々の相談窓口や関係機関等に相談に来ているが、それが世帯全体の課題として、関係者間で把握・共有されていない事案
- より適切な支援を行うために、他の関係機関等と情報を共有しておく必要があると考えられる事案

　ただし、生活困窮者は、生活上さまざまな不安や悩みを抱えており、

個人情報が自分の知らないところで広がっていくことに不安を感じる場合も少なくないため、本人の同意がないなかで「家庭」や「居場所」といった個人のプライベートな領域へ介入を行ったり、支援機関等との信頼関係が構築されていない段階でむやみに干渉することで、かえって心理的に追い込んでしまう結果となることも考えられます。そのため、どのような方法で支援につなげるかについては、支援会議で得られた情報が本人の同意を得ていないことを十分に認識した上で、多様な関係者や有識者も交えて当事者が負担感や抵抗感を感じないようなアプローチや支援手法を慎重に検討し、一定の時間をかけて信頼関係を構築していくプロセスが重要となります[23]。

　以上の「支援会議」の詳細については、ガイドラインが出されています[24]。

個別支援と個人情報

1. 福祉サービスと個人情報

　社会福祉は、個人情報を収集・分析・評価を基に生活の回復、維持、向上を図る方策（制度・政策及びソーシャルワーク実践）です。それは、主として個別的・対面的支援を通して行う対人サービスです。また、社会福祉は、主として個人・家族のプライバシーに介入し生活課題（以下、福祉課題）の緩和・解決を図る領域であり、そこでは個人情報をどのように保護し援助・支援（以下、支援）に結びつけていくかが重要な課題となります。そして、個人情報をどのように収集するか、その個人情報を適正に取り扱うにはどのようにしたらよいかを検討しなければなりません。

　個人情報保護法において、個人情報は「生存する個人に関する情報であって当該情報に含まれる氏名、生年月日その他の記述等により特定の個人を識別することができるもの（他の情報と容易に照合することができ、それにより特定の個人を識別することができることとなるものを含む）」（第2条第1項）と規定し、個人情報を取り扱う「個人情報取扱業者」である国の機関、地方公共団体、独立行政法人等、その取り扱う個人情報の量及び利用方法からみて個人の権利利益を害するおそれの少ない者と定めています（第2条第3項）。また個人情報取扱業者に対しては、次のことを義務づけています。取り扱いに当たり利用目的をできるだけ特定しなければならず（第15条）、利用目的の達成に必要な範囲内でのみで取扱え（第16条）、不正な手段により取得してはならず（第17条第1項）、とりわけ要配慮個人情報を取得する際には原則として本人の事前同意を取る必要（同条第2項）があり、利用目的を取得する際に本人に通知または公表す

る必要（第18条第1項）、特に本人から書面または電磁的記録を直接取得する場合には、前もって明示することが必要（同条2項）としています。

そして個人情報保護について、公的部門において「行政機関の保有する個人情報の保護に関する法律」（以下、行政機関個人情報保護法）、「独立行政法人等の保有する個人情報の保護に関する法律」（以下、独立行政法人等個人情報保護法）、各地方公共団体において制定される「個人情報保護条例」が、国、自治体にとどまらず民間部門においては民間の個人情報取扱事業者を対象に「個人情報の保護に関する法律」（以下、個人情報保護法）が、そして厚生労働大臣は、個人情報保護法6条及び8条に基づき、医療機関、介護保険事業者、介護関係事業者のガイドラインを定めています。その他関係する主務大臣が所掌する事業分野で取り扱いについてガイドラインを定めています（[図表6-7]）。

さて社会福祉においては、個人情報について社会福祉法第75条や社会福祉に関わる資格法である社会福祉士及び介護福祉士法（第46条及び第50条）、精神保健福祉士法第40条及び第45条や各資格の倫理綱領である社会福祉士協会倫理綱領倫理基準Ⅰ7～8、介護福祉士会倫理綱領プライバシー保護3、精神保健福祉士協会倫理綱領倫理原則1(3)倫理基準1(3)、また関連する法律である民生委員法第14条等において、さらに地方公務員法第34条及び第60条、国家公務員法第100条及び第109条において守秘義務が規定されています。

このように上記社会福祉に関連する法規において個人情報の収集・保護・提供が規定されています。

そして社会福祉における情報には、①制度・サービスや社会資源に関する情報―制度・サービスの種類・内容・方法・提供機関・施設・団体の情報や民間サービスに関する情報、②ニーズ情報―利用者のニーズに関する情報、③支援情報―利用者の個別の相談支援に関わる情報、④運営・管理に関する情報―制度・サービスを運理管理する利用者統計、財

[図表6-7] 個人情報保護に関する法体系イメージ図

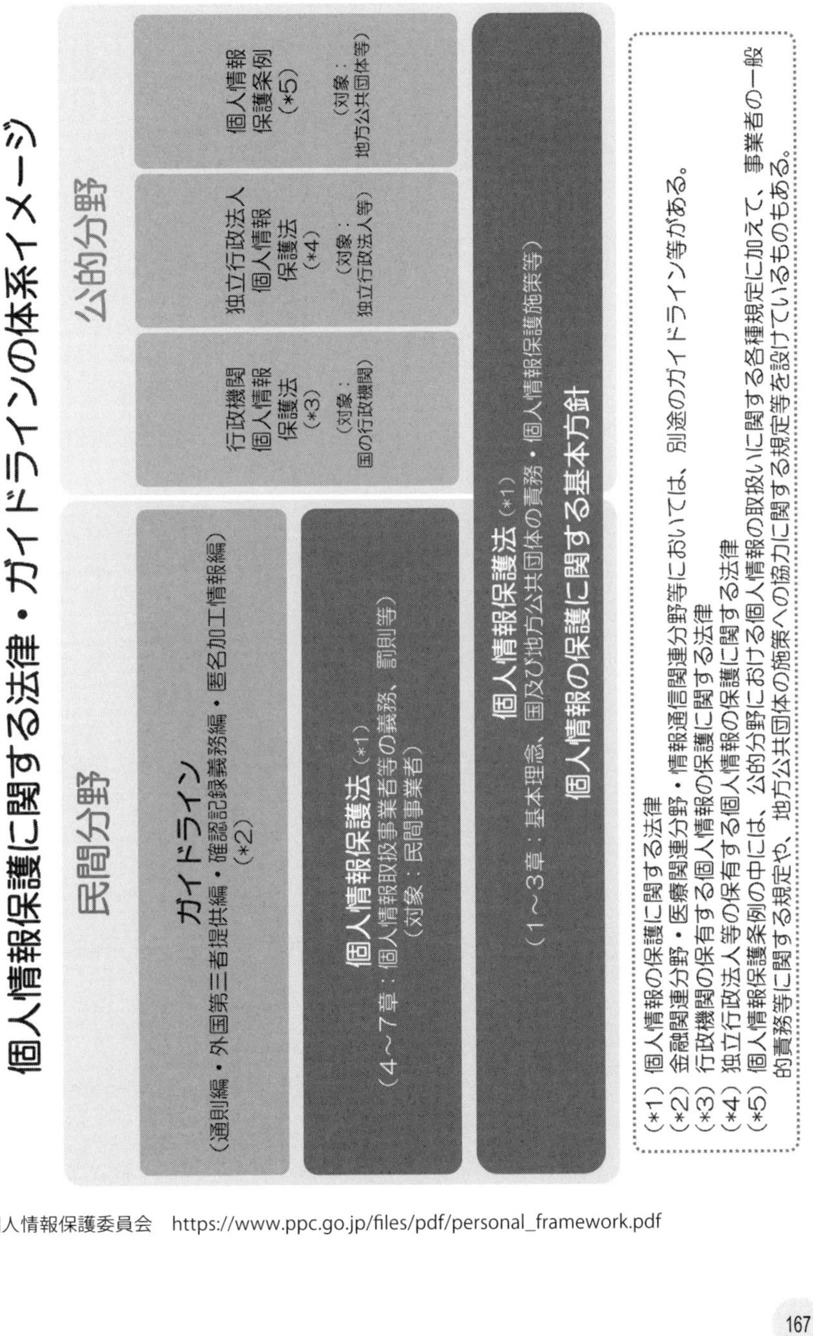

個人情報保護に関する法律・ガイドラインの体系イメージ

公的分野

- 行政機関個人情報保護法（*3）
  （対象：国の行政機関）
- 独立行政法人個人情報保護法（*4）
  （対象：独立行政法人等）
- 個人情報保護条例（*5）
  （対象：地方公共団体等）

民間分野

- ガイドライン
  （通則編・外国第三者提供編・確認記録義務編・匿名加工情報編）（*2）
- 個人情報保護法（*1）
  （4〜7章：個人情報取扱事業者等の義務、罰則等）
  （対象：民間事業者）

個人情報保護法（*1）
国及び地方公共団体の責務・個人情報保護施策等
（1〜3章：基本理念、国及び地方公共団体の責務・個人情報保護施策等）

個人情報の保護に関する基本方針

(*1) 個人情報の保護に関する法律
(*2) 金融関連分野・医療関連分野・情報通信関連分野等においては、別途のガイドライン等がある。
(*3) 行政機関の保有する個人情報の保護に関する法律
(*4) 独立行政法人等の保有する個人情報の保護に関する法律
(*5) 個人情報保護条例の中には、公的分野における個人情報の取扱いに関する各種規定に加えて、事業者の一般的責務等に関する規定や、地方公共団体の施策への協力に関する規定等を設けているものもある。

個人情報保護委員会　https://www.ppc.go.jp/files/pdf/personal_framework.pdf

務管理、人事管理等の情報、などがそれに当たります。このなかで②③④が個人情報と関わります。

　ここで、社会福祉の対人援助技術（ソーシャルワーク）で行われるプロセスを見てみれば次のようになります。通常、支援者（ソーシャルワーカー）は、利用者の悩みや状態を受け止め、利用者の意向に添って支援を行います。そこでは、利用者のおかれている状態や意向を直接聴き取ること（上記②）やその挙証となる情報収集（上記②）を行うとともに、関係する人・機関・団体等から情報を収集（上記②）します。そこで利用者のニーズと活用できる資源（公私の社会資源　上記①）を判断し（アセスメント、ニーズアセスメントと社会資源アセスメント、上記③）その上で支援計画（プランニング、上記③）を策定し、それに即して支援が行われます（介入、上記③）。またその経過を観察し（モニタリング、上記③）、その結果を再評価し（エバリエーション、上記③）それが達成されれば終結（ターミネーション、上記③）、達成しなければ再び支援計画の見直しを行い支援が継続されます。このように支援において個人情報が関わり、また支援は関係する人・機関・団体等と連携・協働を図り進めて行くため個人情報の情報提供・共有（上記③）をしていくことになります。

　そこで扱われる個人情報は、身体的状態、精神的状態、経済的状態に関する情報など、プライバシーに関わり、またその侵害の恐れがあることから慎重に取り扱われることになります。

2. 生活困窮者自立支援における個人情報取り扱いの実際

　自立相談支援機関の相談面接場面では、生活保護の相談面接と同様の場面が想起されます。自立相談支援機関が直営であれば、自治体に採用された職員が相談面接を行うので守秘義務が課せられているといえます。しかし、自立相談支援事業が自治体から社会福祉法人等に委託されている場合には、生活困窮者自立支援法は第5条第3項で、「…委託を受け

た者若しくはその役員若しくは職員又はこれらの者であった者は、その委託を受けた事務に関して知り得た秘密を漏らしてはならない。」と規定しており、さらに、第28条で、「5条3項（…）の規定に違反した者は、1年以下の懲役又は100万円以下の罰金に処する。」となっています。自治体直営でない場合には生活困窮者自立支援法法上で守秘義務が課せられることになります。

また、利用者に対する支援として各種事業が行われますが、そこでの守秘義務は、生活困窮者自立支援法第7条第3項で、「…5条…3項の規定は、…都道府県等が行う事業について準用する。」と規定され、自立相談支援事業と同様の守秘義務が課せられます。さらに、罰則も同様に同法第28条で規定されます。もちろん各種事業は、自治体からの委託によって行われるため、契約上の義務のなかに、この業務を適切に遂行するための守秘義務も盛り込まれていなければなりません。

このほか、生活困窮者自立支援では、各制度との連携が必要とされており、国は、平成27（2015）年3月27日及び今回平成30（2018）年10月1日の事務連絡で、関係制度等との連携を促しています。そこでは、様々な場面で個人情報が慎重に扱わなければなりません。なお、平成30（2018）年一部改正で求められるようになった「支援会議」は、6章3節で取り上げています。

以下には、貧困・低所得と社会的排除に関わる制度を社会資源としている生活保護制度及び社会的孤立対策における個人情報の取り扱いを参考に載せました。

●生活保護と個人情報
　生活保護の決定プロセスは、受付、申請、調査、要否判定、保護の決定、扶助費の支給、受給中の相談援助と進んでいきます。生活保護受給者にとっては、生活保護を受けていること自体が他者に知られたくないとと

られることもあり、生活保護手続きの全支援過程の中で、個人情報の取扱いに留意が必要です。以下では、その中の主な場面、①初回面接、②開始時調査、③家庭訪問、④他機関等との連携における個人情報について見ていきます。①では、来談者の不安・緊張の緩和・解消、信頼関係の確立、主訴の明確化、公私の社会資源の活用、申請意思の確認と調査の同意を行います。そこで、個人情報について面接員は地方公務員法上守秘義務が課されており、警察の捜査事項照会以外の外部の照会には応答しないことを説明します。②では、生活保護法28条（調査及び検診）・29条（資料の提供等）に基づき実施されます。情報収集する範囲が広くなるため、個別の必要性によって調査範囲を限定的に考えなければなりません。個人情報保護条例の解釈などを見ても、情報の収集は法令に基づくものであれば許容されていますが、同時に利用者に調査先を説明しなければならず、また実務上は同意書を徴取していることが前提です。この点、平成25年改正で、調査機能の強化として調査先によって回答が得られることが規定されました（法28条・29条）。③では、利用者が生活保護の相談に来所したこと、また、生活保護を受給していることが、訪問によって近隣に知られることがないよう配慮しなければならないとされます。④では、生活保護の実施機関が公的機関・施設・団体等に情報を提供する場合、民間機関・施設等に生活保護の実施機関が利用者の支援を依頼する場合などになります。相談機関が公的機関であれば、生活保護の実施機関と同じように職員に守秘義務が課せられています。民間団体の場合には、福祉事務所との契約によって守秘義務が規定されることによって担保されるが、民間団体等への情報提供は、本人の同意を得なければならないことになっています。どのような人・機関、施設・団体などと連携しなければならないかは、ソーシャルワークの問題として重要ですが、同時に、個人情報の提供があるため、連携の範囲は、両者によって規定されることになります。

●社会的孤立対策と個人情報

　制度化された生活保護制度や生活困窮者自立支援制度のほかに、取り組まなければならない課題の一つとして社会的孤立対策があります。家族、地域、職域とのつながり（関係性）が希薄化・喪失化するなかで、多くの福祉課題（孤立死、虐待、ひきこもり、ホームレス、自殺企図、ゴミ屋敷、ライフラインの停止や家賃等の長期滞納など）が地域のなかで潜在化・顕在化しています。このことは、制度化された生活保護や生活困窮者自立支援をはじめとする社会福祉各制度の適用対象であるがアクセスが行われていない、制度の谷間にある人たちの福祉課題として登場してきています。

　そこでここでは、社会的孤立対策の一環として発出した「孤立死対策」として出された平成24年通知＊（正式名称などは172頁文末を参照）を例に考えてみます。本通知は頻発する「孤立死」の防止策として、次のことを行うことが必要としています。一つには、『事業者や民生委員等から得られる生活に困窮された方の情報が着実に必要な支援につながるよう、地方自治体の福祉担当部局にこうした情報を一元的に受け止める体制を構築…情報を得た地方自治体の福祉担当部局は、民生委員等と連携の上、必要に応じて、生活に困窮する方に、安否、健康状態の確認を行うなど適切な支援を実施』と地方自治体の福祉担当部局への個人情報の提供を促しています。また、こうした体制の構築を、社会福祉協議会・民生委員児童委員・地域包括支援センター・各老人クラブは日常的な見守り活動が業務の中で情報提供等を行うことを促している。」とし情報の一元化と相談体制の整備を図るとしています。

二つには、ライフラインに関わる民間事業者に適用される個人情報保護法においては、「人の生命、身体又は財産の保護のために必要がある場合であって、本人の同意を得ることが困難であるとき」に該当する場合は、あらかじめ本人の同意を得なくても個人情報の利用・個人データの提供

が可能とされている点について確認が行われ、そうした場合には、情報提供に躊躇することなく、本人の同意を得なくてもライフライン関係事業者が個人情報の提供が可能な場合の通知が、それぞれの所管から発出されています。

　このように個人情報保護法における例外規定の一つとして「生命、身体又は財産の保護の必要があるとき」に介入ができる規定があり、同意がない場合の措置について提言しています。

＊厚生労働省　孤立死の防止対策について都道府県などの通知　厚生労働省社会・援護局地域福祉課長「地域において支援を必要とする者の把握及び適切な支援のための方策等について」、平成24年5月11日社援地0511第1号

3. 生活困窮者自立支援における個人情報取り扱いの課題

　生活困窮者自立支援における課題を挙げれば次のとおりです。

　第一に、個人情報の認識について。ソーシャルワーカー個々が個人情報を取り扱うことへの認識が十分なされているか、また自立相談支援機関が個人情報を取り扱う要領がソーシャルワーカーの業務に即して作成されているかです。

　第二に、収集の内容について。個人情報を収集する際には、必要限度に留めることを常に留意しなければなりません。職務上必要がない情報を持つと、他者に提供するリスクが出てきます。また過度の聴取は利用者への暴力にもなりスティグマに繋がる恐れが出てきます。しかしながら給付と個別支援とでは、個人情報の取り扱いが区別されなければなりません。さらに自立相談支援機関が把握することと、他の公的・民間機関・施設・団体等とは、個人情報の範囲、内容、事項は違っており、区別されなければなりません。

　第三に、説明義務の程度について。個人情報を収集するに当たり、説

明義務を果たさなければなりません。そのことが適正に行われない場合、利用者が個人情報の提供に不安を感じ、あるいは制度利用を敬遠してしまうことにつながります。利用者の信頼がなければ、たとえ、形式的に同意を得て個人情報を得ても、有効な支援にはつながりません。

　第四に、支援における収集・提供について。見守り、地域の支え合いが謳われるなかでは、他へ包括的に利用者の情報を提供することには問題があります。収集側に守秘義務があるとしても、不必要な情報まで提供することは避けなければなりません。何が不必要な情報かという判断基準を示されることが必要です。

　第五に、自立相談支援機関から利用者と同一世帯の家族へ、別世帯の親族へ、そして、自立支援の事業者への情報提供について。家族に利用者の情報を知らせておかなければ、家族の支援が得られません。親族への情報提供も場合によっては大切ですが個々の事情があるため一律に行うことは避けなければなりません。また、サービスの提供が各種の支援事業に委託し行われる場合、そこでは、受託事業者が生活困窮者自立支援法による守秘義務を課されています。しかし、サービス提供主体が多様化するなかで、個人情報が拡散し遵守されなくなるリスクがあることに気をつけなければなりません。

　最後に、自立支援相談機関に来談しない人については、アウトリーチをどう進めるか[25]。生活困窮者自立支援でも制度の趣旨に沿った手段として謳われてはいるものの、自治体・事業主体の役割はアウトリーチするに当たり個人情報をどう取り扱うか（範囲・事項・基準）を決めておく必要があります。またアウトリーチが十分機能するためには相談窓口部署やネットワーク化が必要です。そのため情報提供を一元化する相談窓口（セクション）を設置することが必要で、それは、行政内外の情報を収集する相談窓口（セッション）が相談機関やサービス供給主体・住民組織の見守り（モニタリング）の振り分けが重要です。情報の一元化・総合相談窓口とネットワークの構築、アウトリーチの判断基準を検討する必

要があります。

　以上のような課題があるなかでは、歴史的に地域に定着し行政の協力機関と位置づけられ、さらに法的に守秘義務が課せられている民生・児童委員の役割に期待が寄せられます。それは、生活困窮者の情報収集とともに行政からの情報提供の受け皿、すなわち、支援の契機の形成に寄与するとともにつなぎ役を果たすと考えられます。

＊以上の6章4節は、岡部卓「社会福祉と個人情報」首都大学東京人文科学研究科『人文学報』No.514‐3（社会福祉学34）2018.3を、「個別支援と個人情報保護」のテーマに即して構成し直したものです。

第7章
地域における包括的支援体制の構築

❶ 「地域共生社会」の実現

　生活困窮者の自立支援の現場では、生活困窮者をその中心に位置付け、自立に向けた就労支援や経済的支援、住宅支援等、タテ割りの制度を超えた総合的な支援が提供されています。地域共生社会という考え方は、そうした総合的な支援を、生活困窮者に限定せず、あらゆる生活課題に対して、関係機関が協働して提供するという考え方です。

　平成29（2017）年5月、社会福祉法改正案が国会で可決され、成立しました。平成30（2018）年4月に施行されたこの改正は社会福祉全体の方向性を示す上で大きな意味をもつ改正となりました。

　改正にあたって、その理念を象徴するフレーズが「『地域共生社会』の実現」です。「地域共生社会」について厚生労働省はその明確な定義を示してはいませんが、2017年12月に全国の知事および指定都市市長、中核市市長あてに発行された通知のなかでは、次のように説明されています。「福祉の領域だけではなく、商業・サービス業、工業、農林水産業、防犯・防災、環境、まちおこし、交通、都市計画等も含め、人・分野・世代を超えて、地域経済・社会全体のなかで、『人』『モノ』『お金』そして『思い』が循環し、相互に支える、支えられるという関係ができることが、地域共生社会の実現には不可欠であると考えられる」[1]。

　これまでも「共生」という言葉が国の施策のなかで用いられたことがあります。たとえば、内閣府は共生社会形成促進のための政策研究会を組織し、平成17（2005）年にその報告書を公表しました。また、障害者基本法の平成23（2011）年の改正では、第1条の目的のなかで、「全ての国民が、障害の有無によって分け隔てられることなく、相互に人格と個性を尊重し合いながら共生する社会を実現する」ことが掲げられました。これらの施策に共通することは、年齢や性別、障がいの有無と

いった壁を超えて、住民同士がつながり、お互いを支えあいながら多様な価値観が尊重されることだといえます。

そのような共生の理念を具体的に実現する方策として、政府の通知では次の五つの視点を重視して、取り組みを進める必要があると述べています。以下は前記通知[2]の抜粋です。

共生文化

それぞれの地域で社会的孤立や社会的排除をなくし、誰もが役割を持ち、お互いに支え合っていくことができる地域共生社会を創出することは、高い理想であり、思うように進まないこともあるかもしれないが、この課題と向き合う中で他人事と思えない地域づくりに取り組むことなどを通じて、あきらめることなく、それが文化として定着するよう挑戦し続けていくことに価値があるのである。

参加・協働

自立のあり方は多面的であるが、自立は個人で完結するものではなく、社会への参加を通して自立が促されることは共通している。他者とのつながりの中で自立していくためのつながりの再構築こそが求められている。

それぞれの地域で共生社会の実現に向けて、具体的に連携する「仕組み」と事例に基づく「対話・協議」をしていく過程が大事であり、そのような場をつくることが求められる。

予防的福祉の推進

これまでの申請主義による「待ち」の姿勢ではなく、抱えている問題が深刻化し、解決が困難な状態となる前に早期に発見して支援につなげていくことが大切である。(……)本人の意思や尊厳を尊重する視点を前提としながら、(…)必要な時に必要な支援が届けられるような環境を整

えることが重要である。

さらには、当事者に寄り添い、(…) 地域の中で重層的なセーフティネットを構築することにより、抱えている問題が深刻化し、解決が困難な状態となる前に支援につながっている状況をつくることが可能となる。

包括的支援体制

(…) 分野別、年齢別に縦割りだった支援を、当事者中心の「丸ごと」の支援とし、個人やその世帯の地域生活課題を把握し、解決していくことのできる包括的な支援体制をつくる。そのために専門職による多職種連携や地域住民等と協働する地域連携が必要である。

(…) 課題が複合化していて、高齢者に対する地域包括ケアシステムだけでは適切な解決策を講じることが難しいケースにも対応できる体制をつくることは、地域共生社会の実現に向けた包括的な支援体制の構築につながっていくものである。

多様な場の創造

(…) これまで支援の「受け手」であった人が「支え手」に回るような、参加の場や就労の場を地域に見出していく。

また、必要に応じてサービス開発やそうした場を創り出していく社会資源開発が必要であり、さらにそうした場につなぐ、場の中で人と人をつなぐ、場と場をつなぐ、コーディネーションやファシリテーションの機能と人材が重視される。

こうした地域共生社会の考え方は、地域福祉の推進によって成り立つものであると考えられています。生活困窮者自立支援はこれまでも地域のなかで推進されるという意味では、地域福祉と関連づけて考えられてきましたが、地域共生社会という考え方が示されたことで、これまで以上に生活困窮者支援を地域福祉の推進と併せて捉える必要が出てきました。

市町村における包括的支援体制の整備

　地域共生社会を実現するための具体的な方策が包括的な支援体制の整備です。平成29年改正社会福祉法では、第106条の3第1項第1号から3号において包括的な支援体制の整備について定めています（[図表7-1]参照）。第1号では、「住民に身近な圏域」において、地域住民等が主体的に地域生活課題を把握し解決を試みることができる環境の整備（図表中①）を、第2号では、そうした環境をとおして得られた地域生活課題に関する相談を包括的に受け止める体制の整備（図表中②）を、第3号では、市町村域等の広域における多機関の協働による包括的な支援体制の構築（図表中③）について定めました。

　高齢者福祉の分野では2000年代以降地域包括ケアシステムの構築が推進されてきました。地域包括ケアシステムでは概ね中学校区程度[3]を想定した日常生活圏域がケアを提供する範囲として設定されてきました。地域共生社会でも同様に圏域を設定していて、それを「住民に身近な圏域」と呼んでいます。ただし、地域包括ケアシステムのような中学校区等の具体的な設定はなく、地域の実情に応じて定められることが想定されています。この「住民に身近な圏域」における支援の仕組み（図表中①と②）と市町村域等の広域における支援の仕組み（図表中③）が連動して包括的な支援体制が構築されると考えられています。また、地域包括ケアシステムでは従来タテ割りだった保健と医療、福祉、介護、住まいの連携を強化することが求められてきましたが、地域共生社会においても高齢や障がい、児童といった従来の社会福祉の領域を超えて、関係機関がつながり、連携して福祉ニーズに対応することが求められています。

[図表7-1] 包括的な支援体制における3つの仕組み

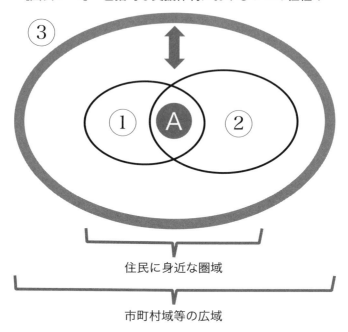

A	生活課題を抱えた地域住民
①	地域住民等が主体的に地域課題を把握し解決を試みることができる環境。 構成メンバー：地域住民、ボランティア、地区社協、NPO等。
②	地域生活課題に関する相談を包括的に受け止める体制。 構成メンバー：ボランティア、地区社協、市区町村社協、地域包括支援センター、障がい者の相談支援事業所、地域子育て支援拠点、社会福祉法人、NPO法人等。
③	多機関の協働による包括的な支援体制。 構成メンバー：生活困窮者自立支援や保健・医療・福祉に限らず、教育や司法、住宅、多文化共生等に関わる幅広い専門機関。

（厚生労働省の通知を参考に室田信一作成）

「我が事・丸ごと」という言葉でも説明される包括的な支援体制について、以下では、上記に示した社会福祉法第106条の3第1項第1号から3号の整理に基づき、厚生労働省の通知[4]を参考に説明します。

1. 包括的な支援体制

　まず、第1号に示されているように、包括的な支援体制では、「住民に身近な圏域」において住民が主体的に地域課題を把握して解決を試みる環境を整備することが求められています。具体的には、地域住民やボランティア、地域住民を主体とする地区社協、地域に根ざした活動を行うNPO等が中心となって、地域生活課題を把握して解決を試みることができるようになることが重要です。そのために市町村は次の三つの点で支援することが求められます。第一に、地域福祉に関する活動へ地域住民の参加を促すことが求められます。そのための関係機関の調整や、コーディネーターの配置、中間支援機能の整備などが具体的な役割となります。第二に、地域住民等が相互に交流を図ることができる拠点の整備です。課題を抱えた住民への支援の場としてのみならず、住民の交流の場や、住民と専門家が話し合う場としての拠点が求められています。公共施設の利用はもちろん、空き家や空き店舗の使用、民間事業者と連携した拠点の活用など、市町村が促進役となることで拠点の整備が進むでしょう。第三に、地域住民等に対する研修の実施です。地域生活課題についての理解を深める研修や、地域福祉活動への関心を高めるための研修など地域住民等の参加を促す働きかけが求められます。

　市町村によるそうした後押しにより、地域住民が地域の生活課題に対して主体的に向き合い、「支える側」と「支えられる側」といった垣根を超えて地域のなかで「お互い様」の関係を構築していくことが地域共生社会の根幹であり、そのような状態は「我が事」という言葉で言い表されます。しかし、地域の課題や他者の課題を自分ごととして捉えて、主体的にその課題に向けて取り組むことは簡単ではありません。厚生労働省の通知でもその点について「留意点」として説明しているように、地域共生社会の実現にとって最も重要な部分になると思われます。

生活困窮者の自立支援という観点においては、なおさら「我が事」として捉えることの難しさがあるでしょう。この点については第8章で詳しく説明したいと思います。

2. 地域生活課題に関する相談を包括的に受け止める体制

　次に第2号についてです。第1号で示されたように、地域のなかで地域住民や関係者が他の住民の相談を「我が事」として受け止める際、地域住民が自ら対応できるケースと、地域住民だけでは手に余るケースがあります。たとえ些細な相談であったとしても、その住民の人権に関わることや、複雑な人間関係、精神的な生きづらさなど、地域住民だけで対応するには負担が重いというケースがあります。そのような場合、地域住民の相談を包括的に受け止める場を整備する必要があります。具体的には、地域住民のボランティアや地域住民を主体とする地区社協、市区町村社協の地区担当、地域包括支援センター、障がい者の相談支援事業所、地域子育て支援拠点、社会福祉法人、ＮＰＯ法人等がつながり、相談を「丸ごと」受け止めることが期待されています。「丸ごと」とは、各機関の専門領域以外の相談内容だとしても、まずは相談を受け止め、他機関と連携して相談に対応するということです。

　市町村には、相談を包括的に受け止めるそうした体制を整備することに加えて、そうした場を地域住民等に広く周知すること、民生委員・児童委員、保護司等の地域の関係者・関係機関と連携し、情報共有するための意見交換や座談会等を開催すること、専門的・包括的な支援が必要な場合に対応できるバックアップ体制を構築することが求められます。

3. 多機関の協働による包括的な相談支援体制

　第3号に示されている、多機関の協働による包括的な相談支援体制

の構築というのは、上記で述べたバックアップ体制のことです。「住民に身近な圏域」にある相談支援機関では対応し難い複合的で複雑な課題や制度の狭間にある課題等を、多機関が協働して包括的に受け止める相談支援体制を整備するため、市町村は次のような取り組みを実施することが求められます。

① 支援関係機関によるチーム支援

市町村域における支援関係機関等で支援チームを編成し、多機関が協働して支援するための関係を広げていきます。

② 協働の中核を担う機能

生活困窮者自立支援制度における自立相談支援機関のようにネットワークの形成や支援チームの編成に当たって、協働の中核の役割を担う機能が必要です[5]。自治体によっては、自立相談支援機関が市町村域における多機関協働のための中核を担うという場合もあるでしょう。

③ 支援に関する協議及び検討の場

介護保険制度における地域ケア会議や障がい分野の地域自立支援協議会など既に市町村域で開催されている協議・検討の場を包括的な相談支援体制のために拡充する方法や、協働の中核を担う機関の職員が既存の場に出向いて参加する方法、新たな場を設ける方法などの方法が考えられます。いかなる方法であっても、役割・機能の重複にならないよう、包括的に再構築することが求められます[6]。

④ 支援を必要とする者の早期把握

複合的で複雑な課題を抱えた者に対して、地域から孤立しているがゆえに、支援の手が届きにくいという実態があります。支援関係機関や「住民に身近な圏域」において、対象者を早期かつ積極的に把握し、

支援につなげることができる体制を構築することが重要です。

⑤ **地域住民等との連携**
　複合的で複雑な課題を抱えた者への支援に当たっては、公的制度による専門的な支援のみならず、地域住民相互の支え合いも重要であり、地域住民・ボランティアとの協働も求められます。

　以上で説明してきたように、地域共生社会づくりにおける包括的支援体制とは、「住民に身近な圏域」における地域住民が主体となった地域生活課題の把握と、それを関係機関のつながりによって受け止める体制、さらにそれをバックアップする市町村域における多機関協働の体制整備という三つの取り組みから成り立ちます。
　平成30年一部改正の生活困窮者自立支援法においても生活困窮者に対する包括的な支援体制を強化することが示されています。これは、就労準備支援事業と家計改善支援事業を自立相談支援事業と併せて一体的に実施することを促進する法改正であり、地域共生社会づくりにおける包括的支援体制とは異なるものです。ただし、多機関の協働による包括的な相談支援体制（上記3.）において生活困窮者自立支援機関の関与は必須といえますし、自治体によっては、生活困窮者に対する包括的な支援体制を基盤として、市町村域における多機関の協働による包括的な相談支援体制が構築される場合もあるでしょう。

地域福祉計画と生活困窮者自立支援

　地域福祉計画とは、市町村の行政が中心となり、地域住民や関係機関等の参加を得て、地域生活課題を明らかにし、その解決のための方策について多様な関係機関も含めて協議した上で、目標を設定し、計画的に整備していくことです[7]。平成12（2000）年の社会福祉法改正により法制化され、以降、全国の自治体が計画を策定してきました。同法では、市町村地域福祉計画に含む内容として同法第107条第1項第1号から第3号で以下の事項を示していました。

　一　地域における福祉サービスの適切な利用の推進に関する事項
　二　地域における社会福祉を目的とする事業の健全な発達に関する事項
　三　地域福祉に関する活動への住民の参加の促進に関する事項

　平成29（2017）年の社会福祉法改正ではこの三つに次の二つの事項が追加され、第1号から第3号は第2号から第4号へと変更されました。

　一　地域における高齢者の福祉、障害者の福祉、児童の福祉その他の福祉に関し、共通して取り組むべき事項
　五　前条第一項各号に掲げる事業を実施する場合には、同項各号に掲げる事業に関する事項

　この第1号の事項は、地域福祉計画が高齢・障がい・児童といった、各福祉分野の内容にまで言及することを示唆しています。従来、高齢・障がい・児童の福祉に関しては、それぞれの分野ごとに計画が策定されてきましたが、地域福祉計画にはそれらの内容を踏まえて、横断的に取

り組む内容について示すことが求められました。このことは、地域福祉計画が、他の分野の計画と横並びの計画ではなく、それらを包括する計画、もしくは上位の計画として位置付けられたことを意味します[8]。

厚生労働省の通知[9]では、各福祉分野が共通して取り組むべき事項の例として、アからタまで全16項目を示していますが、そのなかでも次の4項目は生活困窮者自立支援に関わる内容といえます。

ウ　制度の狭間の課題への対応の在り方
エ　生活困窮者のような各分野横断的に関係する者に対応できる体制
カ　居住に課題を抱える者への横断的な支援の在り方
キ　就労に困難を抱える者への横断的な支援の在り方

生活困窮者自立支援制度における自立相談支援機関の職員が地域福祉計画策定の過程に参加すること、またニーズ調査や懇談会などの場を通して、生活困窮者の意見を計画に反映することが今後重要になるでしょう。

次に、改正社会福祉法第107条第1項第5号では「前条第1項各号に掲げる事業を実施する場合には、同項各号に掲げる事業に関する事項」と規定されていますが、これはすなわち、包括的な支援体制のことを意味します。市町村が包括的な支援体制の整備に取り組む場合、その内容について地域福祉計画のなかに示す必要があるということです。

平成29（2017）年4月1日時点で、全国の市区町村の地域福祉計画の策定率は74％であり、地域福祉計画の規定の施行から14年経ってもまだ全国に十分浸透していない状況が伺えます[10]。そうした実態を鑑みて、2017年の改正では、第107条1項において市町村の努力義務を規定しました。また、第3項においては、策定した計画を定期的に調査、分析および評価することを努力義務として規定しました。

市町村で地域福祉計画が策定されたとしても、その内容が市民の目に

触れる機会が乏しく、またその内容や効果について検証されることがほとんどないまま、計画そのものが形骸化してきたという側面があります。2017年の改正では、まずは策定を努力義務化し、さらに策定された内容が形骸化しないように調査、分析、評価することを努力義務化しました。また、その内容に包括的相談支援体制に関する項目を含むことからもわかるように、地域における包括的な支援体制、すなわち地域共生社会づくりが地域福祉計画の策定をとおして具現化する方向性が法改正によって示されたのです。生活困窮者自立支援の支援体制もこうした地域福祉の施策と一体的に推進されることが想定されており、関係機関やその職員はこうした動向を踏まえて生活困窮者自立支援に取り組むことが求められるでしょう。

第8章
生活困窮者自立支援における地域づくり

生活困窮者自立支援と地域

　生活困窮者の自立支援はこれまでも地域のなかで、地域とともに推進されることが想定されていましたが、平成30（2018）年の生活困窮者自立支援法改正によりその考え方が一層明確に打ち出されました。前章で述べた地域共生社会という考えに基づき、包括的な支援体制を構築することが求められています。

　しかし、地域共生社会という考え方は、そう簡単に実現するものでしょうか。というのも、地域とは個人を温かく包み込んでくれる側面もありますが、その一方で、個人を排除したり、住民の間にコンフリクト（衝突）を生み出したりすることもあります。たとえば、路上生活者を地域の公園から追い出そうとすることや、障がい者のグループホームの建設に反対するといったことが地域のなかでは起こり得るのです。生活困窮者にとって地域とは、必ずしも居心地のいい場所とは限らないのです。

　したがって、地域共生社会づくりにとって重要なことは、地域のなかで他の住民が抱えている生きづらさやしんどさに寄り添い、共感し、改善するために住民が行動に移す文化をつくることと考えられます。厚生労働省の通知[1]ではそれを「我が事」という言葉で説明しています。地域住民が、地域の生活課題を「我が事」として捉えて、課題解決のために主体的に取り組む、という方向性が生み出されるためには次の三つの地域づくりが必要と述べられています。

　第一に、「自分が暮らしたい地域を考える」という主体的、積極的な姿勢と福祉以外の分野との連携・協働によるまちづくりに広がる地域づくりです[2]。具体的には、地域住民のなかに、自分が住む地域の将来のことを考えたり、自分や家族が経験した問題や課題をきっかけに地域のことを考え始めたり、というようにまずは自分の問題として地域のこと

を考え始める契機が重要ということです。そのような思いのある地域住民が、地域のサロンや会議、集いなどに参加するなかで、地域生活課題に新たに気づき、「自分ならばこのようなことができる」といった発想で、福祉分野に限らず、様々な分野と関係をつくり、協働して課題解決に取り組んでいくという方向性が生み出されることが期待されるということです。

第二に、「地域で困っている課題を解決したい」という気持ちで様々な取り組みを行う地域住民や福祉関係者によるネットワークにより共生の文化が広がる地域づくりです[3]。これは第一のポイントとは違い、地域住民のなかには、民生・児童委員や保護司、ボランティアのように、すでに自発的に地域の課題解決に取り組んでいる人たちがいて、そういう人たちの力が最大限発揮されるように、地域の関係機関が連携を強め、さらに多くの地域住民が地域活動に取り組むような環境づくりを進めることが重要ということです。また、地域住民に限らず、地域の団体や企業等が地域活動に参加できるように、活動拠点を整備し、活動の広報などにも力を入れることが必要ということです。

第三に、「一人の課題から」、地域住民と関係機関が一緒になって解決するプロセスを繰り返して気づきと学びが促されることで、一人ひとりを支えることができる地域づくりです[4]。制度の狭間といわれるような事例や、複合的な課題を抱えた事例など、地域住民や地域の関係機関が協力することで一人の地域住民を支えていくということがあります。生活困窮者支援の現場では少なくないことでしょう。そうした事例に関わった住民や関係者のなかには、当初は課題を抱えている当事者を「困った人」として排除したり拒否したりしていたという場合がありますが、支援の過程を通して、そうした当事者は不安や悩みを抱えて「困っている人」として理解できるようになり、地域のなかにおける「支え手」になるということです。

以上の三つの地域づくりをとおして、地域住民のなかに地域の課題を

自分の課題として捉え、地域課題の解決に向けて主体的に取り組む住民が育まれると考えられています。

地域づくりをめぐる政策

　1970年ごろから推進されたコミュニティ政策に始まり、今日の地域福祉関連政策に至るまで、住民が主体的に地域活動に取り組むことが目標として掲げられることがありましたが、実際に手を動かすのは地域住民であり、その推進方法にまで具体的に言及されることはありませんでした。その結果、政府の掲げる理想と地域住民の取り組みとの間には常に乖離があったように思われます。

　それに対して地域共生社会の実現においては、上記で説明したように、地域住民が課題の解決に向けて主体的に取り組むようになるための方法について、一歩踏み込んだ説明を加えています。地域共生社会づくりを単なる理念で終わらせないという政府の強い意思を感じることができます。

　一方で、政府が地域住民の主体性に期待することに対して違和感を感じる人がいるかもしれません。ボランティアや地域福祉をめぐる政府の政策が、本来は政府が対応すべきことを住民による無償の活動で代替することを前提としているとして、そのことを「安上がり福祉」として批判する声は以前からありました。

　生活困窮者自立支援制度は、公的な責任の下に提供されてきた生活保護制度を見直すことに伴い創設された制度であり、公的責任として取り組まれることが前提となっています。それにもかかわらず、地域共生社会づくりと結びつけて考えることにより、公的責任の色合いが薄まり、制度に期待されている役割を果たすことが困難になることも考えられます。そもそも、生活困窮者自立支援の内容や質が地域住民の活動状況によって左右することは制度の欠陥といえます。同時に、地域における生活困窮者の自立支援の一端を担う事が期待される地域住民は、負担が大

きすぎると感じることもあるでしょう。

「地域共生社会」の実現について検討してきた「地域における住民主体の課題解決力強化・相談支援体制の在り方に関する検討会」（地域力強化検討会）の最終とりまとめには次のような文章があります。

> 「我が事」の意識は、誰かに押し付けられるものではない。「共生」は「強制」されることで画一的になってしまう。従来の封建的な側面を残した地域に縛り付けるものでもない。個人の尊厳が尊重され、多様性を認め合うことができる地域社会をつくり出していくこと。それは住民主体による地域づくりを高めていくことである[5]。

このように、政府の検討会でも地域住民の主体性を高めるための政策は頭ごなしに推進されるものではなく、環境を整えながら慎重に取り組まれることの重要性について言及しています。そこで以下では、地域において生活困窮者を支援する仕組みをつくっていく際に、地域住民の主体性を育むことが期待される専門家のコーディネートのあり方について検討します。

③ 住民主体の地域づくりの展開

　住民主体の地域づくりにとって重要なことは、地域共生社会づくりが掲げるところの包括的な支援体制を構築するために、地域住民がその一端を担うということにとどまりません。最終的には、生活困窮者のように地域のなかで生きづらさを抱えている個人が、自立して生活できるような環境を整えるために、地域住民が主体となり、地域における生活支援・自立支援のサービスを開発し運営する段階まで見据えて、住民の活動をコーディネートしていくことが求められます。ここで重要なことは、生活困窮者はそうした地域におけるサービスの受け手として固定化されるものではないということです。生活困窮者も地域住民の一員であり、地域づくりに参加することを想定して以下では検討します。

　［図表8-1］は地域における生活支援・自立支援サービスの展開過程を示しています。この図は、地域住民による活動が図の左から右に向かって段階的に展開され、その結果として生活支援・自立支援サービスが開発されるものとして描かれています。この四つの段階とその過程で求められる専門家によるコーディネートについて以下で説明します。

①合意形成とリーダーシップ

　地域で住民活動が推進されるには、まずその中心となる住民がいなければなりません。地縁関係が豊かな地域では、自治会長や民生・児童委員などがその中心に位置付けられることが多いでしょう。専門家には地域の人間関係や組織構造を事前に把握することが求められます。というのも、自治会長や民生・児童委員のような地域のキーパーソンが感知しないところで住民活動が始まった場合、他の住民にとっては関わりづらい活動になってしまう恐れがあるからです。そのため、専門家に求めら

[図表8‐1] 地域における生活支援・自立支援サービスの展開過程

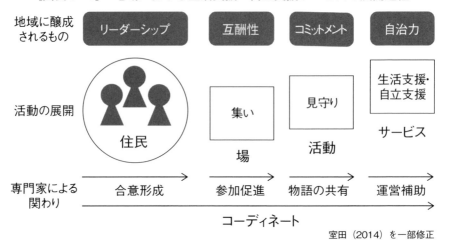

室田（2014）を一部修正

れるコーディネートは、活動の核となる住民を地域のなかから見出し、その住民の間に合意を形成し、地域が一体となって活動に取り組む土壌をつくることになります。その結果、地域のなかでリーダーシップを発揮する人物が明確になり、リーダーとしての意識が醸成されることが期待できます。

②参加促進と互酬性

次に、住民が集える場を地域のなかにつくりだすことが求められます。集いの場にはサロン活動のような場もあれば、地域における身近な相談窓口や、地域住民が活動について意見交換をする住民懇談会のような場もあるでしょう。そのような場に参加することで、住民は他の住民と出会い、つながり、他者の存在を意識するようになるでしょう。また、地域の一員であることを自覚する契機にもなります。結果として地域のなかに互酬性が形成されることが期待されます。地縁関係が濃密な地域では、そうした集いの場が自然に生まれることもありますが、一部の住民に限定されていて、生活困窮者や地域とのつながりが希薄な住民にとっ

ては参加しづらい場になるかもしれません。そのため、専門家には、なるべく多くの住民がそうした集いの場に参加できるような環境を整備することが求められます。

③物語の共有とコミットメント

　集いの場があることは地域づくりにおいて重要な要素ですが、そのような場に来られない人、来たくない人、来ない人がいるということを念頭におく必要があります。集いの場をつくることにより、生活困窮者など地域で孤立しがちな人たちが他の地域住民とつながることはできますが、その結果、地域住民が生活課題の把握と解決に向かって動き出すというほど、問題は単純ではありません。集いの場で醸成される互酬性によって解決される課題とは別に、生活上の複雑な課題など、個別の対応が求められる課題を抱えている人は少なくありません。

　そこで求められるのは見守り訪問などの一歩踏み込んだ支援です。集いの場と見守り訪問の大きな違いは、活動に参加する人の動機にあります。集いの場の場合、参加する人同士がつながり、その場の一員となることにメリットを感じることが、参加の動機になります。一方で、見守り訪問における関係性は、見守る側と見守られる側という非対称的な関係によって成り立つため、見守られる側に対して、見守る側の負担が大きくなります。その結果、見守る側に継続する意思がなくなった場合、見守り活動自体が成立しなくなり、見守られる側にとっては不安定な仕組みとなります。では、他者の生活課題を「我が事」として捉え、見守り活動を継続するための動機はどこから生まれるのでしょうか。

　そこで参考になるのが「物語の共有」という考え方です。たとえば、地域のなかで一人暮らし高齢者の孤立死が連続したとき、同様のことが起こらないように見守り訪問活動をしようという機運が住民のなかに高まることがあります。普段は見守り訪問することに必然性を感じていなかった住民のなかに、「孤立死のない地域をつくりたい。そのために何

か行動を取りたい」という気持ちが育まれることがあります。そのような物語が共有されることで、地域住民のなかに、負担を乗り越えてでも活動をするというコミットメントが醸成されるのです。

④運営補助と自治力

最後の段階が地域のなかで生活支援・自立支援サービスが提供される段階です。ここでは、サロン活動や見守り活動といった通常は無償で提供される活動とは別に、有償の生活支援・自立支援サービスが提供される段階と位置付けます。具体的には、家事援助などの訪問型のサービスや、配食サービス、ひきこもり支援や中間的就労支援など、地域住民や当事者が主体となって提供するサービスを指します。

無償サービスと違い、有償サービスを提供する場合、コスト意識を持って運営することや、安定した運営のために財源や人材を確保すること、法律などの条件を確認することが求められます。地域住民のなかには非営利の組織運営に関するノウハウが蓄積されているとは限らないので、専門家には、生活支援・自立支援サービスの円滑な運営を補助するための知識が求められるでしょう。そのようなサポートを提供することにより、地域のなかには、自分たちの手で地域住民の生活を護っているという意識が芽生えると思います。ここではそれを自治力の醸成と整理します。

［図表8-1］はあくまでもモデルであって、地域における活動が必ずしもこの図のような段階を経て、最終的に生活支援・自立支援サービスを開発する段階までいかなければならないということではありません。重要なことは、「我が事」として住民主体の地域づくりをする際に、政府の政策の末端を担うのではなく、自主的なサービス運営まで見据えて、そのために住民のリーダーシップや互酬性、コミットメントが地域のなかで醸成されることです。そのときに「我が事」として生活課題に取り

組む自治力が醸成されると考えられます。住民活動に関わる専門家には、図のような展開を意識したコーディネートが求められます。

第8章　生活困窮者自立支援における地域づくり

地域づくりのための人材育成

　地域づくりの現場においてよく耳にする課題は、「担い手の高齢化」や「担い手不足」です。しかし、担い手が高齢化することの何が問題なのでしょうか。住民が主体的に地域づくりの活動に取り組んでいるのであれば、メンバーが高齢化して、その活動が継続しなくなったとしても、それはその活動を一度整理して、次の方策を検討する段階ということであり、組織にとって必要な段階といえます。むしろ、高齢化したことにより、活動の目標を達成することが困難という発想は、その目標が主体的に設定されていないことをいいあらわしています。同様に、担い手が不足するという考え方も、外部から与えられた目標に対して、自分たちの資源が不足するという発想から生まれています。自分たちの資源に応じた等身大の活動をすることが地域における主体的な活動にとっては重要になります。
　平成 11（1999）年に地方分権一括法が成立し、平成 12（2000）年に改正された社会福祉法では地方自治体による地域福祉計画の策定が位置付けられました。社会福祉の基礎構造改革とも連動し、以降、社会福祉サービスの地方分権化が推進され、住民参加による地域福祉の推進が求められるようになりました。［図表 8-2］で示すように、住民からみたとき、2000 年以前の社会福祉サービスは公的財源に基づき国の政策として措置的に提供されるものが主流で、それは「やってもらう福祉」として位置づけることができたといえます。全国で画一的なサービスが提供され、質と量の面で保証されるものの、各地の実情にあったサービスが成り立ちにくいという問題がありました。一方、2000 年以降は、地方に財源が委譲され、地方自治体が独自に福祉サービスの量や質に関与することができるようになり、各地の特色や実情に応じた福祉サービス

[図表8-2] 「やる福祉」と「やらされる福祉」

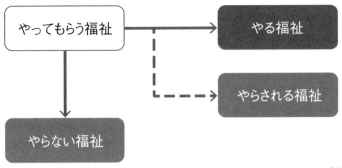

室田（2016）

の提供が可能になりました。生活支援サービスなど、地域住民の取り組みは平成12（2000）年以前から取り組まれてきましたが、2000年以降は、公的なサービスと住民主体のサービスが連動し、たとえばサロン活動や認知症カフェなど、生活支援・自立支援サービスの充実度が地方自治体によって異なるようになりました。

　このような構造を［図表8-2］で整理すると、地方自治体や地域住民は以前の「やってもらう福祉」から「やる福祉」と「やらない福祉」という選択を突きつけられるようになったといえます。しかしたとえ財政状況が厳しい自治体であっても住民の生活を護るためにも、「やらない」という選択をすることはなく、「やる」という選択をしています。ただし、「やる」ためには関係機関や地域住民の協力が必要であり、結果的に「やらされる」という状態になってしまうことがあります。地域共生社会づくりも、市町村と関係機関、地域住民が協働して「やる」ことで成り立つわけですが、結果的には「やらされる」という状態になってしまうことが危惧されます。

　地域づくりの人材育成にとって重要なことは、外部から与えられた目標を達成するために人員を動員することではありません。住民が自ら目

標を設定し、主体的に取り組むことで、「やらされる」という感覚ではなく「やる」という感覚をもつことが、地域づくりにおける人材育成にとって最も重要な過程になります。「やらされる福祉」を「やる福祉」へと昇華させる上で重要な要素が、［図表8‐1］（196頁）で示した「物語の共有」になります。

⑤ 主体的な住民活動のために

アメリカのコミュニティ・オーガナイジング研究で著名なマーシャル・ガンツは地域活動における物語（ナラティブ）の重要性を［図表8-3］のように整理しています。

この図は、人は「戦略」と「物語」という二つの要素がそろった時に自発的な行動に移すという原理を説明しています。ここでいう「戦略」

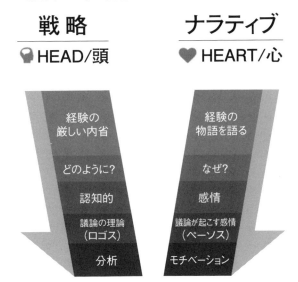

［図表8-3］　戦略とナラティブと行動の関係

出典：Ganz 2018:27

とは、人がどのように行動するのかを示すものです。たとえば、第7章で紹介した地域共生社会づくりにおける包括的支援体制の整備はまさしく「戦略」に該当します。人が行動をとるための具体的な方策が示されていて、それが論理的に示されることで、行動することによる結論を予想することができます。しかし、そうした戦略がいかに秀逸に描かれていたとしても、なぜその活動に取り組まなければならないかという動機が不明瞭な場合、人はその戦略を行動に移すことはないでしょう。もしくは動機が不明瞭なまま行動をとるということは、「やらされている」という感覚をもち続けることになります。

そこで人の動機の源泉となる「物語」が重要な意味をもちます。物語には常識では理解不能な現実に物語的説明を加えることで、人がその現実を理解することを助ける作用があります[6]。上記で述べたように、見守り活動をすることは見守る側にとって大きな負担です。それにもかかわらず、なぜ見守り活動に取り組む人がいるのでしょうか。なぜ人は他人事を「我が事」として捉えてそこに注力するのでしょうか。そこに物語的説明が加えられることで人は納得します。地域で亡くなった高齢者に誰も気づかずに2ヶ月後に白骨化された遺体が見つかり、そのような悲しい事故が地域のなかで二度と起こらないようにしたい、という思いかもしれません。もしくは、自分の大切にしている親が、高齢にもかかわらず一人で遠い郷里に住んでいて、世話をすることが叶わないので、せめて自分が今住んでいる地域のなかで同様に一人暮らししている高齢者を見守りたい、という思いかもしれません。

人によってそうした動機は様々ですが、専門家の役割は、そうした個人の動機の源泉となる物語を引き出し、その物語の根底にある共通の価値観を導き出すことで、その地域の住民が共に行動する動機を共有することなのです。

生活困窮者の自立支援における公的責任の線引きが曖昧になり、地域

住民の関与によって推進される側面が強調されるようになってきています。そのことは、柔軟かつ個別のニーズに即した対応を可能にするでしょうが、地域住民の関与を得られない場合、期待通りの支援を提供できない状況が生み出されることも考えられます。また、地域住民が「やらされる」と感じて支援に関与している場合、生活困窮者からすると、そのような受動的な動機に基づく支援は受けたくないという気持ちになるでしょう。地域住民が「やらされる」ではなく「やる」という能動的な動機で地域づくりに取り組むためにも専門家には地域住民のなかの「物語の共有」を意識したコーディネートが求められます。

おわりに

　今日、私たちの社会は大きく変容しています。それは、人口、家族、就業、地域、価値観などの変化を受け、これまで家族、地域、労働などにより支えられてきた生活の営みが新たな仕組みにより生活を構築していかなければならない時代を迎えていることを意味しています。

　このことは、人口減少社会が進行するなかで、これまで、家族、地域、職場の共同体（コミュニティ）に帰属する社会からその帰属性が失われつつあり、社会に、新たな共同体（コミュニティ）を創り出していかなければならないことを示しています。

　そこで、求められるのは、「共生」と「つながり」のある社会をどのように展望していくかです。

1.「共生」と「つながり」について

　人は一人では生きられません。人は人、人は社会に支えられ、また支えて生きています。この人と人、人と社会の関係のなかで、人は、誰もがかけがえのない存在、誰もが存在していることに価値があり誰一人として不要な存在はいない、と考えなければなりません。また、この関係のなかで、一人ひとり独立した存在として尊重され、それぞれの違いを認め、差異がある、と考えなければなりません。そして、この関係のなかで、他者が自分のことを決めるのではなく、自分の望むことを自分で判断し決めることを尊重されなければなりません。

　ここで述べている人と人、人と社会の関係は、「共生」関係にあるといえます。私たちは、人間の存在そのものを認め、個別性・多様性・差異を認め、自律性を認める「共生」関係、「共生」社会のなかで生きる

ことを追求しなければなりません。

　また私たちの社会は、家族、地域、職場などの共同体（コミュニティ）に帰属し、集団性・共同性・関係性のなかで安心と安全を得てきました。しかし社会の変容により共同体（コミュニティ）の帰属が失われ個人化・多様化が進んでいます。このことは、ある面では共同体（コミュニティ）の抑圧からの解放と自由となる側面が増える一方で、私たちの社会からこれまでの人と人、人と社会の結びつき（関係性）である「つながり」が失われることともいえます。そのため、それぞれの場でまた社会のなかでいかに新たな支え合いを創り出していくかを展望していくかが重要です。

2. 生活困窮者自立支援制度について

　さてこのような「共生」と「つながり」のある社会をめざす方策の一つとして生活困窮者自立支援制度がつくられ、施行から３年がたちました。そして今回、施行後の実績を踏まえて制度の見直しがされ一部改正が行われました。

　「共生」と「つながり」を目指す考え方（理念や定義）の明確化、理念や定義に示されたことを実現するための制度・事業の仕組み・内容・方法などの整備・促進、そして制度・事業を運営実施するための体制の整備・促進が法で規定されました。

　社会福祉の対象となる生活課題（福祉課題）は、現代の諸変化にあわせて広汎化・複雑化・多様化しています。これら福祉課題を、察知し迅速・的確・柔軟に対応することが生活困窮者自立支援制度に求められています。引き続き営為を重ねていく必要があります。そのためには、生活困窮者自立相談支援事業をはじめとする各事業を支えるソーシャルワーカーなど業務・活動に従事する人的体制や業務改善などの業務体制などの充実強化を図っていかなければなりません。

　一部改正を行うにあたり、５年後の実績を踏まえ見直しを行うことになっています。

3. 今後に向けて

　生活困窮者自立支援制度の背景には生活保護受給者の増大があり、そのための低所得者対策という側面があります。しかし同制度は、本来生活保護で受けとめなければならない人びとを生活保護の窓口にスムーズにつなぐことをシステム的に確立し、他方では、これまで十分に行われて来なかった低所得者対策の充実を図ることを目指しています。そして、それは低所得者に代表される「経済的困窮」だけでなく「社会的孤立」や「制度の谷間」で困難をかかえる人・世帯を掘り起こし、制度・施策などの公的資源や民間活動を行っている地域の社会資源につなげるとともに、住民・非営利・営利団体など、地域に暮らす・活動する構成員を巻き込み地域共生社会の実現を図る制度・政策、ソーシャルワーク実践となることを志向しなければなりません。

　そのためには、地域の必要（ニーズ）と社会資源の配置を振り返り、地域の相談機関・サービス供給組織等とどのように連携・協働していくか、そして地域の社会資源を開発・開拓していくかが重要となってきます。また、それは、潜在的に生活困難をかかえる人たちへの支援を射程に入れる必要があります。とりわけ制度の峡間を埋めることを意識しながら、生活支援、地域支援を行うことにより、地域におけるセーフティネットがつくられ、新たな社会福祉の展望が開けてきます。そこでは、生活困窮者の生活再建、地域の組織化を図る取り組みが社会福祉法人やNPO、企業、ボランティア、行政に期待されます。本制度の更なる充実が、地域において福祉意識や文化の醸成や福祉の市民活動の促進や福祉社会の構築につながります。

　一部改正を踏まえた皆様の今後の取り組みに期待します。

平成30年10月

　　　　　　　　　　　　　　　　　　　　　　　　　岡部　　卓

生活困窮者自立支援法の改正後条文

　生活困窮者自立支援法の条文中、アミのかかっている箇所は、平成30年6月8日法律第44号「生活困窮者等の自立を促進するための生活困窮者自立支援法等の一部を改正する法律」によって改正された箇所を示しています。

生活困窮者自立支援法　全文

（平成25年12月13日）
（法律第105号）
＊平成30年6月8日法律第44号改正現在
（平成31年4月1日施行分改正後条文）

生活困窮者自立支援法をここに公布する。
　　　生活困窮者自立支援法

目次
　第1章　総則（第1条‐第4条）
　第2章　都道府県等による支援の実施（第5条‐第15条）
　第3章　生活困窮者就労訓練事業の認定（第16条）
　第4章　雑則（第17条‐第26条）
　第5章　罰則（第27条‐第30条）
　附則

第1章　総則

（目的）
第1条　この法律は、生活困窮者自立相談支援事業の実施、生活困窮者住居確保給付金の支給その他の生活困窮者に対する自立の支援に関する措置を講ずることにより、生活困窮者の自立の促進を図ることを目的とする。

（基本理念）
第2条　生活困窮者に対する自立の支援は、生活困窮者の尊厳の保持を図りつつ、生活困窮者の就労の状況、心身の状況、地域社会からの孤立の状況その他の状況に応じて、包括的かつ早期に行われなければならない。

2　生活困窮者に対する自立の支援は、地域における福祉、就労、教育、住宅その他の生活困窮者に対する支援に関する業務を行う関係機関（以下単に「関係機関」

という。）及び民間団体との緊密な連携その他必要な支援体制の整備に配慮して行われなければならない。

（定義）
第3条　この法律において「生活困窮者」とは、就労の状況、心身の状況、地域社会との関係性その他の事情により、現に経済的に困窮し、最低限度の生活を維持することができなくなるおそれのある者をいう。

2　この法律において「生活困窮者自立相談支援事業」とは、次に掲げる事業をいう。
　一　就労の支援その他の自立に関する問題につき、生活困窮者及び生活困窮者の家族その他の関係者からの相談に応じ、必要な情報の提供及び助言をし、並びに関係機関との連絡調整を行う事業
　二　生活困窮者に対し、認定生活困窮者就労訓練事業（第16条第3項に規定する認定生活困窮者就労訓練事業をいう。）の利用についてのあっせんを行う事業
　三　生活困窮者に対し、生活困窮者に対する支援の種類及び内容その他の厚生労働省令で定める事項を記載した計画の作成その他の生活困窮者の自立の促進を図るための支援が包括的かつ計画的に行われるための援助として厚生労働省令で定めるものを行う事業

3　この法律において「生活困窮者住居確保給付金」とは、生活困窮者のうち離職又はこれに準ずるものとして厚生労働省令で定める事由により経済的に困窮し、居住する住宅の所有権若しくは使用及び収益を目的とする権利を失い、又は現に賃借して居住する住宅の家賃を支払うことが困難となったものであって、就職を容易にするため住居を確保する必要があると認められるものに対し支給する給付金をいう。

4　この法律において「生活困窮者就労準備支援事業」とは、雇用による就業が著しく困難な生活困窮者（当該生活困窮者及び当該生活困窮者と同一の世帯に属する者の資産及び収入の状況その他の事情を勘案して厚生労働省令で定めるものに限る。）に対し、厚生労働省令で定める期間にわたり、就労に必要な知識及び能力の向上のために必要な訓練を行う事業をいう。

5　この法律において「生活困窮者家計改善支援事業」とは、生活困窮者に対し、収入、支出その他家計の状況を適切に把握すること及び家計の改善の意欲を高めることを支援するとともに、生活に必要な資金の貸付けのあっせんを行う事業をいう。

6 この法律において「生活困窮者一時生活支援事業」とは、次に掲げる事業をいう。
　一　一定の住居を持たない生活困窮者（当該生活困窮者及び当該生活困窮者と同一の世帯に属する者の資産及び収入の状況その他の事情を勘案して厚生労働省令で定めるものに限る。）に対し、厚生労働省令で定める期間にわたり、宿泊場所の供与、食事の提供その他当該宿泊場所において日常生活を営むのに必要な便宜として厚生労働省令で定める便宜を供与する事業
　二　次に掲げる生活困窮者に対し、厚生労働省令で定める期間にわたり、訪問による必要な情報の提供及び助言その他の現在の住居において日常生活を営むのに必要な便宜として厚生労働省令で定める便宜を供与する事業（生活困窮者自立相談支援事業に該当するものを除く。）
　　イ　前号に掲げる事業を利用していた生活困窮者であって、現に一定の住居を有するもの
　　ロ　現在の住居を失うおそれのある生活困窮者であって、地域社会から孤立しているもの

7 この法律において「子どもの学習・生活支援事業」とは、次に掲げる事業をいう。
一　生活困窮者である子どもに対し、学習の援助を行う事業
二　生活困窮者である子ども及び当該子どもの保護者に対し、当該子どもの生活習慣及び育成環境の改善に関する助言を行う事業（生活困窮者自立相談支援事業に該当するものを除く。）
三　生活困窮者である子どもの進路選択その他の教育及び就労に関する問題につき、当該子ども及び当該子どもの保護者からの相談に応じ、必要な情報の提供及び助言をし、並びに関係機関との連絡調整を行う事業（生活困窮者自立相談支援事業に該当するものを除く。）

（市及び福祉事務所を設置する町村等の責務）
第４条　市（特別区を含む。）及び福祉事務所（社会福祉法（昭和26年法律第45号）に規定する福祉に関する事務所をいう。以下同じ。）を設置する町村（以下「市等」という。）は、この法律の実施に関し、関係機関との緊密な連携を図りつつ、適切に生活困窮者自立相談支援事業及び生活困窮者住居確保給付金の支給を行う責務を有する。

2 都道府県は、この法律の実施に関し、次に掲げる責務を有する。
　一　市等が行う生活困窮者自立相談支援事業及び生活困窮者住居確保給付金の支給、生活困窮者就労準備支援事業及び生活困窮者家計改善支援事業並びに生活

困窮者一時生活支援事業、子どもの学習・生活支援事業及びその他の生活困窮者の自立の促進を図るために必要な事業が適正かつ円滑に行われるよう、市等に対する必要な助言、情報の提供その他の援助を行うこと。
　二　関係機関との緊密な連携を図りつつ、適切に生活困窮者自立相談支援事業及び生活困窮者住居確保給付金の支給を行うこと。

3　国は、都道府県及び市等（以下「都道府県等」という。）が行う生活困窮者自立相談支援事業及び生活困窮者住居確保給付金の支給、生活困窮者就労準備支援事業及び生活困窮者家計改善支援事業並びに生活困窮者一時生活支援事業、子どもの学習・生活支援事業及びその他の生活困窮者の自立の促進を図るために必要な事業が適正かつ円滑に行われるよう、都道府県等に対する必要な助言、情報の提供その他の援助を行わなければならない。

4　国及び都道府県等は、この法律の実施に関し、生活困窮者が生活困窮者に対する自立の支援を早期に受けることができるよう、広報その他必要な措置を講ずるように努めるものとする。

5　都道府県等は、この法律の実施に関し、生活困窮者に対する自立の支援を適切に行うために必要な人員を配置するように努めるものとする。

第2章　都道府県等による支援の実施

（生活困窮者自立相談支援事業）
第5条　都道府県等は、生活困窮者自立相談支援事業を行うものとする。

2　都道府県等は、生活困窮者自立相談支援事業の事務の全部又は一部を当該都道府県等以外の厚生労働省令で定める者に委託することができる。

3　前項の規定による委託を受けた者若しくはその役員若しくは職員又はこれらの者であった者は、その委託を受けた事務に関して知り得た秘密を漏らしてはならない。

（生活困窮者住居確保給付金の支給）
第6条　都道府県等は、その設置する福祉事務所の所管区域内に居住地を有する生活困窮者のうち第3条第3項に規定するもの（当該生活困窮者及び当該生活困窮者と同一の世帯に属する者の資産及び収入の状況その他の事情を勘案して厚生労働省令で定めるものに限る。）に対し、生活困窮者住居確保給付金を支給するものとする。

2　前項に規定するもののほか、生活困窮者住居確保給付金の額及び支給期間その他生活困窮者住居確保給付金の支給に関し必要な事項は、厚生労働省令で定める。

（生活困窮者就労準備支援事業等）
第7条　都道府県等は、生活困窮者自立相談支援事業及び生活困窮者住居確保給付金の支給のほか、生活困窮者就労準備支援事業及び生活困窮者家計改善支援事業を行うように努めるものとする。

2　都道府県等は、前項に規定するもののほか、次に掲げる事業を行うことができる。
　一　生活困窮者一時生活支援事業
　二　子どもの学習・生活支援事業
　三　その他の生活困窮者の自立の促進を図るために必要な事業

3　第5条第2項及び第3項の規定は、前2項の規定により都道府県等が行う事業について準用する。

4　都道府県等は、第1項に規定する事業及び給付金の支給並びに第2項各号に掲げる事業を行うに当たっては、母子及び父子並びに寡婦福祉法（昭和39年法律第129号）第31条の5第1項第2号に掲げる業務及び同法第31条の11第1項第2号に掲げる業務並びに社会教育法（昭和24年法律第207号）第5条第1項第13号（同法第6条第1項において引用する場合を含む。）に規定する学習の機会を提供する事業その他関連する施策との連携を図るように努めるものとする。

5　厚生労働大臣は、生活困窮者就労準備支援事業及び生活困窮者家計改善支援事業の適切な実施を図るために必要な指針を公表するものとする。

（利用勧奨等）
第8条　都道府県等は、福祉、就労、教育、税務、住宅その他のその所掌事務に関する業務の遂行に当たって、生活困窮者を把握したときは、当該生活困窮者に対し、この法律に基づく事業の利用及び給付金の受給の勧奨その他適切な措置を講ずるように努めるものとする。

（支援会議）
第9条　都道府県等は、関係機関、第5条第2項（第7条第3項において準用する場合を含む。）の規定による委託を受けた者、生活困窮者に対する支援に関係する団体、当該支援に関係する職務に従事する者その他の関係者（第3項及び第4

項において「関係機関等」という。）により構成される会議（以下この条において「支援会議」という。）を組織することができる。

2 支援会議は、生活困窮者に対する自立の支援を図るために必要な情報の交換を行うとともに、生活困窮者が地域において日常生活及び社会生活を営むのに必要な支援体制に関する検討を行うものとする。

3 支援会議は、前項の規定による情報の交換及び検討を行うために必要があると認めるときは、関係機関等に対し、生活困窮者に関する資料又は情報の提供、意見の開陳その他必要な協力を求めることができる。

4 関係機関等は、前項の規定による求めがあった場合には、これに協力するように努めるものとする。

5 支援会議の事務に従事する者又は従事していた者は、正当な理由がなく、支援会議の事務に関して知り得た秘密を漏らしてはならない。

6 前各項に定めるもののほか、支援会議の組織及び運営に関し必要な事項は、支援会議が定める。

（都道府県の市等の職員に対する研修等事業）
第10条 都道府県は、次に掲げる事業を行うように努めるものとする。
　一 この法律の実施に関する事務に従事する市等の職員の資質を向上させるための研修の事業
　二 この法律に基づく事業又は給付金の支給を効果的かつ効率的に行うための体制の整備、支援手法に関する市等に対する情報提供、助言その他の事業

2 第5条第2項の規定は、都道府県が前項の規定により事業を行う場合について準用する。

（福祉事務所を設置していない町村による相談等）
第11条 福祉事務所を設置していない町村（次項、第14条及び第15条第3項において「福祉事務所未設置町村」という。）は、生活困窮者に対する自立の支援につき、生活困窮者及び生活困窮者の家族その他の関係者からの相談に応じ、必要な情報の提供及び助言、都道府県との連絡調整、生活困窮者自立相談支援事業の利用の勧奨その他必要な援助を行う事業を行うことができる。

2 第5条第2項及び第3項の規定は、福祉事務所未設置町村が前項の規定により

事業を行う場合について準用する。

(市等の支弁)
第12条　次に掲げる費用は、市等の支弁とする。
一　第5条第1項の規定により市等が行う生活困窮者自立相談支援事業の実施に要する費用
二　第6条第1項の規定により市等が行う生活困窮者住居確保給付金の支給に要する費用
三　第7条第1項及び第2項の規定により市等が行う生活困窮者就労準備支援事業及び生活困窮者一時生活支援事業の実施に要する費用
四　第7条第1項及び第2項の規定により市等が行う生活困窮者家計改善支援事業並びに子どもの学習・生活支援事業及び同項第3号に掲げる事業の実施に要する費用

(都道府県の支弁)
第13条　次に掲げる費用は、都道府県の支弁とする。
一　第5条第1項の規定により都道府県が行う生活困窮者自立相談支援事業の実施に要する費用
二　第6条第1項の規定により都道府県が行う生活困窮者住居確保給付金の支給に要する費用
三　第7条第1項及び第2項の規定により都道府県が行う生活困窮者就労準備支援事業及び生活困窮者一時生活支援事業の実施に要する費用
四　第7条第1項及び第2項の規定により都道府県が行う生活困窮者家計改善支援事業並びに子どもの学習・生活支援事業及び同項第3号に掲げる事業の実施に要する費用
五　第10条第1項の規定により都道府県が行う事業の実施に要する費用

(福祉事務所未設置町村の支弁)
第14条　第11条第1項の規定により福祉事務所未設置町村が行う事業の実施に要する費用は、福祉事務所未設置町村の支弁とする。

(国の負担及び補助)
第15条　国は、政令で定めるところにより、次に掲げるものの4分の3を負担する。
一　第12条の規定により市等が支弁する同条第1号に掲げる費用のうち当該市等における人口、被保護者(生活保護法(昭和25年法律第144号)第6条第1項に規定する被保護者をいう。第3号において同じ。)の数その他の事情を勘案して政令で定めるところにより算定した額
二　第12条の規定により市等が支弁する費用のうち、同条第2号に掲げる費用

三　第13条の規定により都道府県が支弁する同条第1号に掲げる費用のうち当該都道府県の設置する福祉事務所の所管区域内の町村における人口、被保護者の数その他の事情を勘案して政令で定めるところにより算定した額
四　第13条の規定により都道府県が支弁する費用のうち、同条第2号に掲げる費用

2　国は、予算の範囲内において、政令で定めるところにより、次に掲げるものを補助することができる。
一　第12条及び第13条の規定により市等及び都道府県が支弁する費用のうち、第12条第3号及び第13条第3号に掲げる費用の3分の2以内
二　第12条及び第13条の規定により市等及び都道府県が支弁する費用のうち、第12条第4号並びに第13条第4号及び第5号に掲げる費用の2分の1以内

3　前項に規定するもののほか、国は、予算の範囲内において、政令で定めるところにより、前条の規定により福祉事務所未設置町村が支弁する費用の4分の3以内を補助することができる。

4　生活困窮者就労準備支援事業及び生活困窮者家計改善支援事業が効果的かつ効率的に行われている場合として政令で定める場合に該当するときは、第2項の規定の適用については、同項第1号中「掲げる費用」とあるのは「掲げる費用並びに第7条第1項の規定により市等及び都道府県が行う生活困窮者家計改善支援事業の実施に要する費用」と、同項第2号中「並びに第13条第4号及び第5号」とあるのは「及び第13条第4号（いずれも第7条第1項の規定により市等及び都道府県が行う生活困窮者家計改善支援事業の実施に要する費用を除く。）並びに第13条第5号」とする。

第3章　生活困窮者就労訓練事業の認定

第16条　雇用による就業を継続して行うことが困難な生活困窮者に対し、就労の機会を提供するとともに、就労に必要な知識及び能力の向上のために必要な訓練その他の厚生労働省令で定める便宜を供与する事業（以下この条において「生活困窮者就労訓練事業」という。）を行う者は、厚生労働省令で定めるところにより、当該生活困窮者就労訓練事業が生活困窮者の就労に必要な知識及び能力の向上のための基準として厚生労働省令で定める基準に適合していることにつき、都道府県知事の認定を受けることができる。

2　都道府県知事は、生活困窮者就労訓練事業が前項の基準に適合していると認めるときは、同項の認定をするものとする。

3　都道府県知事は、第1項の認定に係る生活困窮者就労訓練事業（次項及び第21条第2項において「認定生活困窮者就労訓練事業」という。）が第1項の基準に適合しないものとなったと認めるときは、同項の認定を取り消すことができる。

4　国及び地方公共団体は、認定生活困窮者就労訓練事業を行う者の受注の機会の増大を図るように努めるものとする。

第4章　雑則

（雇用の機会の確保）
第17条　国及び地方公共団体は、生活困窮者の雇用の機会の確保を図るため、職業訓練の実施、就職のあっせんその他の必要な措置を講ずるように努めるものとする。

2　国及び地方公共団体は、生活困窮者の雇用の機会の確保を図るため、国の講ずる措置と地方公共団体の講ずる措置が密接な連携の下に円滑かつ効果的に実施されるように相互に連絡し、及び協力するものとする。

3　公共職業安定所は、生活困窮者の雇用の機会の確保を図るため、求人に関する情報の収集及び提供、生活困窮者を雇用する事業主に対する援助その他必要な措置を講ずるように努めるものとする。

4　公共職業安定所は、生活困窮者の雇用の機会の確保を図るため、職業安定法（昭和22年法律第141号）第29条第1項の規定により無料の職業紹介事業を行う都道府県等が求人に関する情報の提供を希望するときは、当該都道府県等に対して、当該求人に関する情報を電磁的方法（電子情報処理組織を使用する方法その他の情報通信の技術を利用する方法をいう。）その他厚生労働省令で定める方法により提供するものとする。

（不正利得の徴収）
第18条　偽りその他不正の手段により生活困窮者住居確保給付金の支給を受けた者があるときは、都道府県等は、その者から、その支給を受けた生活困窮者住居確保給付金の額に相当する金額の全部又は一部を徴収することができる。

2　前項の規定による徴収金は、地方自治法（昭和22年法律第67号）第231条の3第3項に規定する法律で定める歳入とする。

（受給権の保護）
第19条　生活困窮者住居確保給付金の支給を受けることとなった者の当該支給を受ける権利は、譲り渡し、担保に供し、又は差し押さえることができない。

（公課の禁止）
第20条　租税その他の公課は、生活困窮者住居確保給付金として支給を受けた金銭を標準として課することができない。

（報告等）
第21条　都道府県等は、生活困窮者住居確保給付金の支給に関して必要があると認めるときは、この法律の施行に必要な限度において、当該生活困窮者住居確保給付金の支給を受けた生活困窮者又は生活困窮者であった者に対し、報告若しくは文書その他の物件の提出若しくは提示を命じ、又は当該職員に質問させることができる。

2　都道府県知事は、この法律の施行に必要な限度において、認定生活困窮者就労訓練事業を行う者又は認定生活困窮者就労訓練事業を行っていた者に対し、報告を求めることができる。

3　第1項の規定による質問を行う場合においては、当該職員は、その身分を示す証明書を携帯し、かつ、関係者の請求があるときは、これを提示しなければならない。

4　第1項の規定による権限は、犯罪捜査のために認められたものと解釈してはならない。

（資料の提供等）
第22条　都道府県等は、生活困窮者住居確保給付金の支給又は生活困窮者就労準備支援事業若しくは生活困窮者一時生活支援事業（第3条第6項第1号に掲げる事業に限る。）の実施に関して必要があると認めるときは、生活困窮者、生活困窮者の配偶者若しくは生活困窮者の属する世帯の世帯主その他その世帯に属する者又はこれらの者であった者の資産又は収入の状況につき、官公署に対し必要な文書の閲覧若しくは資料の提供を求め、又は銀行、信託会社その他の機関若しくは生活困窮者の雇用主その他の関係者に報告を求めることができる。

2　都道府県等は、生活困窮者住居確保給付金の支給に関して必要があると認めるときは、当該生活困窮者住居確保給付金の支給を受ける生活困窮者若しくは当該生活困窮者に対し当該生活困窮者が居住する住宅を賃貸する者若しくはその役員

若しくは職員又はこれらの者であった者に、当該住宅の状況につき、報告を求めることができる。

（情報提供等）
第 23 条 都道府県等は、第 7 条第 1 項に規定する事業及び給付金の支給並びに同条第 2 項各号に掲げる事業を行うに当たって、生活保護法第 6 条第 2 項に規定する要保護者となるおそれが高い者を把握したときは、当該者に対し、同法に基づく保護又は給付金若しくは事業についての情報の提供、助言その他適切な措置を講ずるものとする。

（町村の一部事務組合等）
第 24 条 町村が一部事務組合又は広域連合を設けて福祉事務所を設置した場合には、この法律の適用については、その一部事務組合又は広域連合を福祉事務所を設置する町村とみなす。

（大都市等の特例）
第 25 条 この法律中都道府県が処理することとされている事務で政令で定めるものは、地方自治法第 252 条の 19 第 1 項の指定都市（以下この条において「指定都市」という。）及び同法第 252 条の 22 第 1 項の中核市（以下この条において「中核市」という。）においては、政令の定めるところにより、指定都市又は中核市が処理するものとする。この場合においては、この法律中都道府県に関する規定は、指定都市又は中核市に関する規定として指定都市又は中核市に適用があるものとする。

（実施規定）
第 26 条 この法律に特別の規定があるものを除くほか、この法律の実施のための手続その他その執行について必要な細則は、厚生労働省令で定める。

第 5 章　罰則

第 27 条 偽りその他不正の手段により生活困窮者住居確保給付金の支給を受け、又は他人をして受けさせた者は、3 年以下の懲役又は 100 万円以下の罰金に処する。ただし、刑法（明治 40 年法律第 45 号）に正条があるときは、刑法による。

第 28 条 第 5 条第 3 項（第 7 条第 3 項及び第 11 条第 2 項において準用する場合を含む。）又は第 9 条第 5 項の規定に違反して秘密を漏らした者は、1 年以下の懲役又は 100 万円以下の罰金に処する。

第29条　次の各号のいずれかに該当する者は、30万円以下の罰金に処する。
　一　第21条第1項の規定による命令に違反して、報告若しくは物件の提出若しくは提示をせず、若しくは虚偽の報告若しくは虚偽の物件の提出若しくは提示をし、又は同項の規定による当該職員の質問に対して、答弁せず、若しくは虚偽の答弁をした者
　二　第21条第2項の規定による報告をせず、又は虚偽の報告をした者

第30条　法人の代表者又は法人若しくは人の代理人、使用人その他の従業者が、その法人又は人の業務に関して第27条又は前条第2号の違反行為をしたときは、行為者を罰するほか、その法人又は人に対して各本条の罰金刑を科する。

附則抄

（施行期日）
第1条　この法律は、平成27年4月1日から施行する。

（検討）
第2条　政府は、この法律の施行後3年を目途として、この法律の施行の状況を勘案し、生活困窮者に対する自立の支援に関する措置の在り方について総合的に検討を加え、必要があると認めるときは、その結果に基づいて所要の措置を講ずるものとする。

附則（平成28年5月20日法律第47号）抄

（施行期日）
第1条　この法律は、平成29年4月1日から施行する。ただし、次の各号に掲げる規定は、当該各号に定める日から施行する。
　一　略
　二　第6条、第8条及び第14条の規定並びに附則第3条、第13条、第24条から第26条まで、第29条から第31条まで、第33条、第35条及び第48条の規定　公布の日から起算して3月を経過した日

附則（平成30年6月8日法律第44号）抄

（施行期日）
第1条　この法律は、平成30年10月1日から施行する。ただし、次の各号に掲げる規定は、当該各号に定める日から施行する。
　一　第3条中生活保護法の目次の改正規定、同法第27条の2の改正規定、同

法第9章中第55条の6を第55条の7とする改正規定、同法第8章の章名の改正規定、同法第55条の4第2項及び第3項並びに第55条の5の改正規定、同法第8章中同条を第55条の6とし、第55条の4の次に1条を加える改正規定、同法第57条から第59条まで、第64条、第65条第1項、第66条第1項、第70条第5号及び第6号、第71条第5号及び第6号、第73条第3号及び第4号、第75条第1項第2号、第76条の3並びに第78条第3項の改正規定、同法第78条の2第2項の改正規定（「支給機関」を「第55条の4第1項の規定により就労自立給付金を支給する者」に改める部分に限る。）、同法第85条第2項、第85条の2及び第86条第1項の改正規定並びに同法別表第1の6の項第1号及び別表第3都道府県、市及び福祉事務所を設置する町村の項の改正規定並びに次条の規定、附則第9条中地方自治法（昭和22年法律第67号）別表第1生活保護法（昭和25年法律第144号）の項第1号の改正規定、附則第17条中住民基本台帳法（昭和42年法律第81号）別表第2の5の11の項、別表第3の7の7の項、別表第4の4の11の項及び別表第5第9号の4の改正規定（いずれも「就労自立給付金」の下に「若しくは同法第55条の5第1項の進学準備給付金」を加える部分に限る。）並びに附則第23条及び第24条の規定　公布の日
二　第2条の規定　平成31年4月1日

（罰則に関する経過措置）
第7条　この法律の施行前にした行為に対する罰則の適用については、なお従前の例による。

（検討）
第8条　政府は、この法律の施行後5年を目途として、この法律の規定による改正後の規定の施行の状況について検討を加え、必要があると認めるときは、その結果に基づいて所要の措置を講ずるものとする。

（政令への委任）
第24条　この附則に規定するもののほか、この法律の施行に伴い必要な経過措置は、政令で定める。

生活困窮者自立支援法 新旧対照表

生活困窮者自立支援法［平成25年12月13日 法律第105号］

●平成30（2018）年10月1日施行

改正後	改正前
目次 　第1章　総則（第1条-第4条） 　第2章　都道府県等による支援の実施 　　　　（第5条-第15条） 　第3章　生活困窮者就労訓練事業の認定（第16条） 　第4章　雑則（第17条-第26条） 　第5章　罰則（第27条-第30条） （基本理念） **第2条**　生活困窮者に対する自立の支援は、生活困窮者の尊厳の保持を図りつつ、生活困窮者の就労の状況、心身の状況、地域社会からの孤立の状況その他の状況に応じて、包括的かつ早期に行われなければならない。 2　生活困窮者に対する自立の支援は、地域における福祉、就労、教育、住宅その他の生活困窮者に対する支援に関する業務を行う関係機関（以下単に「関係機関」という。）及び民間団体との緊密な連携その他必要な支援体制の整備に配慮して行われなければならない。 （定義） **第3条**　この法律において「生活困窮者」とは、就労の状況、心身の状況、地域社会との関係性その他の事情により、現に経済的に困窮し、最低限	目次 　第1章　総則（第1条-第3条） 　第2章　都道府県等による支援の実施 　　　　（第4条-第9条） 　第3章　生活困窮者就労訓練事業の認定（第10条） 　第4章　雑則（第11条-第19条） 　第5章　罰則（第20条-第23条） （定義） **第2条**　この法律において「生活困窮者」とは、現に経済的に困窮し、最低限度の生活を維持することができなくなるおそれのある者をいう。

度の生活を維持することができなくなるおそれのある者をいう。	
2　この法律において「生活困窮者自立相談支援事業」とは、次に掲げる事業をいう。 一　就労の支援その他の自立に関する問題につき、生活困窮者及び生活困窮者の家族その他の関係者からの相談に応じ、必要な情報の提供及び助言をし、並びに関係機関との連絡調整を行う事業 二　生活困窮者に対し、認定生活困窮者就労訓練事業（第16条第3項に規定する認定生活困窮者就労訓練事業をいう。）の利用についてのあっせんを行う事業 三　生活困窮者に対し、生活困窮者に対する支援の種類及び内容その他の厚生労働省令で定める事項を記載した計画の作成その他の生活困窮者の自立の促進を図るための支援が包括的かつ計画的に行われるための援助として厚生労働省令で定めるものを行う事業 3・4　（略）	2　この法律において「生活困窮者自立相談支援事業」とは、次に掲げる事業をいう。 一　就労の支援その他の自立に関する問題につき、生活困窮者からの相談に応じ、必要な情報の提供及び助言を行う事業 二　生活困窮者に対し、認定生活困窮者就労訓練事業（第10条第3項に規定する認定生活困窮者就労訓練事業をいう。）の利用についてのあっせんを行う事業 三　生活困窮者に対し、当該生活困窮者に対する支援の種類及び内容その他の厚生労働省令で定める事項を記載した計画の作成その他の生活困窮者の自立の促進を図るための支援が一体的かつ計画的に行われるための援助として厚生労働省令で定めるものを行う事業 3　この法律において「生活困窮者住居確保給付金」とは、生活困窮者のうち離職又はこれに準ずるものとして厚生労働省令で定める事由により経済的に困窮し、居住する住宅の所有権若しくは使用及び収益を目的とする権利を失い、又は現に賃借して居住する住宅の家賃を支払うことが困難となったものであって、就職を容易にするため住居を確保する必要があると認められるものに対し支給する給付金をいう。

生活困窮者自立支援法　新旧対照表―平成30年10月1日施行

	4　この法律において「生活困窮者就労準備支援事業」とは、雇用による就業が著しく困難な生活困窮者（当該生活困窮者及び当該生活困窮者と同一の世帯に属する者の資産及び収入の状況その他の事情を勘案して厚生労働省令で定めるものに限る。）に対し、厚生労働省令で定める期間にわたり、就労に必要な知識及び能力の向上のために必要な訓練を行う事業をいう。
5　この法律において「生活困窮者家計改善支援事業」とは、生活困窮者に対し、収入、支出その他家計の状況を適切に把握すること及び家計の改善の意欲を高めることを支援するとともに、生活に必要な資金の貸付けのあっせんを行う事業をいう。	
6　（略）	5　この法律において「生活困窮者一時生活支援事業」とは、一定の住居を持たない生活困窮者（当該生活困窮者及び当該生活困窮者と同一の世帯に属する者の資産及び収入の状況その他の事情を勘案して厚生労働省令で定めるものに限る。）に対し、厚生労働省令で定める期間にわたり、宿泊場所の供与、食事の提供その他当該宿泊場所において日常生活を営むのに必要な便宜として厚生労働省令で定める便宜を供与する事業をいう。
	6　この法律において「生活困窮者家計相談支援事業」とは、生活困窮者の家計に関する問題につき、生活困窮者からの相談に応じ、必要な情報の

	提供及び助言を行い、併せて支出の節約に関する指導その他家計に関する継続的な指導及び生活に必要な資金の貸付けのあっせんを行う事業（生活困窮者自立相談支援事業に該当するものを除く。）をいう。
（市及び福祉事務所を設置する町村等の責務） 第4条　市（特別区を含む。）及び福祉事務所（社会福祉法（昭和26年法律第45号）に規定する福祉に関する事務所をいう。以下同じ。）を設置する町村（以下「市等」という。）は、この法律の実施に関し、関係機関との緊密な連携を図りつつ、適切に生活困窮者自立相談支援事業及び生活困窮者住居確保給付金の支給を行う責務を有する。	（市及び福祉事務所を設置する町村等の責務） 第3条　市（特別区を含む。）及び福祉事務所（社会福祉法（昭和26年法律第45号）に規定する福祉に関する事務所をいう。以下同じ。）を設置する町村（以下「市等」という。）は、この法律の実施に関し、<mark>公共職業安定所その他の職業安定機関、教育機関その他の関係機関（次項第2号において単に「関係機関」という。）</mark>との緊密な連携を図りつつ、適切に生活困窮者自立相談支援事業及び生活困窮者住居確保給付金の支給を行う責務を有する。
2　都道府県は、この法律の実施に関し、次に掲げる責務を有する。 一　市等が行う生活困窮者自立相談支援事業及び生活困窮者住居確保給付金の<mark>支給、生活困窮者就労準備支援事業及び生活困窮者家計改善支援事業並びに生活困窮者一時生活支援事業、生活困窮者である子どもに対し学習の援助を行う事業及び</mark>その他の生活困窮者の自立の促進を図るために必要な事業が適正かつ円滑に行われるよう、市等に対する必要な助言、情報の提供その他の援助を行うこと。 二　（略）	2　都道府県は、この法律の実施に関し、次に掲げる責務を有する。 一　市等が行う生活困窮者自立相談支援事業及び生活困窮者住居確保給付金の<mark>支給並びに</mark>生活困窮者就労準備支援事業、<mark>生活困窮者一時生活支援事業、生活困窮者家計相談支援事業</mark>その他生活困窮者の自立の促進を図るために必要な事業が適正かつ円滑に行われるよう、市等に対する必要な助言、情報の提供その他の援助を行うこと。 二　関係機関との緊密な連携を図り

| | つつ、適切に生活困窮者自立相談支援事業及び生活困窮者住居確保給付金の支給を行うこと。 |

3　国は、都道府県及び市等（以下「都道府県等」という。）が行う生活困窮者自立相談支援事業及び生活困窮者住居確保給付金の支給、生活困窮者就労準備支援事業及び生活困窮者家計改善支援事業並びに生活困窮者一時生活支援事業、生活困窮者である子どもに対し学習の援助を行う事業及びその他の生活困窮者の自立の促進を図るために必要な事業が適正かつ円滑に行われるよう、都道府県等に対する必要な助言、情報の提供その他の援助を行わなければならない。

4　国及び都道府県等は、この法律の実施に関し、生活困窮者が生活困窮者に対する自立の支援を早期に受けることができるよう、広報その他必要な措置を講ずるように努めるものとする。

5　都道府県等は、この法律の実施に関し、生活困窮者に対する自立の支援を適切に行うために必要な人員を配置するように努めるものとする。

（生活困窮者自立相談支援事業）
第5条　（略）

3　国は、都道府県及び市等（以下「都道府県等」という。）が行う生活困窮者自立相談支援事業及び生活困窮者住居確保給付金の支給並びに生活困窮者就労準備支援事業、生活困窮者一時生活支援事業、生活困窮者家計相談支援事業その他生活困窮者の自立の促進を図るために必要な事業が適正かつ円滑に行われるよう、都道府県等に対する必要な助言、情報の提供その他の援助を行わなければならない。

（生活困窮者自立相談支援事業）
第4条　都道府県等は、生活困窮者自立相談支援事業を行うものとする。

2　都道府県等は、生活困窮者自立相談支援事業の事務の全部又は一部を当該都道府県等以外の厚生労働省令で定める者に委託することができる。

	3　前項の規定による委託を受けた者若しくはその役員若しくは職員又はこれらの者であった者は、その委託を受けた事務に関して知り得た秘密を漏らしてはならない。
（生活困窮者住居確保給付金の支給） **第６条**　都道府県等は、その設置する福祉事務所の所管区域内に居住地を有する生活困窮者のうち第３条第３項に規定するもの（当該生活困窮者及び当該生活困窮者と同一の世帯に属する者の資産及び収入の状況その他の事情を勘案して厚生労働省令で定めるものに限る。）に対し、生活困窮者住居確保給付金を支給するものとする。	（生活困窮者住居確保給付金の支給） **第５条**　都道府県等は、その設置する福祉事務所の所管区域内に居住地を有する生活困窮者のうち第２条第３項に規定するもの（当該生活困窮者及び当該生活困窮者と同一の世帯に属する者の資産及び収入の状況その他の事情を勘案して厚生労働省令で定めるものに限る。）に対し、生活困窮者住居確保給付金を支給するものとする。
２　（略）	２　前項に規定するもののほか、生活困窮者住居確保給付金の額及び支給期間その他生活困窮者住居確保給付金の支給に関し必要な事項は、厚生労働省令で定める。
（生活困窮者就労準備支援事業等） **第７条**　都道府県等は、生活困窮者自立相談支援事業及び生活困窮者住居確保給付金の支給のほか、生活困窮者就労準備支援事業及び生活困窮者家計改善支援事業を行うように努めるものとする。	（生活困窮者就労準備支援事業等） **第６条**
２　都道府県等は、前項に規定するもののほか、次に掲げる事業を行うことができる。	都道府県等は、生活困窮者自立相談支援事業及び生活困窮者住居確保給付金の支給のほか、次に掲げる事業を行うことができる。 一　生活困窮者就労準備支援事業

生活困窮者自立支援法　新旧対照表——平成30年10月1日施行

一 （略） 二 （略） 三 その他の生活困窮者の自立の促進を図るために必要な事業 3　第5条第2項及び第3項の規定は、前2項の規定により都道府県等が行う事業について準用する。 4　都道府県等は、第1項に規定する事業及び給付金の支給並びに第2項各号に掲げる事業を行うに当たっては、母子及び父子並びに寡婦福祉法（昭和39年法律第129号）第31条の5第1項第2号に掲げる業務及び同法第31条の11第1項第2号に掲げる業務並びに社会教育法（昭和24年法律第207号）第5条第1項第13号（同法第6条第1項において引用する場合を含む。）に規定する学習の機会を提供する事業その他関連する施策との連携を図るように努めるものとする。 5　厚生労働大臣は、生活困窮者就労準備支援事業及び生活困窮者家計改善支援事業の適切な実施を図るために必要な指針を公表するものとする。 **（利用勧奨等）** **第8条**　都道府県等は、福祉、就労、教育、税務、住宅その他のその所掌事務に関する業務の遂行に当たって、生活困窮者を把握したときは、当該生活困窮者に対し、この法律に基づく事業の利用及び給付金の受給の勧	二 生活困窮者一時生活支援事業 三 生活困窮者家計相談支援事業 四 生活困窮者である子どもに対し学習の援助を行う事業 五 その他生活困窮者の自立の促進を図るために必要な事業 2　第4条第2項及び第3項の規定は、前項の規定により都道府県等が行う事業について準用する。

奨その他適切な措置を講ずるように努めるものとする。

(支援会議)
第9条 都道府県等は、関係機関、第5条第2項（第7条第3項において準用する場合を含む。）の規定による委託を受けた者、生活困窮者に対する支援に関係する団体、当該支援に関係する職務に従事する者その他の関係者（第3項及び第4項において「関係機関等」という。）により構成される会議（以下この条において「支援会議」という。）を組織することができる。

2 　支援会議は、生活困窮者に対する自立の支援を図るために必要な情報の交換を行うとともに、生活困窮者が地域において日常生活及び社会生活を営むのに必要な支援体制に関する検討を行うものとする。

3 　支援会議は、前項の規定による情報の交換及び検討を行うために必要があると認めるときは、関係機関等に対し、生活困窮者に関する資料又は情報の提供、意見の開陳その他必要な協力を求めることができる。

4 　関係機関等は、前項の規定による求めがあった場合には、これに協力するように努めるものとする。

5 　支援会議の事務に従事する者又は従事していた者は、正当な理由がなく、支援会議の事務に関して知り得た秘密を漏らしてはならない。

6　前各項に定めるもののほか、支援会議の組織及び運営に関し必要な事項は、支援会議が定める。

（都道府県の市等の職員に対する研修等事業）
第10条　都道府県は、次に掲げる事業を行うように努めるものとする。
　一　この法律の実施に関する事務に従事する市等の職員の資質を向上させるための研修の事業
　二　この法律に基づく事業又は給付金の支給を効果的かつ効率的に行うための体制の整備、支援手法に関する市等に対する情報提供、助言その他の事業

2　第5条第2項の規定は、都道府県が前項の規定により事業を行う場合について準用する。

（福祉事務所を設置していない町村による相談等）
第11条　福祉事務所を設置していない町村（次項、第14条及び第15条第3項において「福祉事務所未設置町村」という。）は、生活困窮者に対する自立の支援につき、生活困窮者及び生活困窮者の家族その他の関係者からの相談に応じ、必要な情報の提供及び助言、都道府県との連絡調整、生活困窮者自立相談支援事業の利用の勧奨その他必要な援助を行う事業を行うことができる。

2　第5条第2項及び第3項の規定は、福祉事務所未設置町村が前項の規定

により事業を行う場合について準用する。	
（市等の支弁）	（市等の支弁）
第12条　次に掲げる費用は、市等の支弁とする。	第7条　次に掲げる費用は、市等の支弁とする。
一　第5条第1項の規定により市等が行う生活困窮者自立相談支援事業の実施に要する費用	一　第4条第1項の規定により市等が行う生活困窮者自立相談支援事業の実施に要する費用
二　第6条第1項の規定により市等が行う生活困窮者住居確保給付金の支給に要する費用	二　第5条第1項の規定により市等が行う生活困窮者住居確保給付金の支給に要する費用
三　第7条第1項及び第2項の規定により市等が行う生活困窮者就労準備支援事業及び生活困窮者一時生活支援事業の実施に要する費用	三　前条第1項の規定により市等が行う生活困窮者就労準備支援事業及び生活困窮者一時生活支援事業の実施に要する費用
四　第7条第1項及び第2項の規定により市等が行う生活困窮者家計改善支援事業並びに同項第2号及び第3号に掲げる事業の実施に要する費用	四　前条第1項の規定により市等が行う生活困窮者家計相談支援事業並びに同項第4号及び第5号に掲げる事業の実施に要する費用
（都道府県の支弁）	（都道府県の支弁）
第13条　次に掲げる費用は、都道府県の支弁とする。	第8条　次に掲げる費用は、都道府県の支弁とする。
一　第5条第1項の規定により都道府県が行う生活困窮者自立相談支援事業の実施に要する費用	一　第4条第1項の規定により都道府県が行う生活困窮者自立相談支援事業の実施に要する費用
二　第6条第1項の規定により都道府県が行う生活困窮者住居確保給付金の支給に要する費用	二　第5条第1項の規定により都道府県が行う生活困窮者住居確保給付金の支給に要する費用
三　第7条第1項及び第2項の規定により都道府県が行う生活困窮者就労準備支援事業及び生活困窮者一時生活支援事業の実施に要する費用	三　第6条第1項の規定により都道府県が行う生活困窮者就労準備支援事業及び生活困窮者一時生活支援事業の実施に要する費用
四　第7条第1項及び第2項の規定により都道府県が行う生活困窮者	四　第6条第1項の規定により都道府県が行う生活困窮者家計相談支援事業並びに同項第4号及び第5号

家計改善支援事業並びに同項第2号及び第3号に掲げる事業の実施に要する費用
五　第10条第1項の規定により都道府県が行う事業の実施に要する費用

（福祉事務所未設置町村の支弁）
第14条　第11条第1項の規定により福祉事務所未設置町村が行う事業の実施に要する費用は、福祉事務所未設置町村の支弁とする。

（国の負担及び補助）
第15条　国は、政令で定めるところにより、次に掲げるものの4分の3を負担する。
一　第12条の規定により市等が支弁する同条第1号に掲げる費用のうち当該市等における人口、被保護者（生活保護法（昭和25年法律第144号）第6条第1項に規定する被保護者をいう。第3号において同じ。）の数その他の事情を勘案して政令で定めるところにより算定した額
二　第12条の規定により市等が支弁する費用のうち、同条第2号に掲げる費用
三　第13条の規定により都道府県が支弁する同条第1号に掲げる費用のうち当該都道府県の設置する福祉事務所の所管区域内の町村における人口、被保護者の数その他の事情を勘案して政令で定めるところにより算定した額
四　第13条の規定により都道府県が支弁する費用のうち、同条第2号

に掲げる事業の実施に要する費用

（国の負担及び補助）
第9条　国は、政令で定めるところにより、次に掲げるものの4分の3を負担する。
一　第7条の規定により市等が支弁する同条第1号に掲げる費用のうち当該市等における人口、被保護者（生活保護法（昭和25年法律第144号）第6条第1項に規定する被保護者をいう。第3号において同じ。）の数その他の事情を勘案して政令で定めるところにより算定した額
二　第7条の規定により市等が支弁する費用のうち、同条第2号に掲げる費用
三　前条の規定により都道府県が支弁する同条第1号に掲げる費用のうち当該都道府県の設置する福祉事務所の所管区域内の町村における人口、被保護者の数その他の事情を勘案して政令で定めるところにより算定した額
四　前条の規定により都道府県が支弁する費用のうち、同条第2号に

に掲げる費用	掲げる費用
2　国は、予算の範囲内において、政令で定めるところにより、次に掲げるものを補助することができる。	2　国は、予算の範囲内において、政令で定めるところにより、次に掲げるものを補助することができる。
一　第12条及び第13条の規定により市等及び都道府県が支弁する費用のうち、第12条第3号及び第13条第3号に掲げる費用の3分の2以内	一　前2条の規定により市等及び都道府県が支弁する費用のうち、第7条第3号及び前条第3号に掲げる費用の3分の2以内
二　第12条及び第13条の規定により市等及び都道府県が支弁する費用のうち、第12条第4号並びに第13条第4号及び第5号に掲げる費用の2分の1以内	二　前2条の規定により市等及び都道府県が支弁する費用のうち、第7条第4号及び前条第4号に掲げる費用の2分の1以内
3　前項に規定するもののほか、国は、予算の範囲内において、政令で定めるところにより、前条の規定により福祉事務所未設置町村が支弁する費用の4分の3以内を補助することができる。	
4　生活困窮者就労準備支援事業及び生活困窮者家計改善支援事業が効果的かつ効率的に行われている場合として政令で定める場合に該当するときは、第2項の規定の適用については、同項第1号中「掲げる費用」とあるのは「掲げる費用並びに第7条第1項の規定により市等及び都道府県が行う生活困窮者家計改善支援事業の実施に要する費用」と、同項第2号中「並びに第13条第4号及び第5号」とあるのは「及び第13条第4号（いずれも第7条第1項の規定により市等及び都道府県が行う生活困窮者家計改善支援事業の実施に要する費用	

を除く。）並びに第13条第5号」とする。	
第16条　（略）	第10条　雇用による就業を継続して行うことが困難な生活困窮者に対し、就労の機会を提供するとともに、就労に必要な知識及び能力の向上のために必要な訓練その他の厚生労働省令で定める便宜を供与する事業（以下この条において「生活困窮者就労訓練事業」という。）を行う者は、厚生労働省令で定めるところにより、当該生活困窮者就労訓練事業が生活困窮者の就労に必要な知識及び能力の向上のための基準として厚生労働省令で定める基準に適合していることにつき、都道府県知事の認定を受けることができる。
2　（略）	2　都道府県知事は、生活困窮者就労訓練事業が前項の基準に適合していると認めるときは、同項の認定をするものとする。
3　都道府県知事は、第1項の認定に係る生活困窮者就労訓練事業（次項及び第21条第2項において「認定生活困窮者就労訓練事業」という。）が第1項の基準に適合しないものとなったと認めるときは、同項の認定を取り消すことができる。	3　都道府県知事は、第1項の認定に係る生活困窮者就労訓練事業（第15条第2項において「認定生活困窮者就労訓練事業」という。）が第1項の基準に適合しないものとなったと認めるときは、同項の認定を取り消すことができる。
4　国及び地方公共団体は、認定生活困窮者就労訓練事業を行う者の受注の機会の増大を図るように努めるものとする。	

（雇用の機会の確保） 第17条　（略）	（雇用の機会の確保） 第11条　国及び地方公共団体は、生活困窮者の雇用の機会の確保を図るため、職業訓練の実施、就職のあっせんその他の必要な措置を講ずるように努めるものとする。 2　国及び地方公共団体は、生活困窮者の雇用の機会の確保を図るため、国の講ずる措置と地方公共団体の講ずる措置が密接な連携の下に円滑かつ効果的に実施されるように相互に連絡し、及び協力するものとする。 3　公共職業安定所は、生活困窮者の雇用の機会の確保を図るため、求人に関する情報の収集及び提供、生活困窮者を雇用する事業主に対する援助その他必要な措置を講ずるように努めるものとする。 4　公共職業安定所は、生活困窮者の雇用の機会の確保を図るため、職業安定法（昭和22年法律第141号）第29条第1項の規定により無料の職業紹介事業を行う都道府県等が求人に関する情報の提供を希望するときは、当該都道府県等に対して、当該求人に関する情報を電磁的方法（電子情報処理組織を使用する方法その他の情報通信の技術を利用する方法をいう。）その他厚生労働省令で定める方法により提供するものとする。
（不正利得の徴収） 第18条　（略）	（不正利得の徴収） 第12条　偽りその他不正の手段により生活困窮者住居確保給付金の支給を受けた者があるときは、都道府県等

	は、その者から、その支給を受けた生活困窮者住居確保給付金の額に相当する金額の全部又は一部を徴収することができる。
	2　前項の規定による徴収金は、地方自治法（昭和22年法律第67号）第231条の3第3項に規定する法律で定める歳入とする。
（受給権の保護） 第19条　（略）	（受給権の保護） 第13条　生活困窮者住居確保給付金の支給を受けることとなった者の当該支給を受ける権利は、譲り渡し、担保に供し、又は差し押さえることができない。
（公課の禁止） 第20条　（略）	（公課の禁止） 第14条　租税その他の公課は、生活困窮者住居確保給付金として支給を受けた金銭を標準として課することができない。
（報告等） 第21条　（略）	（報告等） 第15条　都道府県等は、生活困窮者住居確保給付金の支給に関して必要があると認めるときは、この法律の施行に必要な限度において、当該生活困窮者住居確保給付金の支給を受けた生活困窮者又は生活困窮者であった者に対し、報告若しくは文書その他の物件の提出若しくは提示を命じ、又は当該職員に質問させることができる。
	2　都道府県知事は、この法律の施行に必要な限度において、認定生活困窮者就労訓練事業を行う者又は認定生活困窮者就労訓練事業を行っていた

	者に対し、報告を求めることができる。
	3　第１項の規定による質問を行う場合においては、当該職員は、その身分を示す証明書を携帯し、かつ、関係者の請求があるときは、これを提示しなければならない。
	4　第１項の規定による権限は、犯罪捜査のために認められたものと解釈してはならない。
（資料の提供等） 第22条　（略）	（資料の提供等） 第16条　都道府県等は、生活困窮者住居確保給付金の支給又は生活困窮者就労準備支援事業若しくは生活困窮者一時生活支援事業の実施に関して必要があると認めるときは、生活困窮者、生活困窮者の配偶者若しくは生活困窮者の属する世帯の世帯主その他その世帯に属する者又はこれらの者であった者の資産又は収入の状況につき、官公署に対し必要な文書の閲覧若しくは資料の提供を求め、又は銀行、信託会社その他の機関若しくは生活困窮者の雇用主その他の関係者に報告を求めることができる。
	2　都道府県等は、生活困窮者住居確保給付金の支給に関して必要があると認めるときは、当該生活困窮者住居確保給付金の支給を受ける生活困窮者若しくは当該生活困窮者に対し当該生活困窮者が居住する住宅を賃貸する者若しくはその役員若しくは職員又はこれらの者であった者に、当該住宅の状況につき、報告を求めることができる。

(情報提供等)
第23条　都道府県等は、第7条第1項に規定する事業及び給付金の支給並びに同条第2項各号に掲げる事業を行うに当たって、生活保護法第6条第2項に規定する要保護者となるおそれが高い者を把握したときは、当該者に対し、同法に基づく保護又は給付金若しくは事業についての情報の提供、助言その他適切な措置を講ずるものとする。

(町村の一部事務組合等)
第24条　(略)

(町村の一部事務組合等)
第17条　町村が一部事務組合又は広域連合を設けて福祉事務所を設置した場合には、この法律の適用については、その一部事務組合又は広域連合を福祉事務所を設置する町村とみなす。

(大都市等の特例)
第25条　(略)

(大都市等の特例)
第18条　この法律中都道府県が処理することとされている事務で政令で定めるものは、地方自治法第252条の19第1項の指定都市（以下この条において「指定都市」という。）及び同法第252条の22第1項の中核市（以下この条において「中核市」という。）においては、政令の定めるところにより、指定都市又は中核市が処理するものとする。この場合においては、この法律中都道府県に関する規定は、指定都市又は中核市に関する規定として指定都市又は中核市に適用があるものとする。

（実施規定） 第26条　（略）	（実施規定） 第19条　この法律に特別の規定があるものを除くほか、この法律の実施のための手続その他その執行について必要な細則は、厚生労働省令で定める。
第27条　（略）	第20条　偽りその他不正の手段により生活困窮者住居確保給付金の支給を受け、又は他人をして受けさせた者は、3年以下の懲役又は100万円以下の罰金に処する。ただし、刑法（明治40年法律第45号）に正条があるときは、刑法による。
第28条　第5条第3項（第7条第3項及び第11条第2項において準用する場合を含む。）又は第9条第5項の規定に違反して秘密を漏らした者は、1年以下の懲役又は100万円以下の罰金に処する。	第21条　第4条第3項（第6条第2項において準用する場合を含む。）の規定に違反した者は、1年以下の懲役又は100万円以下の罰金に処する。
第29条　次の各号のいずれかに該当する者は、30万円以下の罰金に処する。 一　第21条第1項の規定による命令に違反して、報告若しくは物件の提出若しくは提示をせず、若しくは虚偽の報告若しくは虚偽の物件の提出若しくは提示をし、又は同項の規定による当該職員の質問に対して、答弁せず、若しくは虚偽の答弁をした者 二　第21条第2項の規定による報告をせず、又は虚偽の報告をした者	第22条　次の各号のいずれかに該当する者は、30万円以下の罰金に処する。 一　第15条第1項の規定による命令に違反して、報告若しくは物件の提出若しくは提示をせず、若しくは虚偽の報告若しくは虚偽の物件の提出若しくは提示をし、又は同項の規定による当該職員の質問に対して、答弁せず、若しくは虚偽の答弁をした者 二　第15条第2項の規定による報告をせず、又は虚偽の報告をした者
第30条　法人の代表者又は法人若しくは人の代理人、使用人その他の従業者が、その法人又は人の業務に関して第27条又は前条第2号の違反行為	第23条　法人の代表者又は法人若しくは人の代理人、使用人その他の従業者が、その法人又は人の業務に関して第20条又は前条第2号の違反行為

をしたときは、行為者を罰するほか、その法人又は人に対して各本条の罰金刑を科する。 （施行期日） 第1条　この法律は、平成27年4月1日から施行する。	をしたときは、行為者を罰するほか、その法人又は人に対して各本条の罰金刑を科する。 （施行期日） 第1条　この法律は、平成27年4月1日から施行する。ただし、附則第3条及び第11条の規定は、公布の日から施行する。 （施行前の準備） 第3条　第10条第1項の規定による認定の手続その他の行為は、この法律の施行前においても行うことができる。 （政令への委任） 第11条　この附則に規定するもののほか、この法律の施行に伴い必要な経過措置は、政令で定める。

●平成31（2019）年4月1日施行

改正後	改正前
（定義） 第3条　（略）	（定義） 第3条　この法律において「生活困窮者」とは、就労の状況、心身の状況、地域社会との関係性その他の事情により、現に経済的に困窮し、最低限度の生活を維持することができなくなるおそれのある者をいう。
2～5　（略）	2　この法律において「生活困窮者自立相談支援事業」とは、次に掲げる事業をいう。 一　就労の支援その他の自立に関する問題につき、生活困窮者及び生活困窮者の家族その他の関係者からの相談に応じ、必要な情報の提供及び助言をし、並びに関係機関との連絡調整を行う事業 二　生活困窮者に対し、認定生活困窮者就労訓練事業（第16条第3項に規定する認定生活困窮者就労訓練事業をいう。）の利用についてのあっせんを行う事業 三　生活困窮者に対し、生活困窮者に対する支援の種類及び内容その他の厚生労働省令で定める事項を記載した計画の作成その他の生活困窮者の自立の促進を図るための支援が包括的かつ計画的に行われるための援助として厚生労働省令で定めるものを行う事業 3　この法律において「生活困窮者住居確保給付金」とは、生活困窮者のうち離職又はこれに準ずるものとして厚生労働省令で定める事由により経

	済的に困窮し、居住する住宅の所有権若しくは使用及び収益を目的とする権利を失い、又は現に賃借して居住する住宅の家賃を支払うことが困難となったものであって、就職を容易にするため住居を確保する必要があると認められるものに対し支給する給付金をいう。
	4　この法律において「生活困窮者就労準備支援事業」とは、雇用による就業が著しく困難な生活困窮者（当該生活困窮者及び当該生活困窮者と同一の世帯に属する者の資産及び収入の状況その他の事情を勘案して厚生労働省令で定めるものに限る。）に対し、厚生労働省令で定める期間にわたり、就労に必要な知識及び能力の向上のために必要な訓練を行う事業をいう。
	5　この法律において「生活困窮者家計改善支援事業」とは、生活困窮者に対し、収入、支出その他家計の状況を適切に把握すること及び家計の改善の意欲を高めることを支援するとともに、生活に必要な資金の貸付けのあっせんを行う事業をいう。
6　この法律において「生活困窮者一時生活支援事業」とは、次に掲げる事業をいう。 　一　一定の住居を持たない生活困窮者（当該生活困窮者及び当該生活困窮者と同一の世帯に属する者の資産及び収入の状況その他の事情を勘案して厚生労働省令で定めるものに限る。）に対し、厚生労働省令で定める期間にわたり、宿泊場	6　この法律において「生活困窮者一時生活支援事業」とは、一定の住居を持たない生活困窮者（当該生活困窮者及び当該生活困窮者と同一の世帯に属する者の資産及び収入の状況その他の事情を勘案して厚生労働省令で定めるものに限る。）に対し、厚生労働省令で定める期間にわたり、宿泊場所の供与、食事の提供その他当該宿泊場所において日常生活を営む

所の供与、食事の提供その他当該宿泊場所において日常生活を営むのに必要な便宜として厚生労働省令で定める便宜を供与する事業
　二　次に掲げる生活困窮者に対し、厚生労働省令で定める期間にわたり、訪問による必要な情報の提供及び助言その他の現在の住居において日常生活を営むのに必要な便宜として厚生労働省令で定める便宜を供与する事業（生活困窮者自立相談支援事業に該当するものを除く。）
　　イ　前号に掲げる事業を利用していた生活困窮者であって、現に一定の住居を有するもの
　　ロ　現在の住居を失うおそれのある生活困窮者であって、地域社会から孤立しているもの

7　この法律において「子どもの学習・生活支援事業」とは、次に掲げる事業をいう。
　一　生活困窮者である子どもに対し、学習の援助を行う事業
　二　生活困窮者である子ども及び当該子どもの保護者に対し、当該子どもの生活習慣及び育成環境の改善に関する助言を行う事業（生活困窮者自立相談支援事業に該当するものを除く。）
　三　生活困窮者である子どもの進路選択その他の教育及び就労に関する問題につき、当該子ども及び当該子どもの保護者からの相談に応じ、必要な情報の提供及び助言をし、並びに関係機関との連絡調整を行う事業（生活困窮者自立相談

のに必要な便宜として厚生労働省令で定める便宜を供与する事業をいう。

生活困窮者自立支援法　新旧対照表―平成31年4月1日施行

支援事業に該当するものを除く。）	
（市及び福祉事務所を設置する町村等の責務） 第４条　（略）	（市及び福祉事務所を設置する町村等の責務） 第４条　市（特別区を含む。）及び福祉事務所（社会福祉法（昭和26年法律第45号）に規定する福祉に関する事務所をいう。以下同じ。）を設置する町村（以下「市等」という。）は、この法律の実施に関し、関係機関との緊密な連携を図りつつ、適切に生活困窮者自立相談支援事業及び生活困窮者住居確保給付金の支給を行う責務を有する。
２　都道府県は、この法律の実施に関し、次に掲げる責務を有する。 　一　市等が行う生活困窮者自立相談支援事業及び生活困窮者住居確保給付金の支給、生活困窮者就労準備支援事業及び生活困窮者家計改善支援事業並びに生活困窮者一時生活支援事業、子どもの学習・生活支援事業及びその他の生活困窮者の自立の促進を図るために必要な事業が適正かつ円滑に行われるよう、市等に対する必要な助言、情報の提供その他の援助を行うこと。 　二　（略）	２　都道府県は、この法律の実施に関し、次に掲げる責務を有する。 　一　市等が行う生活困窮者自立相談支援事業及び生活困窮者住居確保給付金の支給、生活困窮者就労準備支援事業及び生活困窮者家計改善支援事業並びに生活困窮者一時生活支援事業、生活困窮者である子どもに対し学習の援助を行う事業及びその他の生活困窮者の自立の促進を図るために必要な事業が適正かつ円滑に行われるよう、市等に対する必要な助言、情報の提供その他の援助を行うこと。 　二　関係機関との緊密な連携を図りつつ、適切に生活困窮者自立相談支援事業及び生活困窮者住居確保給付金の支給を行うこと。
３　国は、都道府県及び市等（以下「都道府県等」という。）が行う生活困窮者自立相談支援事業及び生活困窮者住居確保給付金の支給、生活困窮	３　国は、都道府県及び市等（以下「都道府県等」という。）が行う生活困窮者自立相談支援事業及び生活困窮者住居確保給付金の支給、生活困窮者

者就労準備支援事業及び生活困窮者家計改善支援事業並びに生活困窮者一時生活支援事業、子どもの学習・生活支援事業及びその他の生活困窮者の自立の促進を図るために必要な事業が適正かつ円滑に行われるよう、都道府県等に対する必要な助言、情報の提供その他の援助を行わなければならない。	就労準備支援事業及び生活困窮者家計改善支援事業並びに生活困窮者一時生活支援事業、生活困窮者である子どもに対し学習の援助を行う事業及びその他の生活困窮者の自立の促進を図るために必要な事業が適正かつ円滑に行われるよう、都道府県等に対する必要な助言、情報の提供その他の援助を行わなければならない。
4・5　（略）	4　国及び都道府県等は、この法律の実施に関し、生活困窮者が生活困窮者に対する自立の支援を早期に受けることができるよう、広報その他必要な措置を講ずるように努めるものとする。
	5　都道府県等は、この法律の実施に関し、生活困窮者に対する自立の支援を適切に行うために必要な人員を配置するように努めるものとする。
（生活困窮者就労準備支援事業等） 第7条　（略）	（生活困窮者就労準備支援事業等） 第7条　都道府県等は、生活困窮者自立相談支援事業及び生活困窮者住居確保給付金の支給のほか、生活困窮者就労準備支援事業及び生活困窮者家計改善支援事業を行うように努めるものとする。
2　都道府県等は、前項に規定するもののほか、次に掲げる事業を行うことができる。	2　都道府県等は、前項に規定するもののほか、次に掲げる事業を行うことができる。
一　（略） 二　子どもの学習・生活支援事業 三　（略）	一　生活困窮者一時生活支援事業 二　生活困窮者である子どもに対し学習の援助を行う事業 三　その他の生活困窮者の自立の促

生活困窮者自立支援法　新旧対照表―平成31年4月1日施行

3〜5　（略）	進を図るために必要な事業
	3　第5条第2項及び第3項の規定は、前2項の規定により都道府県等が行う事業について準用する。
	4　都道府県等は、第1項に規定する事業及び給付金の支給並びに第2項各号に掲げる事業を行うに当たっては、母子及び父子並びに寡婦福祉法（昭和39年法律第129号）第31条の5第1項第2号に掲げる業務及び同法第31条の11第1項第2号に掲げる業務並びに社会教育法（昭和24年法律第207号）第5条第1項第13号（同法第6条第1項において引用する場合を含む。）に規定する学習の機会を提供する事業その他関連する施策との連携を図るように努めるものとする。
	5　厚生労働大臣は、生活困窮者就労準備支援事業及び生活困窮者家計改善支援事業の適切な実施を図るために必要な指針を公表するものとする。
（市等の支弁） 第12条　次に掲げる費用は、市等の支弁とする。 　一〜三　（略）	（市等の支弁） 第12条　次に掲げる費用は、市等の支弁とする。 　一　第5条第1項の規定により市等が行う生活困窮者自立相談支援事業の実施に要する費用 　二　第6条第1項の規定により市等が行う生活困窮者住居確保給付金の支給に要する費用 　三　第7条第1項及び第2項の規定により市等が行う生活困窮者就労準備支援事業及び生活困窮者一時

四　第7条第1項及び第2項の規定により市等が行う生活困窮者家計改善支援事業並びに<mark>子どもの学習・生活支援事業及び同項第3号</mark>に掲げる事業の実施に要する費用	生活支援事業の実施に要する費用 四　第7条第1項及び第2項の規定により市等が行う生活困窮者家計改善支援事業並びに<mark>同項第2号及び第3号</mark>に掲げる事業の実施に要する費用
（都道府県の支弁） 第13条　次に掲げる費用は、都道府県の支弁とする。 一～三　（略）	（都道府県の支弁） 第13条　次に掲げる費用は、都道府県の支弁とする。 一　第5条第1項の規定により都道府県が行う生活困窮者自立相談支援事業の実施に要する費用 二　第6条第1項の規定により都道府県が行う生活困窮者住居確保給付金の支給に要する費用 三　第7条第1項及び第2項の規定により都道府県が行う生活困窮者就労準備支援事業及び生活困窮者一時生活支援事業の実施に要する費用
四　第7条第1項及び第2項の規定により都道府県が行う生活困窮者家計改善支援事業並びに<mark>子どもの学習・生活支援事業及び同項第3号</mark>に掲げる事業の実施に要する費用 五　（略）	四　第7条第1項及び第2項の規定により都道府県が行う生活困窮者家計改善支援事業並びに<mark>同項第2号及び第3号</mark>に掲げる事業の実施に要する費用 五　第10条第1項の規定により都道府県が行う事業の実施に要する費用
（資料の提供等） 第22条　都道府県等は、生活困窮者住居確保給付金の支給又は生活困窮者就労準備支援事業若しくは生活困窮者一時生活支援事業<mark>（第3条第6項第1号に掲げる事業に限る。）</mark>の実施に関して必要があると認めるとき、	（資料の提供等） 第22条　都道府県等は、生活困窮者住居確保給付金の支給又は生活困窮者就労準備支援事業若しくは生活困窮者一時生活支援事業の実施に関して必要があると認めるときは、生活困窮者、生活困窮者の配偶者若しくは

生活困窮者、生活困窮者の配偶者若しくは生活困窮者の属する世帯の世帯主その他その世帯に属する者又はこれらの者であった者の資産又は収入の状況につき、官公署に対し必要な文書の閲覧若しくは資料の提供を求め、又は銀行、信託会社その他の機関若しくは生活困窮者の雇用主その他の関係者に報告を求めることができる。 2　（略）	生活困窮者の属する世帯の世帯主その他その世帯に属する者又はこれらの者であった者の資産又は収入の状況につき、官公署に対し必要な文書の閲覧若しくは資料の提供を求め、又は銀行、信託会社その他の機関若しくは生活困窮者の雇用主その他の関係者に報告を求めることができる。 2　都道府県等は、生活困窮者住居確保給付金の支給に関して必要があると認めるときは、当該生活困窮者住居確保給付金の支給を受ける生活困窮者若しくは当該生活困窮者に対し当該生活困窮者が居住する住宅を賃貸する者若しくはその役員若しくは職員又はこれらの者であった者に、当該住宅の状況につき、報告を求めることができる。

注・引用一覧

● 第1章
1) 岡部卓（2018）「生活困窮者の自立・尊厳の確保と地域づくり」『月刊福祉』7月号 P.41
2) 岡部卓（2018）「生活困窮者の自立・尊厳の確保と地域づくり」『月刊福祉』7月号 P.41
3) 岡部卓（2018）「生活困窮者の自立・尊厳の確保と地域づくり」『月刊福祉』7月号 P.42
4) 岡部卓（2018）「生活困窮者の自立・尊厳の確保と地域づくり」『月刊福祉』7月号 P.42
5) ［図表1−2］は、岡部（2011）p.249の図を一部改変
6) 岡部（2014a）pp.50−51の一部を加除修正

● 第2章
1) 近年の社会福祉制度のなかで貧困・低所得者対策といわれる制度は、次のものが挙げられる。

貧困対策：生活保護制度
低所得者対策：生活福祉資金制度、社会手当制度（児童扶養手当、特別児童扶養手当、児童手当、特別障害者手当等）、ホームレス対策、公営住宅制度、民事法律扶助制度、災害救助法、無料低額診療制度、無料低額宿泊所、第2のセーフティネット（求職者支援制度、住宅手当制度、総合支援資金制度）等。

これら制度があるなかで、生活困窮者を支援する新たな制度を設立する必要は、生活保護制度や社会保障制度との関係ではどのように位置づけられるか。これまでの支援制度で、また近年の貧困対策・低所得者対策で十分に捉えられなかった問題とは何かについて、（福田〈2013〉pp.44−53）の新たな制度を捉える視点、課題の分析は参考になる。
2) 社会保障審議会『生活困窮者の生活支援の在り方に関する特別部会報告書』では、Ⅱ総論1．生活困窮をめぐる現状と課題のなかで、新たな生活困窮者支援制度（以下「本制度」）が必要となった現状について、次のように触れている（「特別部会報告書」pp.2−3）。

○……1990年代の半ばから、安定した雇用が減少し世帯構造も変化して、現

役世代を含めて生活困窮者の増大が顕著になった。
○この傾向はリーマンショック後に加速している。年収200万円以下の勤労者は3割近くにのぼり、世帯主でも1割を超えている。17歳以下の子どもがいるひとり親世帯等の世帯員の貧困率は50％を超えている。このようななかで、生活保護の受給者が増大し、平成23年7月には制度創設当初の水準を超えて過去最高を記録した。生活保護の受給者は、これまで高齢者など就労が困難な人々が中心であったが、稼働年齢世代にある人々を含めて生活保護を受給するようになっている。
○生活が困窮し立ちすくむ人々が増大するなかで、この国の活力が失われつつある。失業、病気、家族の介護などをきっかけに生活困窮に陥る人が増えている。生活基盤の劣化などの要因が重なって、自信を喪失し、将来への展望を失い、生活困窮に陥ることもまれではない。懸命に働いても貧困から脱却できず、生活保護の受給しか生計を維持する手段がないとすれば、働き続ける意欲は減退していく。
○……生活困窮が広がるなかで、家族などのつながりをなくして孤立化する人々が少なくない。低所得で家族をつくることができず、また年金など老後の備えをする余力のないまま単身で老齢期を迎えていく人々も増えている。社会的孤立の拡大は、自立への意欲を損ない、支援を難しくし、地域社会の基盤を脆弱にする。

なおこうした指摘は、平成12（2000）年12月の『社会的な援護を要する人々に対する社会福祉のあり方に関する検討会報告書』において、社会福祉における課題を社会的排除・社会的孤立という概念を用いて捉えられていた。同報告書の「3.対象となる問題とその構造」では、次のように書かれている。

従来の社会福祉は主たる対象を「貧困」としてきたが、現代においては、「心身の障害・不安」（社会的ストレス問題、アルコール依存、等）・「社会的排除や摩擦」（路上死、中国残留孤児、外国人の排除や摩擦、等）・「社会的孤立や孤独」（孤独死、自殺、家庭内の虐待・暴力、等）といった問題が重複・複合化しており、こうした新しい座標軸をあわせて検討する必要がある。

このうち、社会による排除・摩擦や社会からの孤立の現象は、いわば今日の社会が直面している社会の支え合う力の欠如や対立・摩擦、あるいは無関心といったものを示唆しているともいえる。具体的な諸問題の関連を列記すると、以下の通りである。
・急激な経済社会の変化に伴って、社会不安やストレス、ひきこもりや虐待など社会関係上の障害、あるいは虚無感などが増大する。
・貧困や低所得など最低生活をめぐる問題が、リストラによる失業、倒産、多

重債務などとかかわりながら再び出現している。
- 貧困や失業問題は外国人労働者やホームレス、中国残留孤児などのように、社会的排除や文化的摩擦を伴う問題としても現れている。
- 上記のいくつかの問題を抱えた人々が社会から孤立し、自殺や孤独死に至るケースもある。
- 低所得の単身世帯、ひとり親世帯、障害者世帯の孤立や、わずかに残されたスラム地区が、地区ごと孤立化することもある。
- 若年層などでも、困窮しているのにその意識すらなく社会からの孤立化を深めている場合もある。これらは通常「見えにくい」問題であることが少なくない。

　以上の整理は、あくまで例示であって、これらの問題が社会的孤立や排除のなかで「見えない」形をとり、問題の把握を一層困難にしている。孤独死や路上死、自殺といった極端な形態で現れた時にこのような問題が顕在化することも少なくない。

　そのため、「見えない」問題を見えるようにするための、複眼的取り組みが必要である。

　このように、生活困窮者自立支援が制度化されたのは、リーマンショック以降の課題に対応する施策だった第2のセーフティネットの充実・強化が目指されたものである。そして、『検討会報告書』も踏まえると、以前から新しい貧困として指摘されていた制度の狭間や社会的排除・社会的孤立などの問題への対応の実現、なかでも複眼的取り組みの実現、も求められているものといえる。
岡部（2013b）pp.18‐19、岡部（2014ⅰ）p.14
3) 岡部（2013a）を一部加除修正、また社会保障審議会『生活困窮者の在り方に関する特別部会報告書』（平成25年1月25日）参照、中央法規出版編集部編（2014）『改正生活保護法・生活困窮者自立支援法のポイント』（中央法規）を参照。
4) 生活困窮者自立支援法（平成25年12月13日法律第105号）、「生活困窮者自立支援法」条文・理由。
http://www.mhlw.go.jp/file/06-Seisakujouhou-12000000-Shakaiengokyoku-Shakai/joubun.pdf
5) 生活困窮者自立支援法の公布について（通知）
（平成25年12月13日職発1213第1号・能発1213第2号・社援発1213第4号）
http://www.mhlw.go.jp/seisakunitsuite/bunya/hukushi_kaigo/seikatsuhogo/dl/seikatu_konkyu_koufu.pdf
6) 施行令（平成27年政令第40号）、生活困窮者自立支援法施行令

http://www.mhlw.go.jp/file/06-Seisakujouhou-12000000-Shakaiengokyoku-Shakai/sekourei.pdf
7）規則（平成 27 年厚生労働省令第 16 号）、生活困窮者自立支援法施行規則
http://www.mhlw.go.jp/file/06-Seisakujouhou-12000000-Shakaiengokyoku-Shakai/sekoukisoku.pdf
8）［図表 2 − 1］は、中央法規出版編集部編（2014）『改正生活保護法・生活困窮者自立支援法のポイント』中央法規出版 p.16 所収。
9）［図表 2 − 2］は、岡部卓（2013d）「現代の貧困に社会保障はどう立ち向かっているか」『住民と自治』12 月号 p.14 所収の図を一部改変。
10）生活困窮者自立支援法等の施行について（通知）
（平成 27 年 2 月 4 日職発 0204 第 1 号・社援発 0204 第 1 号）
http://www.mhlw.go.jp/file/06-Seisakujouhou-12000000-Shakaiengokyoku-Shakai/20150204_kyokutyotsuchi.pdf
　本法では「支援」ではなく「援助」という語も使用されている。
11）中央法規出版編集部編（2014）『改正生活保護法・生活困窮者自立支援法のポイント』（中央法規出版）を参照。岡部卓（2013b）pp.19 − 20、岡部卓（2013c）pp.13 − 15、岡部卓（2014i）pp.15 − 16、岡部卓（2014a）pp.146 − 148、岡部卓（2014b）pp.26 − 27、岡部卓（2014c）pp.3 − 12、岡部卓（2014h）pp.3 − 5。
12）岡部卓（2015）「特集 2　生活困窮者支援を問う　生活困窮者自立支援制度をどうみるか―事業の観点から」都市問題 8 月号 P.44
13）岡部卓（2018）「生活困窮者の自立・尊厳の確保と地域づくり」『月刊福祉』7 月号 P.42 〜 44

● 第 3 章
1）社会・援護局長「生活困窮者自立支援制度に係る自治体事務マニュアルの改訂について」平成 30 年 10 月 1 日社援発 1001 第 1 号、社会・援護局長「生活困窮者自立支援法に基づく認定就労訓練事業の実施に関するガイドラインの改正について（通知）」平成 30 年 10 月 1 日社援発 1001 第 2 号
2）社会・援護局地域福祉課長「生活困窮者自立支援法第 9 条第 1 項に規定する支援会議の設置及び運営に関するガイドラインについて」平成 30 年 10 月 1 日社援地発 1001 第 15 号、社会・援護局地域福祉課長「就労準備支援事業におけるインセンティブ加算について」平成 30 年 10 月 1 日社援地発 1001 第 16 号
3）これらの文書は、社会・援護局地域福祉課長が単独で、あるいは、関係課長との連名で出されたもの（地域福祉課文書番号は平成 30 年 10 月 1 日社援地発 1001 第 1 号〜 14 号）であり、内容は事務連絡の目次では以下のとおりです。

別添1 「生活困窮者自立支援法と生活保護制度の連携について」の一部改正について
別添2 「生活困窮者自立支援制度とひとり親家庭等福祉対策及び児童福祉施策との連携について（通知）」の一部改正について
別添3 「生活困窮者自立支援制度と介護保険制度との連携について（通知）」の一部改正について
別添4 「生活困窮者自立支援制度と自殺対策施策との連携について」の一部改正について
別添5 「生活困窮者自立支援制度とひきこもり地域支援センター等との連携について」の一部改正について
別添6 「生活困窮者自立支援制度と地域福祉施策との連携について」の一部改正について
別添7 生活困窮者自立支援制度における地方自治体と公共職業安定所との更なる連携強化について
別添8 「生活困窮者自立支援制度と教育施策との連携について（通知）」の一部改正について
別添9 生活困窮者自立支援制度における生活困窮者自立支援制度担当部局と税務担当部局との連携について
別添10 「生活困窮者自立支援制度と居住支援協議会の連携について（通知）」の一部改正について
別添11 「年金制度との連携及び国民年金保険料免除制度の周知について（通知）」の一部改正について
別添12 「生活困窮者自立支援制度と国民健康保険制度及び後期高齢者医療制度との連携について」の一部改正について
別添13 「生活困窮者自立支援法の施行に伴う多重債務者対策担当分野との連携について（通知）」の一部改正について
別添14 「生活困窮者自立支援法に基づく住居確保給付金の適正な支給及び生活困窮者自立支援制度からの暴力団員等と関係を有する事業者の排除について（通知）」の一部改正について

4）主管課長会議資料平成30年3月1日（木） 地域福祉課・地域福祉課生活困窮者自立支援室・地域福祉課消費生活協同組合業務室・内閣府成年後見制度利用促進室　P.28
https://www.mhlw.go.jp/file/05-Shingikai-12201000-Shakaiengokyokushougaihokenfukushibu-Kikakuka/0000195513.pdf
生活困窮者自立支援制度全国担当者会議資料　資料1（平成30年7月26日㈭）「生活困窮者自立支援制度等の推進について①改正生活困窮者自立支援法について」P.19～20

5） 平成 30 年 9 月 28 日厚生労働省告示第 343 号
6）〇母子及び父子並びに寡婦福祉法
第三十一条の五　都道府県及び市町村は、母子家庭の母及び児童の生活の向上を図るため、母子・父子福祉団体と緊密な連携を図りつつ、次に掲げる業務（以下「母子家庭生活向上事業」という。）を行うことができる。

<mark>二　母子家庭の児童に対し、生活に関する相談に応じ、又は学習に関する支援を行うこと。</mark>

第三十一条の十一　都道府県及び市町村は、父子家庭の父及び児童の生活の向上を図るため、母子・父子福祉団体と緊密な連携を図りつつ、次に掲げる業務（以下「父子家庭生活向上事業」という。）を行うことができる。

<mark>二　父子家庭の児童に対し、生活に関する相談に応じ、又は学習に関する支援を行うこと。</mark>

7）〇社会教育法
第五条　市（特別区を含む。以下同じ。）町村の教育委員会は、社会教育に関し、当該地方の必要に応じ、予算の範囲内において、次の事務を行う。

<mark>十三　主として学齢児童及び学齢生徒（それぞれ学校教育法第十八条に規定する学齢児童及び学齢生徒をいう。）に対し、学校の授業の終了後又は休業日において学校、社会教育施設その他適切な施設を利用して行う学習その他の活動の機会を提供する事業の実施並びにその奨励に関すること。</mark>

第六条　都道府県の教育委員会は、社会教育に関し、当該地方の必要に応じ、予算の範囲内において、<mark>前条第一項各号の事務（同項第三号の事務を除く。）を行う</mark>ほか、次の事務を行う。

●学校教育法
第二章　義務教育
第十七条　保護者は、子の満六歳に達した日の翌日以後における最初の学年の初めから、満十二歳に達した日の属する学年の終わりまで、これを小学校、義務教育学校の前期課程又は特別支援学校の小学部に就学させる義務を負う。ただし、子が、満十二歳に達した日の属する学年の終わりまでに小学校の課程、義務教育学校の前期課程又は特別支援学校の小学部の課程を修了しないときは、満十五歳に達した日の属する学年の終わり（それまでの間においてこれらの課程を修了したときは、その修了した日の属する学年の終わり）までとする。

　2　保護者は、子が小学校の課程、義務教育学校の前期課程又は特別支援学校の小学部の課程を修了した日の翌日以後における最初の学年の初めから、満十五歳に達した日の属する学年の終わりまで、これを中学校、義務教育学校の後期課程、中等教育学校の前期課程又は特別支援学校の中学部に就学させる義務を負う。

第十八条　前条第一項又は第二項の規定によって、保護者が就学させなければならない子（以下それぞれ「学齢児童」又は「学齢生徒」という。）で、病弱、発育不完全その他やむを得ない事由のため、就学困難と認められる者の保護者に対しては、市町村の教育委員会は、文部科学大臣の定めるところにより、同条第一項又は第二項の義務を猶予又は免除することができる。

8) 平成30年9月28日厚生労働省告示第343号
9) 社会・援護局関係主管課長会議資料平成30年3月1日（木）地域福祉課生活困窮者自立支援室P.29～30
https://www.mhlw.go.jp/file/05-Shingikai-12201000-Shakaiengokyokushougaihokenfukushibu-Kikakuka/0000195513.pdf
生活困窮者自立支援制度全国担当者会議資料　資料1（平成30年7月26日（木））「生活困窮者自立支援制度等の推進について①改正生活困窮者自立支援法について」P.31～32
10) 社会・援護局関係主管課長会議資料平成30年3月1日（木）地域福祉課生活困窮者自立支援室P.30～31
https://www.mhlw.go.jp/file/05-Shingikai-12201000-Shakaiengokyokushougaihokenfukushibu-Kikakuka/0000195513.pdf
生活困窮者自立支援制度全国担当者会議資料　資料1（平成30年7月26日（木））「生活困窮者自立支援制度等の推進について①改正生活困窮者自立支援法について」P.33～34
11) 社会・援護局関係主管課長会議資料平成30年3月1日（木）地域福祉課生活困窮者自立支援室P.33
https://www.mhlw.go.jp/file/05-Shingikai-12201000-Shakaiengokyokushougaihokenfukushibu-Kikakuka/0000195513.pdf
生活困窮者自立支援制度全国担当者会議資料　資料1（平成30年7月26日（木））「生活困窮者自立支援制度等の推進について①改正生活困窮者自立支援法について」P.40～41
12) 平成30年9月28日厚生労働省告示第343号
13) 社会・援護局関係主管課長会議資料平成30年3月1日（木）地域福祉課生活困窮者自立支援室P.34
https://www.mhlw.go.jp/file/05-Shingikai-12201000-Shakaiengokyokushougaihokenfukushibu-Kikakuka/0000195513.pdf
生活困窮者自立支援制度全国担当者会議資料　資料1（平成30年7月26日（木））「生活困窮者自立支援制度等の推進について①改正生活困窮者自立支援法について」P.42～43
14) 平成30年9月28日厚生労働省告示第343号
15) 社会・援護局関係主管課長会議資料　資料4　（平成30年3月1日（木））

地域福祉課生活困窮者自立支援室 P.44～46
https://www.mhlw.go.jp/file/05-Shingikai-12201000-Shakaiengokyokushougaihokenfukushibu-Kikakuka/0000195513.pdf

16）平成30年度予算に計上した新規・拡充事業の目安額、加算単価については、［図表3－9］268頁のとおり。
17）事業実績が高い場合の任意事業の加算措置と事業実績の低調な場合の減算措置は、［図表3－10］269頁、［図表3－11］270頁のように行われる。
18）合算単価の適用と就労準備支援事業のインセンティブ加算については、［図表3－12］271頁、［図表3－13］272頁のとおり。

● 第4章

1）（基本理念）
第2条　生活困窮者に対する自立の支援は、生活困窮者の尊厳の保持を図りつつ、生活困窮者の就労の状況、心身の状況、地域社会からの孤立の状況その他の状況に応じて、包括的かつ早期に行われなければならない。
2　生活困窮者に対する自立の支援は、地域における福祉、就労、教育、住宅その他の生活困窮者に対する支援に関する業務を行う 関係機関（以下単に「関係機関」という。）及び民間団体との緊密な連携その他必要な支援体制の整備に配慮して行われなければならない。

2）岡部卓（2018）「生活困窮者の自立・尊厳の確保と地域づくり」『月刊福祉』7月号 P.40～41

3）（福祉サービスの基本的理念）
第3条　福祉サービスは、個人の尊厳の保持を旨とし、その内容は、福祉サービスの利用者が心身ともに健やかに育成され、又はその有する能力に応じ自立した日常生活を営むことができるように支援するものとして、良質かつ適切なものでなければならない。

（地域福祉の推進）
第4条　地域住民、社会福祉を目的とする事業を経営する者及び社会福祉に関する活動を行う者（以下「地域住民等」という。）は、相互に協力し、福祉サービスを必要とする地域住民が地域社会を構成する一員として日常生活を営み、社会、経済、文化その他あらゆる分野の活動に参加する機会が与えられるように、地域福祉の推進に努めなければならない。
2　地域住民等は、地域福祉の推進に当たつては、福祉サービスを必要とする地域住民及びその世帯が抱える福祉、介護、介護予防（省略）、保健医療、住まい、就労及び教育に関する課題、福祉サービスを必要とする地域住民の地域社会からの孤立その他の福祉サービスを必要とする地域住民が日常生活を営み、あらゆる分野の活動に参加する機会が確保される上での各般の課題

（以下「地域生活課題」という。）を把握し、地域生活課題の解決に資する支援を行う関係機関（以下「支援関係機関」という。）との連携等によりその解決を図るよう特に留意するものとする。

（福祉サービスの提供の原則）
第5条　社会福祉を目的とする事業を経営する者は、その提供する多様な福祉サービスについて、利用者の意向を十分に尊重し、かつ、保健医療サービスその他の関連するサービスとの有機的な連携を図るよう創意工夫を行いつつ、これを総合的に提供することができるようにその事業の実施に努めなければならない。

4）老人福祉法（基本的理念）
第2条　老人は、多年にわたり社会の進展に寄与してきた者として、かつ、豊富な知識と経験を有する者として敬愛されるとともに、生きがいを持てる健全で安らかな生活を保障されるものとする。

障害者統合支援法（基本理念）
第1条の2　障害者及び障害児が日常生活又は社会生活を営むための支援は、全ての国民が、障害の有無にかかわらず、等しく基本的人権を享有するかけがえのない個人として尊重されるものであるとの理念にのっとり、全ての国民が、障害の有無によって分け隔てられることなく、相互に人格と個性を尊重し合いながら共生する社会を実現するため、全ての障害者及び障害児が可能な限りその身近な場所において必要な日常生活又は社会生活を営むための支援を受けられることにより社会参加の機会が確保されること及びどこで誰と生活するかについての選択の機会が確保され、地域社会において他の人々と共生することを妨げられないこと並びに障害者及び障害児にとって日常生活又は社会生活を営む上で障壁となるような社会における事物、制度、慣行、観念その他一切のものの除去に資することを旨として、総合的かつ計画的に行わなければならない。

5）これまで「生活困窮」が使用された例としては、第二次世界大戦直後、多くの戦争被災者、失業者、引揚者などの対応するため、臨時応急的な措置として実施された『生活困窮者緊急生活援護要綱』がある。また、生活保護法第1条は「……国が生活に困窮するすべての国民に対し、その困窮の程度に応じ、必要な保護を行（う）……」としている。

6）［図表4-2］は、岡部卓（2012a）p.61所収の図を一部改変。

7）本節は、岡部（2014a）pp.216-219を踏まえている。

8）社会福祉法令研究会編（2001）『社会福祉法の解説』（中央法規）p.110、社会福祉法の「自立」の意味には、「自律」という言葉があてられることもある。

9）介護保険法第1条、第2条第4項。

10）障害者総合支援法第1条。

11）本書第 1 章第 2 節 p.17 参照。
12）このほか、平成 14（2002）年に制定されたホームレスの自立の支援等に関する特別措置法第 1 条では、法の目的を、「……自立の意思がありながらホームレスとなることを余儀なくされた者が多数存在し、健康で文化的な生活を送ることができないでいるとともに、地域社会とのあつれきが生じつつある現状にかんがみ、ホームレスの自立の支援、ホームレスとなることを防止するための生活上の支援等に関し、国等の果たすべき責務を明らかにするとともに、ホームレスの人権に配慮し、かつ、地域社会の理解と協力を得つつ、必要な施策を講ずることにより、ホームレスに関する問題の解決に資すること……」と規定している。
13）［図表 4 - 3］［図表 4 - 4］は、岡部卓・平成 22 年 6 月 28 日厚生労働省生活保護受給者の社会的居場所づくりと新しい公共に関する研究会メモ p.25〜26 を一部修正。
14）生活保護法第 81 条の 3
　保護の実施機関は、第 26 条の規定により保護の廃止を行うに際しては、当該保護を廃止される者が生活困窮者自立支援法（平成 25 年法律第 105 号）第 3 条第 1 項に規定する生活困窮者に該当する場合には、当該者に対して、同法に基づく事業又は給付金についての情報の提供、助言その他適切な措置を講ずるよう努めるものとする。

　社会保障審議会生活困窮者自立支援及び生活保護部会報告書（平成 29 年 12 月 15 日）p.12
　Ⅲ．各論 1．（1）支援につながっていない困窮者の存在
　（生活困窮者自立支援と生活保護の切れ目のない支援）
　○自立相談支援機関に相談があった後、一時的に生活保護を利用し、生活を安定させてから生活保護を脱却し、自立相談支援機関において自立支援を行っていくことや、生活保護脱却時に自立相談支援機関につなげて生活保護脱却後の生活の安定を支援する必要があるケースもある。こうした場合に、支援の一貫性を確保することができるよう、支援の開始・終結やプラン作成・終結において柔軟な対応を行うことができるようにすべきである。そうした柔軟な対応について、具体的なケースとして想定される実務を整理してほしいとの意見があった。
　https://www.mhlw.go.jp/file/05-Shingikai-12601000-Seisakutoukatsukan-Sanjikanshitsu_Shakaihoshoutantou/0000188339.pdf
15）岡部（2015 a）pp.3 - 6 参照。
16）［図表 4 - 6］「自立相談支援事業等の利用勧奨の努力義務の創設①」273 頁が社会保障審議会生活困窮者自立支援及び生活保護部会報告書（平成 29 年 12

17）［図表４－７］「自立相談支援事業等の利用勧奨の努力義務の創設②」274頁が第8条を載せている。
18）［図表４－８］「生活困窮者自立支援制度の広報等の制度の周知に関する努力義務の新設」275頁が第4条第4項を載せている。
19）社会福祉法人の取り組みについては、平成26年7月4日『「社会福祉法人制度の在り方について」報告書』は、社会福祉法人が現在実施している「地域における公益的な活動」として、「生活困窮者に対する相談支援、一時的な居住等の支援の実施、就労訓練事業（いわゆる中間的就労）や社会参加活動の実施」を挙げている。

　検討会の論議に引き続き、平成26（2014）年8月からは社会保障審議会福祉部会で「社会福祉法人制度改革」の論議が始められた。平成27（2015）年2月に報告書がまとめられたが、その中では「（社会福祉法人の本旨と地域における公益的な取組）…社会福祉法人には、営利企業等では実施することが難しく、市場で安定的・継続的に供給されることが望めないサービスを供給すること、すなわち、既存の制度の対象とならないサービスを無料又は低額な料金により供給する事業の実施が求められる。…」とされた。

　さらに、平成28（2016）年3月社会福祉法等の一部を改正する法律が公布され、地域における公益的な取組を実施する責務が法第24条第2項に規定されることとなった。以下のとおりである。「社会福祉法人は、社会福祉事業及び法第26条第1項公益事業を行うに当たつては、日常生活又は社会生活上の支援を必要とする者に対して、無料又は低額な料金で、福祉サービスを積極的に提供するよう努めなければならない。」
20）この点について、平成12年12月の『社会的な援護を要する人々に対する社会福祉のあり方に関する検討会報告書』では、「今日的な『つながり』の再構築を図る」ため「社会の構成員として包み支え合う（ソーシャル・インクルージョン）ための社会福祉を模索する必要がある」とし、「公的制度の柔軟な対応を図り、地域社会での自発的支援の再構築が必要」としている。また「情報提供、問題の発見把握、相談体制を重視し」「社会的つながりを確立していく」「問題の発見・相談は、必ず何らかの制度や活動へ結びつけ、問題解決につなげるプロセスを重視する」としている。
21）『生活困窮者自立支援法案に対する意見書』平成25年10月23日（日本弁護士連合会）p.7.
22）社会保障審議会『生活困窮者の生活支援の在り方に関する特別部会報告書』pp.10-11
23）民法第858条（成年被後見人の意思の尊重及び身上の配慮）、田山輝明（2007）『成年後見読本』三省堂、pp.67-68

● 第 5 章
1) 平成 27 年 3 月 6 日社援地発 0306 第 1 号「生活困窮者自立支援制度に関する手引き策定について」厚生労働省社会・援護局地域福祉課長通知『自立相談支援事業の手引き』。
2)『自立相談支援事業の手引き』p.15
3)『自立相談支援事業の手引き』p.16
4) 社会・援護局関係主管課長会議資料平成 30 年 3 月 1 日㈭　資料 4　地域福祉課生活困窮者自立支援室　P.51〜53
https://www.mhlw.go.jp/file/05-Shingikai-12201000-Shakaiengokyokushougaihokenfukushibu-Kikakuka/0000195513.pdf
　なお、自己評価基準による支援員配置等の底上げに関する図表については、276 頁［図表 5-9］参照。
5)『自立相談支援事業の手引き』pp.17-18
6) 岡部（2014h）p.9 及び岡部（2014d）p.123 では、6 段階としていたが、本稿ではアセスメントとプランニングを分けて 7 段階とした。
7) 詳細は、『自立相談支援事業の手引き』pp.18-51 を参照のこと。
8) 本書 117〜118 頁［図表 5-4］関係機関・関連専門職一覧、(『社会保障の手引』平成 30 年版〈中央法規〉pp.703-704) 参照。
9) 岡部（2014h）p.9、岡部（2014d）pp.123-124 参照。
10) 本書第 4 章第 4 節自治体・事業主体の役割を参照。
11) 岡部（2014h）p.9 及び（2014d）p.124 参照。
12) 岡部（2014b）pp.50-51
13) 岡部（2014b）pp.49-50
14) 岡部（2014b）pp.52-53
15) 岡部（2014b）pp.54-55
16) アセスメントについては、『自立支援の手引き』平成 20 年 3 月（厚生労働省保護課）(『生活保護自立支援の手引き』　中央法規出版　2008 年と同内容) pp.25-28 を踏まえている。
17)『自立相談支援事業の手引き』別紙『自立相談支援機関使用標準様式（帳票類）』pp.3-5 のインテーク・アセスメントシートの項目のうち主なものを A〜F に取り上げ、それぞれの留意点を述べた。
18) 岡部（2014b）pp.60-62、『自立支援の手引き』平成 20 年 3 月（厚生労働省保護課）p.43
19)『自立支援の手引き』平成 20 年 3 月（厚生労働省保護課）pp.43-44。また、以下は pp.43-44、A〜E の項目を使用した。
20) 詳細は、平成 30 年 10 月 1 日社援発 1001 第 1 号「生活困窮者自立支援制

度に係る自治体事務マニュアルの改訂について」P. 36 〜 38
21）岡部（2014h）p.9、岡部（2014d）p.125
22）岡部（2014b）pp.63 − 64
23）岡部（2014h）p.10、岡部（2014d）p.125
24）岡部（2014b）p.68
25）『自立支援の手引き』平成 20 年 3 月（厚生労働省保護課）p.54
26）『自立支援の手引き』平成 20 年 3 月（厚生労働省保護課）p.55、岡部（2014h）p.10、岡部（2014d）p.125
27）本書第 5 章冒頭の［図表 5 − 1］（109 頁）を参照のこと。「本人の状況に応じた支援」とはその図から引用している。
28）詳細は、『自立相談支援事業の手引』pp.55 − 56 を参照のこと。
29）詳細は、各事業の手引を参照のこと。リンクアドレスは以下のとおり。平成 27 年 3 月 6 日付け社援地発 0306 第 1 号『生活困窮者自立支援制度に関する手引き策定について』平成 27 年 3 月 6 日付け社援地発 0306 第 1 号　厚生労働省社会・援護局地域福祉課長通知。［62KB］

http://www.mhlw.go.jp/file/06-Seisakujouhou-12000000-Shakaiengokyoku-Shakai/20150306_chiikifukusikatyo_2.pdf

『自立相談支援事業の手引き』（別添 1）

http://www.mhlw.go.jp/file/06-Seisakujouhou-12000000-Shakaiengokyoku-Shakai/01_jiritsu.pdf

（添付書類）自立相談支援機関使用標準様式（帳票類）。［626KB］

※自立相談支援機関使用標準様式（帳票類）の帳票類記入要領と記載見本は「制度概要」頁に掲載。

http://www.mhlw.go.jp/file/06-Seisakujouhou-12000000-Shakaiengokyoku-Shakai/01_youshiki.pdf

http://www.mhlw.go.jp/stf/seisakunitsuite/bunya/0000059382.html

『就労準備支援事業の手引き』（別添 2）［808KB］

http://www.mhlw.go.jp/file/06-Seisakujouhou-12000000-Shakaiengokyoku-Shakai/02_syuro-jyunbi.pdf

『一時生活支援事業の手引き』（別添 3）［19,967KB］

http://www.mhlw.go.jp/file/06-Seisakujouhou-12000000-Shakaiengokyoku-Shakai/03_ichiji.pdf

家計相談支援事業の手引き（別添 4）［2,681KB］

http://www.mhlw.go.jp/file/06-Seisakujouhou-12000000-Shakaiengokyoku-Shakai/04_kakei.pdf

（添付書類）家計相談支援事業　様式、記入要領　［1,568KB］

http://www.mhlw.go.jp/file/06-Seisakujouhou-12000000-Shakaiengokyoku-

Shakai/0000080070.pdf
30)『自立相談支援事業の手引』p.57
31)『自立相談支援事業の手引』p.58
32)『就労準備支援事業の手引』p.4、p.7
33)『自立相談支援事業の手引』p.61
34)『就労準備支援事業の手引』p.11
35)「社会保障審議会生活困窮者自立支援及び生活保護部会　報告書」P.14
https://www.mhlw.go.jp/file/05-Shingikai-12601000-Seisakutoukatsukan-Sanjikanshitsu_Shakaihoshoutantou/0000188339.pdf
36)　平成30年9月28日厚生労働省告示第343号
37)　平成26年度社会・援護局主管課長会議資料『生活困窮者自立支援法の施行について』p.14
38)『自立相談支援事業の手引』p.62
39)『一時生活支援事業の手引』p.5
40)『一時生活支援事業の手引』pp.16－17
41)　平成26年度社会・援護局主管課長会議資料『生活困窮者自立支援法の施行について』p.13
42)『家計相談支援事業の手引』p.3
43)『家計相談支援事業の手引』p.6
44)　平成30年9月28日厚生労働省告示第343号
45)　平成26年度社会・援護局主管課長会議資料『生活困窮者自立支援法の施行について』pp.14－15
46)　平成26年度社会・援護局主管課長会議資料『生活困窮者自立支援法の施行について』p.15
47)『自立相談支援事業の手引』pp.11－12

● 第6章

1)　岡部（2014d）p.118一部修正。
2)　岡部（2014h）p.6を一部加除修正、岡部（2014d）pp.119－120一部加除修正。
3)　生活困窮者自立支援制度と関係制度等との連携について。平成27（2015）年3月27日付け事務連絡「生活困窮者自立支援制度との連携について」［67KB］
http://www.mhlw.go.jp/file/06-Seisakujouhou-12000000-Shakaiengyoku-Shakai/270327_jimurenraku.pdf
別添1　生活困窮者自立支援法と生活保護制度の連携について。［10KB］
http://www.mhlw.go.jp/file/06-Seisakujouhou-12000000-Shakaiengyoku-

Shakai/betten1.pdf

別添2　生活困窮者自立支援制度とひとり親家庭等福祉対策及び児童福祉施策との連携について（通知）。［799KB］

http://www.mhlw.go.jp/file/06-Seisakujouhou-12000000-Shakaiengokyoku-Shakai/betten2.pdf

別添3　生活困窮者自立支援制度と障害保健福祉施策との連携について（通知）。［166KB］

http://www.mhlw.go.jp/file/06-Seisakujouhou-12000000-Shakaiengokyoku-Shakai/betten3.pdf

別添4　生活困窮者自立支援制度と介護保険制度との連携について（通知）。［1680KB］

http://www.mhlw.go.jp/file/06-Seisakujouhou-12000000-Shakaiengokyoku-Shakai/betten4.pdf

別添5　生活困窮者自立支援制度と留同基準行政との連携について。［158KB］

http://www.mhlw.go.jp/file/06-Seisakujouhou-12000000-Shakaiengokyoku-Shakai/betten5.pdf

別添6　年金制度との連携及び国民年金保険料免除制度の周知について（通知）。［622KB］

http://www.mhlw.go.jp/file/06-Seisakujouhou-12000000-Shakaiengokyoku-Shakai/betten6.pdf

別添7　生活困窮者自立支援制度と教育施策との連携について（通知）。［6884KB］

http://www.mhlw.go.jp/file/06-Seisakujouhou-12000000-Shakaiengokyoku-Shakai/betten7.pdf

別添8　矯正施設出所者の生活困窮者自立支援法に基づく事業の利用等について（通知）。［258KB］

http://www.mhlw.go.jp/file/06-Seisakujouhou-12000000-Shakaiengokyoku-Shakai/betten8.pdf

別添9　生活困窮者自立支援法の施行に伴う農林水産分野との連携について（通知）。［107KB］

http://www.mhlw.go.jp/file/06-Seisakujouhou-12000000-Shakaiengokyoku-Shakai/betten9.pdf

別添10　生活困窮者自立支援法に基づく住居確保給付金の適正な支給及び生活困窮者自立支援制度からの暴力団員等と関係を有する事業者の排除について（通知）。［285KB］

http://www.mhlw.go.jp/file/06-Seisakujouhou-12000000-Shakaiengokyoku-Shakai/betten10.pdf

別添 11　生活困窮者自立支援法の施行に伴う多重債務者対策担当分野との連携について（通知）。[105KB]

http://www.mhlw.go.jp/file/06-Seisakujouhou-12000000-Shakaiengokyoku-Shakai/betten11.pdf

別添 12　生活困窮者自立支援制度子ども・若者育成支援施策との連携について（通知）。[375KB]

http://www.mhlw.go.jp/file/06-Seisakujouhou-12000000-Shakaiengokyoku-Shakai/betten12.pdf

別添 13　生活困窮者自立支援制度と居住支援協議会の連携について（通知）。[245KB]

http://www.mhlw.go.jp/file/06-Seisakujouhou-12000000-Shakaiengokyoku-Shakai/betten13.pdf

別添 14　生活困窮者自立支援制度と地域福祉施策との連携について。[97KB]

http://www.mhlw.go.jp/file/06-Seisakujouhou-12000000-Shakaiengokyoku-Shakai/betten14.pdf

平成 30 年 10 月 1 日事務連絡　社会・援護局地域福祉課生活困窮者自立支援室「生活困窮者自立支援制度と関係制度等との連携について」

別添 1　「生活困窮者自立支援法と生活保護制度の連携について」の一部改正について

別添 2　「生活困窮者自立支援制度とひとり親家庭等福祉対策及び児童福祉施策との連携について(通知)」の一部改正について

別添 3　「生活困窮者自立支援制度と介護保険制度との連携について(通知)」の一部改正について

別添 4　「生活困窮者自立支援制度と自殺対策施策との連携について」の一部改正について

別添 5　「生活困窮者自立支援制度とひきこもり地域支援センター等との連携について」の一部改正について

別添 6　「生活困窮者自立支援制度と地域福祉施策との連携について」の一部改正について

別添 7　生活困窮者自立支援制度における地方自治体と公共職業安定所との更なる連携強化について

別添 8　「生活困窮者自立支援制度と教育施策との連携について(通知)」の一部改正について

別添 9　生活困窮者自立支援制度における生活困窮者自立支援制度担当部局と税務担当部局との連携について

別添 10　「生活困窮者自立支援制度と居住支援協議会の連携について(通知)」の一部改正について

別添11　「年金制度との連携及び国民年金保険料免除制度の周知について(通知)」の一部改正について

別添12　「生活困窮者自立支援制度と国民健康保険制度及び後期高齢者医療制度との連携について」の一部改正について

別添13　「生活困窮者自立支援法の施行に伴う多重債務者対策担当分野との連携について(通知)」の一部改正について

別添14　「生活困窮者自立支援法に基づく住居確保給付金の適正な支給及び生活困窮者自立支援制度からの暴力団員等と関係を有する事業者の排除について(通知)」の一部改正について

4) 岡部（2014h）p.7、岡部（2014h）p.121
5) 岡部（2014h）p.7、岡部（2014d）p.121
6) 岡部（2014b）pp.71-72、岡部（1997）p.53
7) 岡部（2014b）pp.75-76
8) 岡部（2014h）p.7、岡部（2014d）p.121
9) 岡部（2014b）p.77
10) 岡部（2015a）p.5 参照。
11) 岡部（2014d）p.133
12) 岡部（2014h）p.8、岡部（2014d）p.122
13) 岡部卓『人口減少社会のライフスタイル』「13. 変わる生活の質・生活の価値」（放送大学教育振興会）2011 年 p.263 所収の図表を一部加除修正、厚生労働省社会・援護局保護課（2010）『生活保護受給者の社会的な居場所づくりと「新しい公共」に関する研究会』第 6 回岡部卓報告。
14) 岡部（2014d）pp.133-134
15) 岡部（2014h）p.11、岡部（2014d）p.127、岡部（2014b）p.78。
16) 岡部（2014b）pp.77-78 一部加除修正。
17) 岡部（2014h）p.12、岡部（2014d）p.127、岡部（2014b）p.78から構成。
18) 平成 30 年 7 月 26 日生活困窮者自立支援制度全国担当者会議資料（資料 2）P.13（[図表 6 - 3] 277 頁）
19) 〈9 条 1 項～6 項条文、28 条条文〉第 9 条及び第 28 条参照。
20) 17) に同じ
21) 平成 30 年 7 月 26 日生活困窮者自立支援制度全国担当者会議資料（資料 2 P.16）（[図表 6 - 4] 278 頁）
22) 同上（資料 2　P.14）（[図表 6 - 5] 279 頁）
23) 同上（資料 2　P.18）（[図表 6 - 6] 280 頁）
24) 平成 30 年 10 月 1 日社援地発 1001 第 15 号社会援護局地域福祉課長通知「生活困窮者自立支援法第 9 条第 1 項に規定する支援会議の設置及び運営に関

するガイドラインについて」
25）社会保障審議会生活困窮者自立支援及び生活保護部会（第2回）、平成29年6月8日、生水委員提出資料
個人情報の取扱いについては、社会保障審議会特別部会委員から、課題として次のような指摘がされています。本人同意がとれないため支援が行えない、本人同意がとれたが家族の同意がとれない、支援が行えない、その解決策の一つとしては、支援調整会議で情報共有が認められれば、支援を行える機関が世帯への支援が可能になるのではないかとの意見が出されています。基本的には、本人の同意を得ることとしています。

● 第7章
1) 平成29（2017）年12月12日子発1212第1号・社援発1212第2号・老発1212第1号　厚生労働省子ども家庭局長・厚生労働省社会・援護局長・厚生労働省老健局長通知「地域共生社会の実現に向けた地域福祉の推進について」
2) 1) に同じ。
3) 介護保険法では第一号被保険者2,000人から3,000人に対して、社会福祉士、主任ケアマネジャー、保健師の3職種を擁する地域包括支援センターを1箇所設置することが規定されている。また、厚労省の資料では、概ね30分以内に必要なサービスが提供される範囲を日常生活圏域として定めてきた。厚生労働省（2013）「地域包括ケアシステムの構築に向けて」。
4) 1) に同じ。
5) 改正社会福祉法第106条の3第1項第3号では「生活困窮者自立支援法第2条第2項に規定する生活困窮者自立支援事業を行う者その他の支援関係機関が、地域生活課題を解決するために、相互の有機的な連携の下、その解決に資する支援を一体的かつ計画的に行う体制の整備に関する事業」と規定されている。このことからも、多機関協働の体制に生活困窮者自立相談支援機関が参加することは必須と考えてよいだろう。
6) 2018年に施行される改正生活困窮者自立支援法では支援関係者の積極的な情報交換や連携を可能とするために支援会議を設置することが求められている。同法の支援会議と地域共生社会づくりにおける多機関協働・検討のための場は次元は異なるものだが、市町村によっては統一して開催する場合もある。
7) 地域福祉計画は市区町村が策定する計画、地域福祉支援計画は都道府県が策定する計画。社会福祉法では第107条で前者を、第108条で後者を規定しているが、本稿では前者のみを取り上げる。また、行政が中心となって策定する地域福祉計画とは別に、市区町村の社会福祉協議会が中心となって策定する地域福祉活動計画という民間の計画があり、行政の計画と相互に連携を図ることが求められている。

8）原田（2017）。
9）1）に同じ。
10）厚労省（2017）「市町村地域福祉計画策定状況等の調査結果概要」。

● 第 8 章
1）厚生労働省通知「地域共生社会の実現に向けた地域福祉の推進について」。第 7 章 1）に同じ。
2）1）に同じ、15 頁。
3）1）に同じ、17 頁。
4）1）に同じ、19 頁。
5）厚生労働省地域における住民主体の課題解決力強化・相談支援体制の在り方に関する検討会（地域力強化検討会）「地域力強化検討会最終とりまとめ〜地域共生社会の実現に向けた新しいステージへ〜」平成 29 年 9 月 12 日、4 頁。
6）野口（2002）、23 頁。

以下の図表は、次の注に対応。

● 第 3 章　　16）→ 268 頁
　　　　　　　17）→ 269 頁、270 頁
　　　　　　　18）→ 271 頁、272 頁

● 第 4 章　　16）→ 273 頁
　　　　　　　17）→ 274 頁
　　　　　　　18）→ 275 頁

● 第 5 章　　4）→ 276 頁

● 第 6 章　　18）→ 277 頁
　　　　　　　21）→ 278 頁
　　　　　　　22）→ 279 頁
　　　　　　　23）→ 280 頁

[図表3‐9] 「平成30年度新規・拡充事業に係る国庫補助基準単価」

平成30年度新規・拡充事業に係る国庫補助基準単価

○ 平成30年度予算(案)に計上した新規・拡充事業の目安額、加算単価については、以下のとおりとする。

No.	事業名	加算名	目安額・加算単価
1	就労準備支援事業	アウトリーチ加算	1自治体あたり5,000千円を基本基準額に加算
2	子どもの学習支援事業	高校生世代に対する支援	基本基準額の30%
		小学生に対する支援	基本基準額の15%
3	居住支援事業 (法第6条5号その他事業)	―	1実施自治体あたり 事業費7,000千円（国庫補助:3,500千円）
4	一時生活支援事業	医療専門職巡回加算	1自治体あたり3,500千円を基本基準額に加算

社会・援護局関係主管課長会議資料　資料4　(平成30年3月1日(木))　地域福祉課生活困窮者自立支援室 P.128
〔https://www.mhlw.go.jp/file/05-Shingikai-12201000-Shakaiengokyokushougaihokenfukushibu-Kikakuka/0000195515.pdf〕

[図表3‐10]「事業実績の高い自治体に対する基本基準額の加算措置（任意事業）」

事業実績の高い自治体に対する基本基準額の加算措置（任意事業）

○ 年間の利用者数が全国平均値を大きく上回るなど事業実績の高い自治体に対する加算措置の算定基準及び算定方法については、それぞれの任意事業の実態に応じて、以下のとおりとする。

		家計相談支援事業	就労準備支援事業	子どもの学習支援事業
算定基準		協議年度の前年（※）の人口10万人あたりの年間利用者数が20人以上	協議年度の前年（※）の人口10万人あたりの年間利用者数が20人以上	協議年度の前年（※）の人口10万人あたりの年間利用者数が30人以上
算定方法		基本基準額×1.5倍		

※ 協議年度の前年1月〜12月までの実績

社会・援護局関係主管課長会議資料　資料4　（平成30年3月1日㈭）地域福祉課生活困窮者自立支援室 P.127
〔https://www.mhlw.go.jp/file/05-Shingikai-12201000-Shakaiengyokushougaihokenfukushibu-Kikakuka/0000195515.pdf〕

注・引用一覧

[図表3‐11]「事業実績が低調な自治体に対する基本基準額の減算措置（任意事業）」

事業実績が低調な自治体に対する基本基準額の減算措置（任意事業）

○ 年間を通じて利用者がいない状況が複数年度にわたって連続するなど事業実績が低調な自治体に対する減算措置の対象自治体及び措置内容については、以下のとおりとする。

【対象事業】
① 就労準備支援事業、家計相談支援事業、子どもの学習支援事業

【対象自治体】
① 協議年度（平成30年度）の前年（平成29年1月～12月）の年間利用者数が0人の自治体

【措置内容】
① 協議年度（平成30年度）の事業実施に向けて、以下の内容を盛り込んだ『実施計画』を策定し、都道府県を通じて、国への提出を求める。

・利用実績が低調であることの分析　　・事業の利用促進に向けた改善方策

② 都道府県は当該『実施計画』の進捗を管理しつつ、必要に応じて助言・指導を行う。
③ 翌年度（平成31年度）の国庫補助協議において、上記の措置に加えて、翌年度（平成31年度）の事業が図られない自治体に対しては、各任意事業の基本基準額（都道府県広域加算額を含む）を一定割合引き下げる（支援実績減算）。

社会・援護局関係主管課長会議資料　資料4　（平成30年3月1日㈭）地域福祉課生活困窮者自立支援室 P.128
〔https://www.mhlw.go.jp/file/05-Shingikai-12201000-Shakaiengokyokushougaihokenfukushibu-Kikakuka/0000195515.pdf〕

[図表3‐12] 「就労準備支援事業と家計改善支援事業の合算単価の適用」

① 就労準備支援事業と家計改善支援事業の合算単価の適用

○ 自立相談支援事業・就労準備支援事業・家計改善支援事業を一体的に実施することにより、事業間の相互補完的・連続的な支援が高まることで、生活困窮者に対するより効果的な支援が可能になるほか、両事業を一体的に実施した場合には業務の効率化が図られることも想定されること等から、両事業の基本基準額の合計額から▲10％の効率化効果を見込んだ『合算単価』を適用し、両事業間で弾力的な執行を認めることとする。
○ これに併せて、現行の「支援実績加算」の適用乗率についても、合算単価に対応した乗率・算定要件を新設する。

就労準備支援事業と家計改善支援事業の合算単価

人口区分	現行			基本基準額
	就労準備 a	家計改善 b	合計 (a+b)	合算単価 c × 0.9
2万人未満	5,000	3,000	8,000	7,000
2万人以上～3万人未満	6,000	4,000	10,000	9,000
3万人以上～4万人未満	7,000	5,000	12,000	11,000
4万人以上～5.5万人未満	8,000	7,000	15,000	14,000
5.5万人以上～7.5万人未満	9,000	8,000	17,000	15,000
7.5万人以上～10万人未満	11,000	10,000	21,000	19,000
10万人以上～15.5万人未満	14,000	12,000	26,000	23,000
15.5万人以上～20万人未満	17,000	15,000	32,000	29,000
20万人以上～30.5万人未満	20,000	18,000	38,000	34,000
30.5万人以上～40.5万人未満	25,000	20,000	45,000	41,000
40.5万人以上～50.5万人未満	30,000	23,000	53,000	48,000
50.5万人以上～60.5万人未満	32,000	25,000	57,000	51,000
60.5万人以上～70.5万人未満	34,000	27,000	61,000	55,000
70.5万人以上～80.5万人未満	36,000	28,000	64,000	58,000
80.5万人以上～90.5万人未満	38,000	29,000	67,000	60,000
90.5万人以上～100.5万人未満	40,000	30,000	70,000	63,000
100.5万人以上～110.5万人未満	50,000	40,000	90,000	81,000
110.5万人以上～120.5万人未満	51,000	41,000	92,000	83,000
…	…	…	…	…
250万人以上～260万人未満	65,000	55,000	120,000	108,000
260万人以上～270万人未満	66,000	56,000	122,000	110,000
270万人以上～280万人未満	67,000	57,000	124,000	112,000
280万人以上～290万人未満	68,000	58,000	126,000	113,000
290万人以上～300万人未満	69,000	59,000	128,000	115,000
300万人以上	70,000	60,000	130,000	117,000

×

支援実績加算

- いずれの事業も算定要件を満たす場合：合算単価 × 1.5
- いずれか一方の事業のみ算定要件を満たす場合：合算単価 × 1.25

（参考）算定要件
各事業の協議前年度の人口10万人あたりの年間利用者数が20人以上

＋

各種加算

- アウトリーチ事業等推進事業加算
- 就労訓練事業加算
- 福祉専門職との連携支援事業加算
- 就労準備支援事業のインセンティブ加算

注・引用一覧

生活困窮者自立支援制度全国担当者会議資料　資料2（平成30年7月26日㈭）「生活困窮者自立支援制度等の推進について」②改正生活困窮者自立支援法等の施行に向けて　社会・援護局地域福祉課生活困窮者自立支援室　P.6〔https://www.mhlw.go.jp/content/12000000/000340727.pdf〕

［図表 3‐13］　就労準備支援事業のインセンティブ加算の算定

② 就労準備支援事業のインセンティブ加算の算定

○ 自立相談支援事業・就労準備支援事業・家計改善支援事業との一体的実施に加えて、就労準備支援事業の利用を促進する観点等から下表の取組を実施する場合には、人口区分に応じて、基本基準額に一定額を加算（インセンティブ加算）する。
○ ただし、基本基準額を超える部分については、下表の取組の費用に充てるものとする。

加算区分	単価
27万人未満	1,000
2万人以上－3万人未満	1,200
3万人以上－4万人未満	1,400
4万人以上－5.5万人未満	1,600
5.5万人以上－7万人未満	1,800
7万人以上－10万人未満	2,200
10万人以上－15万人未満	2,800
15万人以上－20万人未満	3,400
20万人以上－30万人未満	4,000
30万人以上－40万人未満	5,000
40万人以上－50万人未満	6,000
50万人以上－60万人未満	6,400
60万人以上－70万人未満	6,800
70万人以上－80万人未満	7,200
80万人以上－90万人未満	7,600
90万人以上－100万人未満	8,000
100万人以上－110万人未満	10,000
110万人以上－120万人未満	10,200
120万人以上－130万人未満	10,400
130万人以上－140万人未満	10,600
140万人以上－150万人未満	10,800
150万人以上－160万人未満	11,000
160万人以上－170万人未満	11,200
170万人以上－180万人未満	11,400
180万人以上－190万人未満	11,600
190万人以上－200万人未満	11,800
200万人以上－210万人未満	12,000
210万人以上－220万人未満	12,400
220万人以上－240万人未満	12,600
240万人以上－250万人未満	12,800
250万人以上－260万人未満	13,000
260万人以上－270万人未満	13,200
270万人以上－280万人未満	13,400
280万人以上－290万人未満	13,600
290万人以上－300万人未満	14,000
300万人以上	14,000

加算額の充当イメージ：加算措置／基準額／所要額

取組内容	趣旨・目的	概要
就労に向けた外出を促進する費用	利用者に対し、自立に向けた意欲喚起や社会に出るきっかけづくりを行うため、就労に向けた第一段階として、まずは外出を促す取組を推進する。	外出する際の同行等に伴う移動に要する費用（例：移動や送迎のための車のリース代、燃料代（ガソリン代）や外出のきっかけづくりとなるための備品代など（例：貸出用自転車など）等について、加算の仕組みを設ける。
就労体験の受入促進に要する費用	多様な就労体験先の確保を図るため、利用者の受入を行う事業所に対するインセンティブの付与を行う。	利用者が就労体験を利用した場合に、受入先に支払う就労体験に係る費用を支出し、就労体験実施先が利用者へ工賃を支払うインセンティブとするため、加算の仕組みを設ける。
就職に向けた準備に要する費用	経済的課題を抱えているために、就職に向けた準備に必要な協力事業所に対する活動費用が負担できず、就職に向けた活動が思うように進まない状態を解決する。	就職に向けた準備として、就職に向けた活動（例：貸出用携帯電話など）について、加算の仕組みを設ける。
就職後の定着支援を行う費用	就労準備支援事業の利用者は、不安定な就労状態のまま就職に就くことが多いことから、就職後も継続して支援を実施していくことが重要であり、定着支援の取組を推進する。	定着支援を実施する就労支援担当者の配置に要する費用等として、定着支援の一環としてもらったり、利用体験談を語ってもらったり、ピアサポート的な役割を果たす取組の実施に要する費用等について、加算の仕組みを設ける。
訪問支援の強化を行う費用	訪問支援を実施するに当たっては、利用者や家族との相性や話しやすさなどに留意して、支援体制との関係性を築くことが重要である。	就労準備支援事業の訪問支援を複数人で行うための就労準備支援担当者の配置に要する費用について、加算の仕組みを設ける。
その他就労準備支援事業の利用の促進に資すると認められる費用（個別協議）		

生活困窮者自立支援制度全国担当者会議資料　資料2（平成30年7月26日㈭）「生活困窮者自立支援制度等の推進について」②改正生活困窮者自立支援法等の施行に向けて　社会・援護局地域福祉課生活困窮者自立支援室 P.7〔https://www.mhlw.go.jp/content/12000000/000340727.pdf〕

[図表4-6] 「自立相談支援事業等の利用勧奨の努力義務の創設①」

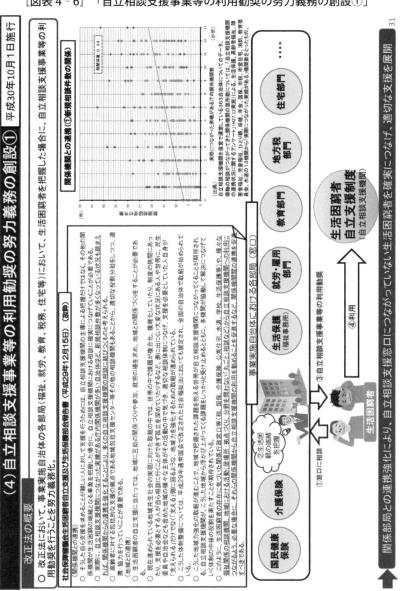

生活困窮者自立支援制度全国担当者会議資料 資料2（平成30年7月26日(木)）「生活困窮者自立支援制度等の推進について」①改正生活困窮者自立支援法について 社会・援護局地域福祉課生活困窮者自立支援室 P.31〔https://www.mhlw.go.jp/content/12000000/000340726.pdf〕

[図表4-7] 「自立相談支援事業等の利用勧奨の努力義務の創設②」

(4) 自立相談支援事業等の利用勧奨の努力義務の創設②

改正後の生活困窮者自立支援法（改正部分は下線）

（利用勧奨等）

第八条　都道府県等は、福祉、就労、教育、税務、住宅その他の生活困窮者自立支援に関する業務の遂行に当たって、生活困窮者を把握したときは、当該生活困窮者に対し、この法律に基づく事業の利用及び給付金の受給の勧奨その他適切な措置を講ずるように努めるものとする。

自立相談支援事業等の利用勧奨の努力義務の創設

改正の趣旨

- 生活困窮者自立支援制度については、施行後、着実に支援の効果が現れてきている一方で、適切な支援を受けることができていない生活困窮者が数多くいるとの指摘がある。
- また、生活に困窮する方の中には、日々の生活に追われ、また、自尊感情の低下等により、自ら自立相談支援機関の窓口にたどり着くことが難しい人もいる。
- このため、支援を必要とする人が相談に来るのを待っているのみでなく、その方に相談支援が届くようにするアウトリーチの観点が重要。
- そうした自ら支援を求めることが難しい人に対して支援を行うためには、自立相談支援機関の主導による把握だけではなく、その他関係機関が生活困窮の端緒となる事象を把握した場合に、自立相談支援機関における相談に確実につなげていくことが必要。
- 実際に、法の施行状況の中でも、自立相談支援事業につながった庁内関係機関が多い自治体ほど、新規相談件数が多いとの結果も出ている。
- こうしたことを踏まえ、改正法においては、自治体の福祉、就労、教育、税務、住宅等の関係部局において生活困窮者を把握した場合に、生活困窮者本人に対し、生活困窮者自立支援制度の利用勧奨を行う努力義務としたもの。
- これにより、法の生活に困窮する多くの生活困窮者を自立相談支援機関の相談窓口につなげていくことを目的とするもの。

今後の対応

- 本改正を踏まえ、自治体において、積極的に生活困窮者自立支援制度の利用勧奨を進めるため、住民の経済的困窮に気づく可能性のある業務に関し、利用勧奨を行っていただきたい具体的な効果的な手法等に関する通知を発出する予定。
- 当該通知も踏まえ、自治体内の関係部局との連携強化を促進し、多くの生活困窮者が着実に自立相談支援機関の相談窓口につなげていく。

生活困窮者自立支援制度全国担当者会議資料　資料2（平成30年7月26日(木)）「生活困窮者自立支援制度等の推進について」①改正生活困窮者自立支援法について　社会・援護局地域福祉課生活困窮者自立支援室 P.32〔https://www.mhlw.go.jp/content/12000000/000340726.pdf〕

[図表4-8]「生活困窮者自立支援制度の広報等の制度の周知に関する努力義務の新設」

(13) 生活困窮者自立支援制度の広報等の制度の周知に関する努力義務の新設

改正後の生活困窮者自立支援法（改正部分は下線）

（市及び福祉事務所を設置する町村等の責務）
第四条　（略）
2・3　（略）
4　国及び都道府県等は、この法律の実施に関し、生活困窮者がこの法律に基づく自立に関する支援を早期に受けることができるよう、広報その他必要な措置を講ずるように努めるものとする。
5　（略）

生活困窮者自立支援制度の広報等の制度の周知に関する努力義務の新設

■ 改正の趣旨
- 支援を必要とする人の中には、行政機関へ相談することに心理的な抵抗感のある人もいることを踏まえた上で、支援を必要とする人に対して支援できる取組を検討することが重要との指摘もある中で、支援を必要とする人が確実に本制度を利用することができるよう、国民に対する制度の広報、自治体の職員等への研修等を通じた制度の認知度を高めていく必要がある。
- これを踏まえ、改正法において、国及び都道府県等に対し、広報等の制度の周知に関する努力義務規定を創設したもの。

■ 改正内容のポイント
「その他必要な措置を講ずること」
- 例えば、生活困窮者の支援に携わっている関係者・関係機関に対し、生活困窮者自立支援制度に関する知見を深めてもらうための制度周知等が考えられる。

今後の対応

- 都道府県等において、広報等を積極的に進めてもらうために、厚生労働省としても、
- 国民に対し、福祉関係者に限らず幅広い関係団体とも連携しながら様々な媒体による制度の周知
- 改正法による自立相談支援事業等の利用勧奨の努力義務化ともあいまって、都道府県等に対して、生活困窮者自立支援制度と関係制度の連携を促進する通知の発出

など、様々な支援を行っていく予定。

生活困窮者自立支援制度全国担当者会議資料　資料2（平成30年7月26日㈭）「生活困窮者自立支援制度等の推進について」①改正生活困窮者自立支援法について　社会・援護局地域福祉課生活困窮者自立支援室 P.54〔https://www.mhlw.go.jp/content/12000000/000340726.pdf〕

[図表5‐9]　「自己評価基準による支援員配置等の底上げ」

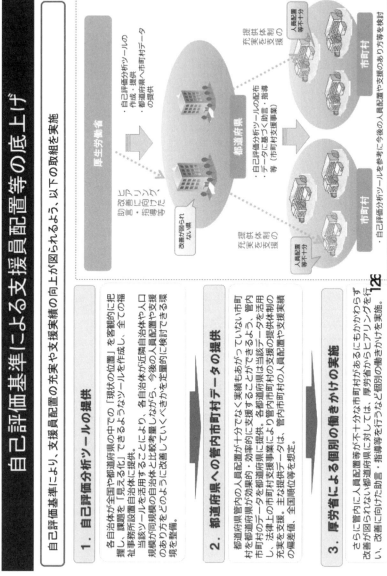

社会・援護局関係主管課長会議資料　資料4　(平成30年3月1日(木))　地域福祉課生活困窮者自立支援室 P.126〔https://www.mhlw.go.jp/file/05-Shingikai-12201000-Shakaiengokyokushougaihokenfukushibu-Kikakuka/0000195515.pdf〕

[図表 6‑3]「支援会議の仕組み」

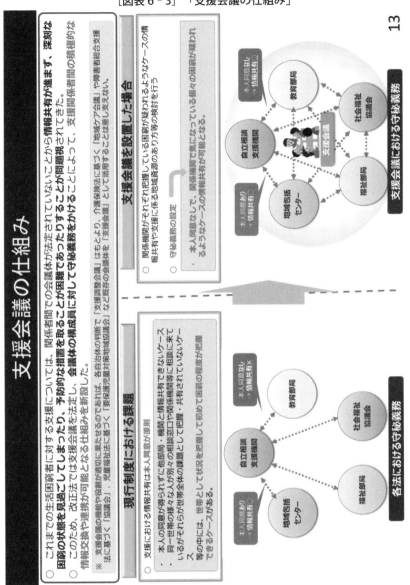

生活困窮者自立支援制度全国担当者会議資料　資料2（平成30年7月26日㈭）「生活困窮者自立支援制度等の推進について」②改正生活困窮者自立支援法等の施行に向けて　社会・援護局地域福祉課生活困窮者自立支援室 P.13〔https://www.mhlw.go.jp/content/12000000/000340727.pdf〕

[図表 6-4] 「支援会議の構成員」

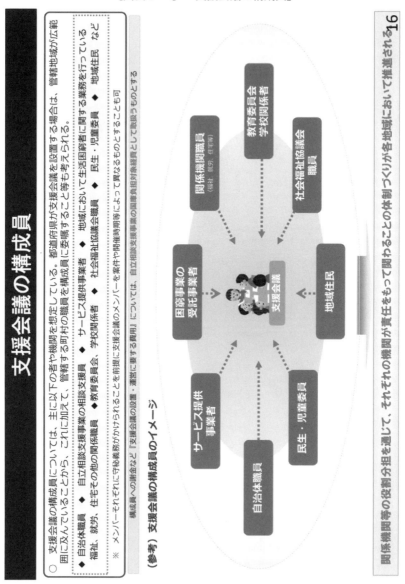

生活困窮者自立支援制度全国担当者会議資料　資料 2（平成 30 年 7 月 26 日㈭）「生活困窮者自立支援制度等の推進について」②改正生活困窮者自立支援法等の施行に向けて　社会・援護局地域福祉課生活困窮者自立支援室 P.16〔https://www.mhlw.go.jp/content/12000000/000340727.pdf〕

[図表6-5]「支援会議で取り扱う事例」

支援会議で取り扱う事例

○ 支援会議で取り扱う事例は、主に以下のような事案が考えられる。
- 本人の同意が得られないために支援調整を図ることができず、支援に当たって連携すべき部局・関係機関との間で情報の共有や連携を図ることができない事案
- 同一世帯の様々な人がそれぞれ異なる課題を抱え、別々の相談窓口や関係機関等に相談に来ているが、それが世帯全体の課題として、関係者間で把握・共有されていない事案
- より適切な支援を行うために、他の関係機関等と情報を共有しておく必要があると考えられる事案

※ 生活困窮に陥る背景や要因は多種多様であることから、具体的な対象者やイメージ、またはその優先順位等は、各自治体において実践を積み重ねていくこと等により整理・標準化していくプロセスが重要

(参考) 支援会議で取り扱う事例のイメージ

事案の概要
◇ 高齢の80代の母親と、50代の長男の2人世帯。長男は長期のひきこもり状態にあり仕事はしておらず、夜中に奇声を発するなど精神疾患が疑われる。
◇ 現在は母親の年金収入で生活しているが公営住宅の家賃が滞納が続いている。母親は認知症が疑われ、地区担当の保健師の働きかけで、近く、専門医を受診予定。

問題点
◇ 50代の息子が精神科医の治療を受けつつ、就労準備支援事業等を利用して就労自立するための能力を身につけておらず、母親がたてないため、介護サービスや医療サービスを利用して支出が増えると急速に経済的な困窮に陥る蓋然性が高い。
◇ そのような状況にあるにもかかわらず、保健師、地域住民、住宅担当部局職員の間で世帯全体としての支援の必要性が認識されていないため、情報共有が分断されている。

支援会議において、関係者間の情報共有を図ることにより、世帯全体の課題や経済状況等を把握した上で、相互に早期的・相互補完的な支援を行うことが可能になる。

生活困窮者自立支援制度全国担当者会議資料 資料2（平成30年7月26日㈭）「生活困窮者自立支援制度等の推進について」②改正生活困窮者自立支援法等の施行に向けて 社会・援護局地域福祉課生活困窮者自立支援室 P.14〔https://www.mhlw.go.jp/content/12000000/000340727.pdf〕

［図表6‐6］「支援会議に関する留意事項」

支援会議に関する留意事項

支援会議で共有された情報を活用して、相談員や構成員が対象となる世帯等にアウトリーチ等を行うことは、自ら相談に訪れることのできない生活困窮者等を早期に支援につなげるための積極的な支援方策の一つ。

ただし、生活困窮者は、生活上さまざまな不安や悩みを抱えており、個人情報が自分の知らないところで広がっていくことに不安を感じる場合も少なくないため、本人の同意がない中で「家庭」や「居場所」といった個人のプライベートな領域へ介入を行ったり、支援機関等との信頼関係が構築されていない段階でむやみに干渉することで、かえって心理的に追い込んでしまう結果となることも考えられる。

このため、どのような方法で支援につなげるかについては、支援会議で得られた情報が本人の同意を得ていないことを十分に認識した上で、多様な関係者や有識者も交えて当事者が負担感や抵抗感を感じないようなアプローチや支援手法を慎重に検討し、一定の時間をかけて信頼関係を構築していくプロセスが重要。

こうした留意事項等の詳細については、今後、ガイドラインに明記し、周知徹底を図る予定

生活困窮者自立支援制度全国担当者会議資料　資料2（平成30年7月26日㈭）「生活困窮者自立支援制度等の推進について」②改正生活困窮者自立支援法等の施行に向けて　社会・援護局地域福祉課生活困窮者自立支援室 P.18〔https://www.mhlw.go.jp/content/12000000/000340727.pdf〕

参考文献

● 書籍等

岡部卓（1997）「関連専門職との連携を志向した生活保護ソーシャルワーカー研修の試み」『社会福祉理論研究』日本社会福祉実践理論学会6号

岡部卓（2011）「変わる生活の質・生活の価値」宮本みち子編『人口減少社会のライフスタイル』放送大学教育振興会

岡部卓（2012a）「現代の貧困にどう立ち向かうか―防貧と救貧のパラドックス―」日本社会福祉学会編『対論社会福祉学2』中央法規出版

岡部卓他（2012b）「シンポジウム・広がる孤立・生活困窮の実態と今後の課題」『シリーズよくわかる福祉政策・広がる孤立、生活困窮の課題と施策、社協の役割』月刊福祉増刊号　全国社会福祉協議会

岡部卓（2013a）「生活困窮者の生活支援と社会福祉法人に求められる役割」『経営協』2013年3月号　全国社会福祉協議会

岡部卓（2013b）「生活困窮者自立支援法と生活保護法改正」『ガバナンス』2013年11月号、ぎょうせい

岡部卓（2013c）「現代の貧困に社会保障はどう立ち向かっているか」『住民と自治』2013年12月号　自治体問題研究所（自治体研究社）

岡部卓他（2013d）「特集座談会　生活困窮者支援における施設と福祉事務所の連携を考える」『生活と福祉』12月号、全国社会福祉協議会

岡部卓（2014a）「貧困低所得者対策の動向」「生活困窮者自立支援法の概要」『低所得者に対する支援と生活保護制度』第3版、中央法規出版

岡部卓（2014b）『新版福祉事務所ソーシャルワーカー必携　生活保護における社会福祉実践』全国社会福祉協議会

岡部卓（2014c）「生活困窮者自立支援法と生活保護法改正」『生活困窮者自立支援・生活保護に関する都市自治体の役割と地域社会との連携』日本都市センター

岡部卓（2014d）「生活困窮者・生活保護支援の今後の展望」『生活困窮者自立支援・生活保護に関する都市自治体の役割と地域社会との連携』日本都市センター

岡部卓（2014e）「生活困窮者支援」『生活と福祉』3月号
全国社会福祉協議会

岡部卓（2014f）「論壇・つながりを求める社会」『住民行政の窓』平成26年6月号日本加除出版株式会社

岡部卓他（2014g）「特集座談会　地域における生活困窮者支援を考える」『生活と福祉』6月号　全国社会福祉協議会

岡部卓（2014h）「生活困窮者支援に向けた多様な連携について」『都市政策研究交流会・基調講演 2014・8・22』レジュメ　日本都市センター
岡部卓（2014i）「生活困窮者自立支援法と自治体」『地方自治職員研修』11 月号　公職研
岡部卓（2015a）「〈寄稿〉生活困窮者の自立支援をすすめるために」『生活と福祉』2015 年 3 月号（全国社会福祉協議会）
岡部卓（2015b）「はじめに」「第 1 章」「第 2 章」「第 4 章」「第 5 章」「第 6 章」「おわりに」『生活困窮者自立支援ハンドブック』pp.1–3、pp.8–13、pp.16–24、pp.42–52、pp.54–84、pp.87–101、pp.118–122　中央法規出版
岡部卓（2015c）「特集 2 生活困窮者支援を問う　生活困窮者自立支援制度をどうみるか―事業の観点から」『都市問題』8 月号 pp.44–51　公益財団法人後藤・安田記念東京都市研究所
岡部卓（2015d）「特集　座談会　生活困窮者自立支援の取り組み～現状と課題」『生活と福祉』No.717　pp.3–14　社会福祉法人　全国社会福祉協議会
岡部卓（2016）「個人・地域へのまなざし、問われる支援―生活困窮者自立支援法を通して―」『コミュニティソーシャルワーク 16』pp.2–3　NPO 法人　日本地域福祉研究所
岡部卓（2017）「関係性の貧困」『ネットワーク』350 号　pp.13–15　東京ボランティア・市民センター
岡部卓（2018）「生活困窮者の自立・尊厳の確保と地域づくり」『月刊福祉　第 101 巻第 7 号』pp.40–45　全国社会福祉協議会
奥田知志・稲月正・垣田裕介・堤圭史郎（2014）『生活困窮者への伴走型支援　経済的困窮と社会的孤立に対応するトータルサポート』　2014 年 3 月　明石書店
Ganz, M. (2018) Leadership, Organizing and Action (http://communityorganizing.jp/co/textbook/，2018 年 7 月 16 日閲覧）．
厚生労働省「特集Ⅱ　生活困窮者自立支援制度全国担当者会議から」『生活と福祉』2015 年 3 月号（全国社会福祉協議会）
厚生労働省保護課『自立支援の手引き』2008 年
生活保護自立支援の手引き編集委員会『生活保護自立支援の手引き』2008 年　中央法規出版（上記と同内容のもの）
社会福祉法令研究会編『社会福祉法の解説』2001 年　中央法規出版
社会福祉学習双書編集委員会『公的扶助論』2015 年　全国社会福祉協議会
自立相談支援事業従事者養成研修テキスト編集委員会『生活困窮者自立支援法　自立相談支援事業　従事者養成研修テキスト』2014 年　中央法規出版
中央法規編集部編『改正生活保護法・生活困窮者自立支援法のポイント』2014 年　中央法規出版

中央法規出版編『社会保障の手引』平成 27 年版　2015 年　中央法規出版

田山輝明『成年後見読本』2007 年　三省堂

日本弁護士連合会「生活困窮者自立支援法案に対する意見書」平成 25（2013）年 10 月 23 日

野口裕二（2002）『物語としてのケア－ナラティブ・アプローチの世界へ』医学書院.

原田正樹（2017）「特集の視点」『月刊福祉』第 100 巻第 9 号，13.

福田志織（2013）『「新たな」生活困窮者支援はなぜ必要か―支援の対象者像と総合相談体制に関する新構想をめぐって―』みずほ情報総研レポート

平岡公一（2000）「社会サービスの多元化と市場化―その理論と政策をめぐる一考察」大山博・炭谷茂・武川正吾・平岡公一編『福祉国家への視座―揺らぎから再構築へ』pp.30-52　ミネルヴァ書房

室田信一（2010）「地域における『参加』の入口―相談援助機能―」埋橋孝文・連合総合生活開発研究所編『参加と連帯のセーフティネット－人間らしい品格のある社会への提言』pp.263-282　ミネルヴァ書房

室田信一（2012）「大阪府茨木市のコミュニティソーシャルワーカー配置事業―地域におけるソーシャルワーカーの配置方法をめぐって」『貧困研究』9 号 pp.63-71

室田信一（2014）「大阪における 2 つのコミュニティソーシャルワーク事業」大阪市政調査会編『自治体セーフティネット－地域と自治体ができること』pp.125-150　公人社

室田信一（2014）「助け合う社会の創造－生活支援サービスの戦略」『NORMA』，No. 281, 10-11.

室田信一（2016）「生活支援サービスと住民活動」『月刊自治研』, vol.68, No. 677, 56-60.

和気康太（2006）「住民参加の次元と機能」日本地域福祉学会編『新版地域福祉事典』pp.374-375　中央法規出版

Young, Jock The Exclusive Society: Social Exclusion, Crime and Difference in Late Modernity（1999）（青木秀男・伊藤泰郎・岸政彦・村沢真保呂訳『排除型社会―後期近代における犯罪・雇用・差異』2007 年　洛北出版）

湯浅誠（2008）『反貧困―「すべり台社会」からの脱出』岩波新書

●条文

「社会福祉法」第 3 条

「介護保険法」第 1 条、第 2 条第 4 項

「老人福祉法」第 1 条

「障害者総合支援法」第 1 条、第 1 条の 2

2002（平成14）年に制定された「ホームレスの自立の支援等に関する特別措置法」第1条

「民法」第858条（成年被後見人の意思の尊重及び身上の配慮）

● **報告書**

平成12年12月「社会的な援護を要する人々に対する社会福祉のあり方に関する検討会」報告書

首都大学東京・東京都福祉保健財団『被保護者自立支援に関する調査研究・普及啓発事業　平成24（2012）年度報告書』平成25年3月公益財団法人東京都福祉保健財団発刊所収「生活保護の実施機関と関連領域（福祉・保健・医療・教育・労働・住宅・司法・警察等）との連携に関する調査研究」報告書2013年

社会保障審議会「生活困窮者の在り方に関する特別部会」報告書（平成25年1月25日）

平成26年7月4日「社会福祉法人制度の在り方について」報告書

厚生労働省社会・援護局保護課（2015年）『生活保護受給者の社会的な居場所づくりと「新しい公共」に関する研究会』第6回岡部卓報告

平成28年度社会福祉推進事業「一時生活支援事業における包括支援と事業効果に関する調査研究事業」報告書　エム・アール・アイ　リサーチアソシエイツ株式会社

平成28年度社会福祉推進事業「一時生活支援事業における包括支援と事業効果に関する調査研究事業」報告書（概要版）　エム・アール・アイ　リサーチアソシエイツ株式会社

平成29年度生活困窮者就労準備支援事業費等補助金　社会福祉推進事業「ホームレスの実態を踏まえた、生活困窮者自立支援制度における一時生活支援事業に関する調査研究」報告書　エム・アール・アイ　リサーチアソシエイツ株式会社

● **制定時関連政令・省令・通知等**

市町村地域福祉計画及び都道府県地域福祉支援計画の策定について（平成26年3月27日社援発0327第13号）厚生労働省社会・援護局長通知
　（別称）生活困窮者自立支援方策について市町村地域福祉計画及び都道府県地域福祉支援計画に盛り込む事項

生活困窮者自立支援法（平成25年法律第105号）、「生活困窮者自立支援法」条文・理由
　http://www.mhlw.go.jp/file/06-Seisakujouhou-12000000-Shakaiengokyoku-Shakai/joubun.pdf

生活困窮者自立支援法の公布について
　http://www.mhlw.go.jp/seisakunitsuite/bunya/hukushi_kaigo/seikatsuhogo/dl/seikatu_konkyu_koufu.pdf
施行令（平成27年政令第40号）生活困窮者自立支援法施行令
　http://www.mhlw.go.jp/file/06-Seisakujouhou-12000000-Shakaiengokyoku-Shakai/sekourei.pdf
規則（平成27年厚生労働省令第16号）、生活困窮者自立支援法施行規則
　http://www.mhlw.go.jp/file/06-Seisakujouhou-12000000-Shakaiengokyoku-Shakai/sekoukisoku.pdf
生活困窮者自立支援法等の施行について http://www.mhlw.go.jp/file/06-Seisakujouhou-12000000-Shakaiengokyoku-Shakai/20150204_kyokutyotsuchi.pdf
平成27年3月6日付け社援地発0306第1号「生活困窮者自立支援制度に関する手引き策定について」　厚生労働省社会・援護局地域福祉課長通知［62KB］
　http://www.mhlw.go.jp/file/06-Seisakujouhou-12000000-Shakaiengokyoku-Shakai/20150306_chiikifukusikatyo_2.pdf
自立相談支援事業の手引き（別添1）
　http://www.mhlw.go.jp/file/06-Seisakujouhou-12000000-Shakaiengokyoku-Shakai/01_jiritsu.pdf
（添付書類）自立相談支援機関使用標準様式（帳票類）［626KB］
　※自立相談支援機関使用標準様式（帳票類）の帳票類記入要領と記載見本は「制度概要」ページに掲載。
　http://www.mhlw.go.jp/file/06-Seisakujouhou-12000000-Shakaiengokyoku-Shakai/01_youshiki.pdf
　http://www.mhlw.go.jp/stf/seisakunitsuite/bunya/0000059382.html
就労準備支援事業の手引き（別添2）［808KB］
　http://www.mhlw.go.jp/file/06-Seisakujouhou-12000000-Shakaiengokyoku-Shakai/02_syuro-jyunbi.pdf
一時生活支援事業の手引き（別添3）［19967KB］
　http://www.mhlw.go.jp/file/06-Seisakujouhou-12000000-Shakaiengokyoku-Shakai/03_ichiji.pdf
家計相談支援事業の手引き（別添4）［2681KB］
　http://www.mhlw.go.jp/file/06-Seisakujouhou-12000000-Shakaiengokyoku-Shakai/04_kakei.pdf
（添付書類）家計相談支援事業　様式、記入要領　［1568KB］
　http://www.mhlw.go.jp/file/06-Seisakujouhou-12000000-Shakaiengokyoku-Shakai/0000080070.pdf

厚生労働省「市町村地域福祉計画策定状況等の調査結果概要」
　（https://www.mhlw.go.jp/file/06-Seisakujouhou-12000000-Shakaiengokyoku-Shakai/0000184728.pdf）。

厚生労働省社会・援護局地域福祉課生活困窮者自立支援室「平成26年度社会・援護局関係主管課長会議資料「生活困窮者自立支援法の施行」」平成27年3月9日（月）生活困窮者自立支援室
http://www.mhlw.go.jp/file/06-Seisakujouhou-12000000-Shakaiengokyoku-Shakai/0000077377.pdf

〈保護課〉
http://www.mhlw.go.jp/file/06-Seisakujouhou-12000000-Shakaiengokyoku-Shakai/0000077381.pdf

平成27年3月27日付け事務連絡「生活困窮者自立支援制度と関係制度等との連携について」［67KB］
http://www.mhlw.go.jp/file/06-Seisakujouhou-12000000-Shakaiengokyoku-Shakai/270327_jimurenraku.pdf

別添1　生活困窮者自立支援法と生活保護制度の連携について［110KB］
http://www.mhlw.go.jp/file/06-Seisakujouhou-12000000-Shakaiengokyoku-Shakai/betten1.pdf

別添2　生活困窮者自立支援制度とひとり親家庭等福祉対策及び児童福祉施策との連携について（通知）［799KB］
http://www.mhlw.go.jp/file/06-Seisakujouhou-12000000-Shakaiengokyoku-Shakai/betten2.pdf

別添3　生活困窮者自立支援制度と障害保健福祉施策との連携について（通知）［116KB］
http://www.mhlw.go.jp/file/06-Seisakujouhou-12000000-Shakaiengokyoku-Shakai/betten3.pdf

別添4　生活困窮者自立支援制度と介護保険制度との連携について（通知）［1680KB］
http://www.mhlw.go.jp/file/06-Seisakujouhou-12000000-Shakaiengokyoku-Shakai/betten4.pdf

別添5　生活困窮者自立支援制度と留同基準行政との連携について［158KB］
http://www.mhlw.go.jp/file/06-Seisakujouhou-12000000-Shakaiengokyoku-Shakai/betten5.pdf

別添6　年金制度との連携及び国民年金保険料免除制度の周知について（通知）［622KB］
http://www.mhlw.go.jp/file/06-Seisakujouhou-12000000-Shakaiengokyoku-Shakai/betten6.pdf

別添7　生活困窮者自立支援制度と教育施策との連携について（通知）［6884KB］
http://www.mhlw.go.jp/file/06-Seisakujouhou-12000000-Shakaiengokyoku-Shakai/betten7.pdf

別添8　矯正施設出所者の生活困窮者自立支援法に基づく事業の利用等について（通知）［258KB］
http://www.mhlw.go.jp/file/06-Seisakujouhou-12000000-Shakaiengokyoku-Shakai/betten8.pdf

別添9　生活困窮者自立支援法の施行に伴う農林水産分野との連携について（通知）［107KB］
http://www.mhlw.go.jp/file/06-Seisakujouhou-12000000-Shakaiengokyoku-Shakai/betten9.pdf

別添10　生活困窮者自立支援法に基づく住居確保給付金の適正な支給及び生活困窮者自立支援制度からの暴力団員等と関係を有する事業者の排除について（通知）［285KB］
http://www.mhlw.go.jp/file/06-Seisakujouhou-12000000-Shakaiengokyoku-Shakai/betten10.pdf

別添11　生活困窮者自立支援法の施行に伴う多重債務者対策担当分野との連携について（通知）［105KB］
http://www.mhlw.go.jp/file/06-Seisakujouhou-12000000-Shakaiengokyoku-Shakai/betten11.pdf

別添12　生活困窮者自立支援制度子ども・若者育成支援施策との連携について（通知）［375KB］
http://www.mhlw.go.jp/file/06-Seisakujouhou-12000000-Shakaiengokyoku-Shakai/betten12.pdf

別添13　生活困窮者自立支援制度と居住支援協議会の連携について（通知）［345KB］
http://www.mhlw.go.jp/file/06-Seisakujouhou-12000000-Shakaiengokyoku-Shakai/betten13.pdf

別添14　生活困窮者自立支援制度と地域福祉施策との連携について［97KB］
http://www.mhlw.go.jp/file/06-Seisakujouhou-12000000-Shakaiengokyoku-Shakai/betten14.pdf

●一部改正関連政令・省令・告示・通知等

厚生労働省「地域力強化検討会最終とりまとめ〜地域共生社会の実現に向けた新しいステージへ〜」平成29（2017）年9月12日
（https://www.mhlw.go.jp/file/05-Shingikai-12201000-Shakaiengokyokushougaihokenfukushibu-Kikakuka/0000177049.pdf）．

厚生労働省「地域共生社会の実現に向けた地域福祉の推進について」（通知）平成29年12月12日
https://www.mhlw.go.jp/file/06-Seisakujouhou-12600000-Seisakutoukatsukan/0000189728.pdf

厚生労働省「地域包括ケアシステムの構築に向けて」
https://www.mhlw.go.jp/file/05-Shingikai-12601000-Seisakutoukatsukan-Sanjikanshitsu_Shakaihoshoutantou/0000018729.pdf

平成30年6月8日子発0608第1号・社援0608第1号子ども家庭局長・社会・援護局長通知「『生活困窮者等の自立を促進するための生活困窮者自立支援法等の一部を改正する法律』の公布について」

平成30年9月28日政令284号「生活困窮者等の自立を促進するための生活困窮者自立支援法等の一部を改正する法律の施行に伴う関係政令の整備に関する政令」
https://www.mhlw.go.jp/hourei/doc/hourei/H181002Q0020.pdf

平成30年9月28日厚生労働省令117号「生活困窮者等の自立を促進するための生活困窮者自立支援法等の一部を改正する法律の施行に伴う厚生労働省関係省令の整備等に関する省令」
https://www.mhlw.go.jp/hourei/doc/hourei/H181002Q0030.pdf

平成30年9月28日厚生労働省告示342号「生活困窮者等の自立を促進するための生活困窮者自立支援法等の一部を改正する法律の施行に伴う厚生労働省関係告示の整理に関する告示を定める件」
https://www.mhlw.go.jp/hourei/doc/hourei/H181002Q0040.pdf

平成30年9月28日厚生労働省告示343号「生活困窮者就労準備支援事業及び生活困窮者家計改善事業の適切な実施等に関する指針を定める件」
https://www.mhlw.go.jp/hourei/doc/hourei/H181002Q0050.pdf

平成30年9月28日社援発0928第1号厚生労働省社会・援護局長通知「生活困窮者等の自立を促進するための生活困窮者自立支援法等の一部を改正する法律の一部施行について（平成30年10月1日施行分）」

平成30年10月1日社援発1001第1号厚生労働省社会・援護局長通知「生活困窮者自立支援制度に係る自治体事務マニュアルの改訂について

平成30年10月1日社援発1001第2号厚生労働省社会・援護局長通知「生活困窮者自立支援法に基づく認定就労訓練事業の実施に関するガイドラインの改正について」

平成30年10月1日社援地発1001第15号厚生労働省社会・援護局地域福祉課長通知「生活困窮者自立支援法第9条第1項に規定する支援会議の設置及び運営に関するガイドライン」

平成30年10月1日社援地発1001第16号厚生労働省社会・援護局地域福祉課

長通知「就労準備支援事業におけるインセンティブ加算について」

平成 30 年 10 月 1 日事務連絡厚生労働省社会・援護局地域福祉課生活困窮者自立支援室「生活困窮者自立支援制度と関係制度等との連携について」

別添 1 「生活困窮者自立支援法と生活保護制度の連携について」の一部改正について

別添 2 「生活困窮者自立支援制度とひとり親家庭等福祉対策及び児童福祉施策との連携について（通知）」の一部改正について

別添 3 「生活困窮者自立支援制度と介護保険制度との連携について（通知）」の一部改正について

別添 4 「生活困窮者自立支援制度と自殺対策施策との連携について」の一部改正について

別添 5 「生活困窮者自立支援制度とひきこもり地域支援センター等との連携について」の一部改正について

別添 6 「生活困窮者自立支援制度と地域福祉施策との連携について」の一部改正について

別添 7 生活困窮者自立支援制度における地方自治体と公共職業安定所との更なる連携強化について

別添 8 「生活困窮者自立支援制度と教育施策との連携について（通知）」の一部改正について

別添 9 生活困窮者自立支援制度における生活困窮者自立支援制度担当部局と税務担当部局との連携について

別添 10 「生活困窮者自立支援制度と居住支援協議会の連携について（通知）」の一部改正について

別添 11 「年金制度との連携及び国民年金保険料免除制度の周知について（通知）」の一部改正について

別添 12 「生活困窮者自立支援制度と国民健康保険制度及び後期高齢者医療制度との連携について」の一部改正について

別添 13 「生活困窮者自立支援法の施行に伴う多重債務者対策担当分野との連携について（通知）」の一部改正について

別添 14 「生活困窮者自立支援法に基づく住居確保給付金の適正な支給及び生活困窮者自立支援制度からの暴力団員等と関係を有する事業者の排除について（通知）」の一部改正について

参考図書一覧

下記に生活困窮者自立支援に関連する文献を挙げさせていただきました（2012年〜2018年）。

- 岩間伸之・原田正樹（2012）『地域福祉援助をつかむ』有斐閣
- 中央法規編集部編（2014）『改正生活保護法・生活困窮者自立支援法のポイント－新セーフティネットの構築』中央法規出版
- 公益財団法人日本都市センター編(2014)『生活困窮者自立支援・生活保護に関する都市自治体の役割と地域社会の連携』日本都市センター
- 自立相談支援事業従事者養成研修編集委員会 編（2014）『生活困窮者自立支援法　自立相談支援事業従事者養成研修テキスト』中央法規出版
- 岩間伸之（2014）『生活困難事例と向き合う－16事例から学ぶ援助の視点と方法』中央法規出版
- 川崎市生活保護自立支援室編（2014）『川崎モデルの実践－多様な就労支援が生きる力を育む』川崎市健康福祉局
- 奥田知志・稲月正・垣田祐介・堤圭史郎（2014）『生活困窮者への伴走型支援－経済的困窮と社会的孤立に対応するトータルサポート』明石書店
- 岡部卓編（2015）『生活困窮者自立支援ハンドブック』中央法規出版
- 一般社団法人社会的包摂サポートセンター編（2015）『事例でみる生活困窮者相談支援員必携』中央法規出版
- 川崎市生活保護自立支援室編（2015）『いっしょに歩けばだいじょうぶ―だいJOBセンター　川崎市生活自立・仕事相談センターの実践――』川崎市健康福祉局
- 朝比奈ミカ・日置真世編：一般社団法人社会的包摂サポートセンター監修（2016）『ここで差がつく生活困窮者の相談支援：経験を学びに変える』中央法規出版
- 吉永純（2015）『生活保護「改革」と生存権保障－基準引き下げ、法改正、生活困窮者自立支援法』明石書店
- 勝部麗子（2016）『ひとりぼっちをつくらない―コミュニティソーシャルワーカーの仕事』全国社会福祉協議会
- 釧路市福祉部生活福祉事務所編集委員会編（2016）『希望をもって生きる：自立支援プログラムから生活困窮者支援へ　釧路チャレンジ』全国コミュニティライフサポートセンター
- 西村健二（2016）『生活困窮者の支援方法と連携の仕方―ケアマネジメント事例集』日総　研出版

- 五石敬路・岩間伸之・西岡正次・有田朗編（2017）『生活困窮者支援で社会を変える』法律文化社
- 上原久（2017）『生活困窮者を支える連携のかたち』中央法規出版
- 津富宏＋NPO法人就労支援ネットワーク静岡（2017）『生活困窮者自立支援も「静岡方式」で行こう！２－相互扶助の社会をつくる―』クリエイツかもがわ
- 宮本太郎（2017）『共生保障－＜支え合い＞の戦略』岩波新書
- 埋橋孝文＋同志社大学社会福祉教育・研究支援センター編(2018)『貧困と生活困窮者支援―ソーシャルワークの新展開』法律文化社
- 日本社会福祉士会編（2018）『地域共生社会に向けたソーシャルワーク　社会福祉士による実践事例から』中央法規出版

編者・執筆者紹介

[編者]

岡部　卓（おかべ・たく）

首都大学東京教授　1953年生まれ。
専門：社会福祉学

〈主要著作〉
『生活困窮者自立支援ハンドブック』（編著、中央法規出版　2015）
『福祉事務所ソーシャルワーカー必携　生活保護における社会福祉実践』（全国社会福祉協議会1998、改訂版2003、新版2014）
『公的扶助論』（共編、全国社会福祉協議会1998〜各年度版）
『生活保護ソーシャルワークはいま―より良い実践を目指して―』（共編、ミネルヴァ書房　2017）
『低所得者に対する支援と生活保護制度』（共編、中央法規出版、2009、2010、2014）
『社会保険と公的扶助－社会保障の全体像』（監修、丸善、ビデオ　2002）
『貧困問題とソーシャルワーク』（共編、有斐閣　2003）
『よくわかる公的扶助―低所得者支援と生活保護制度』（共編　ミネルヴァ書房、2008）
『生活保護自立支援プログラムの構築－官学連携による個別支援プログラムのPlan・Do・See』（著者代表、ぎょうせい　2008）
『生活保護の相談援助活動　自己点検ワークブック』（共著、中央法規出版、2009）　等

[執筆者及び執筆分担]

岡部　卓（おかべ・たく）　首都大学東京教授
はじめに、第1章、第2章、第4章、第5章、第6章、おわりに

三浦　元（みうら・げん）　首都大学東京講師、関東学院大学講師
第3章、第4章、第5章

室田　信一（むろた・しんいち）　首都大学東京准教授
第7章、第8章

＊第4章、第5章は共著

生活困窮者自立支援
――支援の考え方・制度解説・支援方法――

2018年11月30日　発行

編　著　　岡部　卓
発行者　　荘村　明彦
発行所　　中央法規出版株式会社
　　　　　〒110-0016　東京都台東区台東 3-29-1　中央法規ビル
　　　　　営　　業　TEL 03-3834-5817　FAX 03-3837-8037
　　　　　書店窓口　TEL 03-3834-5815　FAX 03-3837-8035
　　　　　編　　集　TEL 03-3834-5812　FAX 03-3837-8032
　　　　　https://www.chuohoki.co.jp/

印刷・製本　　奥村印刷株式会社

定価はカバーに表示してあります。
ISBN978-4-8058-5815-8

本書のコピー、スキャン、デジタル化等の無断複製は、著作権法上での例外を除き禁じられています。また、本書を代行業者等の第三者に依頼してコピー、スキャン、デジタル化することは、たとえ個人や家庭内での利用であっても著作権法違反です。

落丁本・乱丁本はお取り替えいたします。